卓越学术文库

罪犯矫正契约化论纲

ZUIFAN JIAOZHENG QIYUEHUA LUNGANG

河南省高等学校哲学社会科学优秀著作资助项目

连春亮 著

郑州大学出版社
郑 州

图书在版编目(CIP)数据

罪犯矫正契约化论纲/连春亮著.—郑州:郑州大学出版社,2017.10
(卓越学术文库)
ISBN 978-7-5645-4866-7

Ⅰ.①罪… Ⅱ.①连… Ⅲ.①犯罪分子-监督改造-研究 Ⅳ.①D916.7

中国版本图书馆 CIP 数据核字(2017)第 245776 号

郑州大学出版社出版发行
郑州市大学路 40 号　　　邮政编码:450052
出版人:张功员　　　发行电话:0371-66966070
全国新华书店经销
河南文华印务有限公司印制
开本:710 mm×1 010 mm　1/16
印张:16.25
字数:310 千字
版次:2017 年 10 月第 1 版　　　印次:2017 年 10 月第 1 次印刷

书号:ISBN 978-7-5645-4866-7　　　定价:58.00 元

罪犯矫正契约化及其张扬
——研究思路、主导思想和价值追求
（代序）

在西方社会，契约思想经历了以正义为核心的早期契约论、以权利合法性为核心的统治契约论、以人造国家为核心的社会契约论、以个人理性选择为核心的新契约论等历史演变的过程，出现了一大批对人类文明进步产生影响的契约论思想大家，形成了各具特色的理论体系，比如霍布斯的集权主义和绝对主义、洛克的分权主义和自由主义、卢梭在不同时期的集权主义和分权主义、孟德斯鸠的天赋人权、梅因的从身份到契约、罗尔斯的契约正义理论、麦克尼尔的关系性契约等，由此也就形成了当代不同的契约理论流派。运用传统的划分方法，有道德契约论、市民契约论和宪政契约论；在学科领域内，有政治契约论和道德契约论；在形态上，分为分析性契约论和规范性契约论；在研究学派中，有契约主义和契约论主义等。所有这些，造就了以契约为核心的西方契约社会。可以说，在西方的社会生活中，契约无处不在，除了调整个人之间关系的契约之外，法律是调整社会行为关系的全体社会成员的契约；追求科学的价值与精神，则成为调整人与自然关系的契约；宗教信仰成为人与上帝的契约。正是契约思想的文化根基，契约思想也自然而然地渗透到了监狱行刑领域，成为一种全新的行刑模式。“行刑契约是一种全新的行刑模式，它可以有效地发挥与拓展契约的内在功能，激活当事人双方的积极性，尤其是彻底改变罪犯被动受刑的局面，使一种强制的单向行刑演变成一种为广大罪犯所能接受的自觉行为，从而大大增强了行刑的功能，提高监狱行刑的效益，但更重要的体现在对罪犯权利主张的意义。”①

一、罪犯矫正契约化的国外实践

在西方国家，刑事司法领域的契约化实践已有相对比较成熟的经验，特别是辩诉交易、刑事和解、恢复性司法等已经成为为公众所接受的刑事司法

① 夏苏平、狄小华：《循证矫正中国化研究》，江苏人民出版社，2013 年版，第 150 页。

制度。在罪犯矫正领域，罪犯矫正契约化是深深根植于西方国家契约化社会文化之中的，社会契约思想为罪犯矫正契约化奠定了坚实的基础，对罪犯矫正的诸多措施，无不昭示着契约化的内在精神实质。

（一）累进主义的契约化肇始

在16至17世纪，欧洲殖民主义国家犯罪率日益上升，监狱人满为患，严重威胁着社会安全。为了保持本土的稳定，实行了把罪犯调向海外殖民地的特别刑事政策，尤其是英国最为典型。

最初，英国的囚犯主要调向北美各个殖民地，刑事政策相对宽松，实施了以合意为基础的契约化政策，以"契约奴仆"的形式，将囚犯交给来自欧洲的移民，按照契约约定的内容对囚犯实施监管。囚犯如果履行了契约内容，合同期满之后，可以分得土地，恢复公民身份，然后自食其力。据记载，当时，英国每年可以向北美送去300～2000名囚犯，一直按照契约化方式予以操作。但是，美国独立战争之后，尤其是1776年《独立宣言》发布宣告之后，美国作为一个新生国家，不再受英国的控制，改变了囚犯政策，断然拒绝再从英国接受囚犯。无奈之下，英国只好把囚犯调向澳洲。从1776年到1875年，英国先后向澳洲调囚犯约135000人。其中，澳洲的诺福克岛就是当时接受囚犯的重要刑罚执行之地。1839年，马克诺奇就任诺福克岛监狱的监狱长，他面对囚犯因被遣送万里之外而产生的痛苦和自暴自弃思想，以及由此引发的监狱骚乱事件，试图寻求解决方案。为此，他着手制订了一个改进行刑方法的方案，这就是累进制。其方案框架是将服刑罪犯的刑期分为两部分：刑期的前二分之一确定为"刑罚阶段"，而刑期的后二分之一分为三个等级阶梯。自后二分之一开始，对罪犯的服刑表现情况进行考核计分，并根据囚犯得分情况进入不同的等级阶梯（第一、第二等级阶梯）；达到第三等级阶梯，获得假释资格。

马克诺奇的成功，极大地推进了其他国家对这一契约形式的探索。先后有爱尔兰的克拉夫顿累进制（又称爱尔兰制）、以荷兰方案为代表的多级型累进制以及狱分-假释型累进制、"过程"型累进制、善行折减型累进制、分类累进制、狱际累进制等。由此，产生了累进主义思想，引发了累进主义思想运动。

累进主义倡导罪犯的矫正教育契约化。实质上，"累进主义是对布罗克韦累进处遇分数制思想的发展与延伸"。"累进主义有两个基本主张：第一，申明改造的价值，认为改造是刑罚执行最主要的价值。……第二，累进主义主张国家应推行不定期刑制度，而不是定期刑制度，主张将罪犯释放的权力交给监狱官员：罪犯改造取得成效，监狱将其释放，罪犯改造没有取得成效，监狱将其继续关押”[①]。很明显，累进主义改变了刑罚的价值取向，扩大了国家的权力，使不定期刑制度得到了迅速发展。“累进主义将罪犯改造推向了刑罚价值的顶端，使得罪犯改造的地位与重要性在刑罚执行领域超越了刑罚的其他价值。”“正如罗德曼所认为的：‘累进主义最大的特点是相信国家权力是善的。国家不再是自由的敌人，而是平等的朋友。因此，主张扩大国家的权力。在刑事司法领域，这个主题不再是保护罪犯不受国家权力的任意侵犯，而是使国家更有效地实现目标。国家不再被戴上镣铐，而是放开去完成目标。’”[②]从中可以看出，累进主义思想最主要的内容之一，就是通过契约的形式使罪犯成为矫正教育的主体，主动地把握自己的改造进程。正如美国学者若斯曼（Rothman）形象所说的“让犯人揣着钥匙进监狱”，促使罪犯主动接受矫正教育。

（二）保护观察的契约化内涵

从一定意义上看，对罪犯的保护观察措施是一种心理契约。在英国，最早的保护观察只是一种刑事司法帮助形式，“即治安法院对一些轻微犯罪的人不再判刑而交由与教堂有密切关系的人员进行帮助”[③]。最早的实践形态是：“如果犯罪人保证‘行为端正’，有保人，如犯罪人的亲戚、朋友，保证其出庭，法院允许犯罪人保护观察。如果犯罪人违反保证，将被送到监狱。”[④]保护观察的内容是：“通过教诲犯罪分子、向犯罪分子传道、帮助犯罪分子，使其悔罪。”[⑤]可见，当时保护观察只是基督教信徒们帮助罪犯的一种制度形态，法律属性并不明显。

保护观察初期的工作机制是由基督教的信徒来主导的，工作的核心是促进罪犯的改造，主要是运用基督教的悔罪、救赎、赎罪等主张，使罪犯弃恶从善。正如英国法社会学家哥兰德所解释的那样：“改造主要指道德上的忏悔，即通过道德上的劝导，或者宗教精神的导入，改变自己，而不是指行为上的改正。”[⑥]同时应用了多种具体措施促使罪犯的改变，最为典型的就是应用

---

① 翟中东：《矫正的变迁》，中国人民公安大学出版社，2013 年版，第 28 页。

② 翟中东：《矫正的变迁》，中国人民公安大学出版社，2013 年版，第 28 页。

③ 翟中东：《社区性刑罚的崛起与社区矫正的新模式——国际的视角》，中国政法大学出版社，2013 年版，第 60 页。

④ 翟中东：《社区性刑罚的崛起与社区矫正的新模式——国际的视角》，中国政法大学出版社，2013 年版，第 60 页。

⑤ 翟中东：《社区性刑罚的崛起与社区矫正的新模式——国际的视角》，中国政法大学出版社，2013 年版，第 60 页。

⑥ 翟中东：《社区性刑罚的崛起与社区矫正的新模式——国际的视角》，中国政法大学出版社，2013 年版，第 146 页。

了矫正契约保证书的形式。据翟中东博士介绍,“纳尔森与巴撒尔两位使者凭坚定的宗教信仰在19世纪70年代头5年与16296名罪犯谈话,与刑满释放人员签了584份不再犯罪的保证。使者的工作方式通常是:与犯罪人建立关系;对犯罪人施以宗教影响;劝告犯罪人;监督犯罪人;对犯罪人予以情感帮助”[①]。此后,逐步发展到帮助罪犯找住宿场所、找工作、对罪犯提供生活帮助、提供心理咨询和心理治疗、帮助罪犯提高劳动技能等。

(三)罪犯矫正契约化的拓展形态

在西方国家的刑事司法实践中,采取的很多举措都是以契约化的形式表现出来的,主要如下:

1. 转移刑

转移刑是以契约化的形式对未成年罪犯进行矫正教育的一种方法。2002年英国出台的《刑事司法法典》规定有转移刑。“适用对象是第一次被认定为犯罪且犯罪年龄在10岁到17岁之间的未成年人。其内容是:法院判决将未成年罪犯交给罪犯所在社区内一个未成年执行小组执行。执行小组负责对判决的执行。未成年罪犯执行小组由地方未成年人犯罪服务组织根据法院判决成立。执行小组至少有两名社区志愿者,外加一名未成年人犯罪服务组织的顾问。该小组的任务是组织未成年罪犯及其父母或罪犯援助者、被害人及其志愿者召开座谈会,共同分析犯罪原因,充分认识犯罪给被害人造成的精神和物质损害,从而增强该未成年罪犯的责任感,勇于承担责任,改变不良行为,并向被害人和所在社区做出物质和精神方面的补偿,以帮助未成年罪犯重返社会。座谈会上,双方会商定一项合同,然后签字并遵照执行。合同的内容通常包括对受害人的直接补偿和对整个社区的补偿,还包括其他涉及未成年人犯罪行为的内容,如戒毒建议、情绪控制、对付逃学等。合同在地方未成年人犯罪服务组织的监督下执行,执行小组要定期开会检查执行情况。如果未成年罪犯完全履行合同,表明转移已顺利执行,也就意味着所判罪行‘执行’完毕。反之,如果未成年罪犯不同意和约或者不履行已签订的和约,执行小组便将罪犯交回法院重新判决。转移刑执行期不低于3个月,不高于12个月。在执行期间,未成年罪犯只要接受该小组的监督,不违背规定,不重新犯罪,就算刑期执行完毕,不再监禁。”[②]

---

① 翟中东:《社区性刑罚的崛起与社区矫正的新模式——国际的视角》,中国政法大学出版社,2013年版,第146页。

② 翟中东:《社区性刑罚的崛起与社区矫正的新模式——国际的视角》,中国政法大学出版社,2013年版,第72-73页。

2. 社区控制刑

社区控制刑是 1983 年美国佛罗里达州的《矫正改革法》规定的一种刑罚。"根据法律规定,除了劳动时间,罪犯被要求待在居所,除非有监督官员的特别允许。监督官员每个月要与罪犯进行 28 次联系,包括家访、工作访问、电话联系。为了体现刑罚的惩罚性,这种刑罚要求罪犯支付监督费用。"它的"适用对象是有职业的罪犯或者正在上学的罪犯。从理论上说,社区控制刑在对罪犯工作与家庭生活监控的条件下,不仅让罪犯纳税、支付监督费用,还可能让罪犯赔偿因犯罪所造成的有关损害,保持在家庭与社会中正常的角色,从而不仅可以确保公共安全,而且也能维护罪犯的劳动习惯,降低罪犯重新犯罪的可能"①。

3. 青少年自主项目

"最早于 1983 年在 Charleston Soute Carolina 等地区使用,适用对象是第一次犯轻罪而被公诉请求适用监禁刑的罪犯,诸如伤害、商店里偷东西、侵入等。如果他们愿意参加恢复性项目,接受志愿仲裁人,可以适用本项目。"项目内容包括:"赔偿被害人,参加社区服务;参加教育项目;了解对被害人的影响;到医院或者运用其他矫治设施进行心理矫治;让未成年罪犯听被害人讲述感受,向被害人写信道歉,让罪犯知道其所造成的危害后果;让成年犯介绍他们如何在犯罪道路上越走越远。"从法律意义上要求"项目的实施要报告公诉人"。由此所产生的法律后果是:"完成项目后不进行犯罪登记,没有犯罪记录。"对这一项目的基本定性为:"是一种恢复性司法:要求犯罪人承认对被害人的伤害;消解罪犯与社会的冲突。"这一项目的开展产生了良好的效果,得出的结论是:"项目比较成功。参加项目者 91% 的人没有再犯罪,只有 9% 的人重新犯罪。"②

(四)罪犯矫正契约化范式

"罪犯一体化管理"政策是英国推出的"兼容并蓄"政策。2006 年英国内政部向英国议会呈交了《维护社会安全降低重新犯罪的五年规划》,全面展示了英国所推行的防治重新犯罪的基本政策,提出了"罪犯一体化管理"概念。认为"罪犯无论是在监狱还是在社区都需要管理"③。倡议"建立国家

① 翟中东:《社区性刑罚的崛起与社区矫正的新模式——国际的视角》,中国政法大学出版社,2013 年版,第 83-84 页。

② 翟中东:《社区性刑罚的崛起与社区矫正的新模式——国际的视角》,中国政法大学出版社,2013 年版,第 184 页。

③ 翟中东:《矫正的变迁》,中国人民公安大学出版社,2013 年版,第 341 页。

罪犯管理局对罪犯实施连续的无缝的管理。对危险进行控制"[①]。明确规定了这一政策的工作目标是:"保卫社会;惩罚罪犯;补偿被害人;矫正罪犯;更好地管理罪犯使其不再犯罪。"[②]这一目标本身就宣示了政策所具有的多层次的价值追求。在保卫社会的目标上,强调的是对危险性大的罪犯,采取强硬的剥夺政策,"监狱应当关押危险的罪犯、犯有严重罪行的罪犯、实施暴力犯罪与性犯罪的罪犯"[③],要求采取"推行'基于公共安全的不定期刑制度',对于严重危险的罪犯不再释放,直至其通过假释委员会危险评估";"假释适用将社会安全保障放在第一位,要保证被假释者随时可送回监狱";"与警察、监狱合作对狱外罪犯实施连续监督、危险管理"[④]。要求刑罚的威慑效应要反映在监狱监禁和社区刑的监督管理中,"监禁刑固然是惩罚罪犯的形式,但是社区刑也是惩罚罪犯的形式"。"实施社区刑,最多可以附加 21 种条件","充分利用社区刑中的无报酬劳动。……无赔偿劳动既是对罪犯的惩罚,也是补偿社会的一部分。新的社区刑将惩罚与监督融为一体"[⑤]。

在"罪犯一体化管理"政策中,提出了可资我国借鉴的以下两种制度:

一是推行"直接出狱合同"制度,即"罪犯管理者需要在罪犯危险评估基础上为每个罪犯制订相应的服刑计划,将刑罚执行、住房问题、教育问题、就业问题、家庭问题、使用毒品问题、转变态度问题、转变行为问题纳入其中"[⑥]。"直接出狱合同"制度的形式是合同。"合同当事人是罪犯管理人员与罪犯;合同内容是奖励与惩罚。这一合同列出有关项目,如果罪犯参加这些项目将获得奖励,如果不参加将获得惩罚。罪犯要根据同意的协议将在监狱获得的收入赔偿被害人。"[⑦]根据计划,"直接出狱合同"贯穿罪犯服刑的整个过程,包括监狱内外,最主要的目的要使罪犯接受矫正。很明显,"直接出狱合同"制度是西方国家契约理论"不经意间"在罪犯矫正中应用的结果,也是近年来关于罪犯矫正契约化理论的实践样态。可以预见,体现平等、尊重和互惠文化特质的矫正契约化将会成为罪犯矫正的新形态。

二是提出建立社区监狱。社区监狱的整体设想是:"关押危险小的罪犯;设置地方;与地方社区联系;与家庭保持联系;接受矫治项目,如毒品矫

---

① 翟中东:《矫正的变迁》,中国人民公安大学出版社,2013 年版,第 341 页。

② 翟中东:《矫正的变迁》,中国人民公安大学出版社,2013 年版,第 338 页。

③ 翟中东:《矫正的变迁》,中国人民公安大学出版社,2013 年版,第 338 页。

④ 翟中东:《矫正的变迁》,中国人民公安大学出版社,2013 年版,第 338 页。

⑤ 翟中东:《矫正的变迁》,中国人民公安大学出版社,2013 年版,第 338-339 页。

⑥ 翟中东:《矫正的变迁》,中国人民公安大学出版社,2013 年版,第 341 页。

⑦ 翟中东:《矫正的变迁》,中国人民公安大学出版社,2013 年版,第 341-342 页。

治项目、认知行为项目;对青少年犯可以优先考虑。”①社区监狱是西方国家对社区性刑罚的新探索,也是实现轻刑化和非监禁化无缝连接的中间措施。这一制度不仅丰富了社区性刑罚的内涵,而且是社会治理策略的主要举措。同时,政策将危险性评估、建立阻止重新犯罪的伙伴关系、关注罪犯健康问题、文化技能教育、就业培训、社会与家庭的联系、社区服务、恢复性司法等都纳入了“监狱一体化管理”之中。

综上所述,目前国外罪犯的矫正工作根植于契约思想的沃土之上,深受契约思想的浸润与滋养,为罪犯矫正契约化的理论研究和矫正实践奠定了坚实的基础。

二、监狱法治化需要契约精神的价值支撑

契约精神作为体现社会伦理约束的伦理精神,来自契约论及其内在原则。在监狱法治化构建中,法律要规范监狱行刑秩序,发挥其应有的社会控制功能、规范功能和组织功能,离不开契约精神的扶助和支持。因为,在法律规范与监狱行刑之间存在着难以填平的沟壑,而法律不可能照顾到罪犯服刑的所有方面。契约兼有法律的刚性和道德的柔性,同时也兼顾了法律的规范性和道德的约定俗成性,它通过影响社会风尚、习惯、舆论来实现其罪犯矫正教育的整合功能。也就是说,罪犯矫正只有拥有良好的契约精神,才能使法律的外在权威内化为服刑罪犯个体的自觉行动和内在需求。所以,契约精神的培育和形成,可以大大减少监狱行刑带来的摩擦,化解监狱控制与罪犯矫正的矛盾,降低监狱行刑成本,从而为罪犯的矫正和监狱法治的实现打下良好的社会文化心理基础。

当然,契约精神的重要价值还在于它对于罪犯矫正制度创新的价值牵引。因为罪犯矫正制度并不是社会物质生产活动的自然结果,而是一定生产力状况制约下的人的伦理精神观照的产物。所谓伦理精神,就是指当下罪犯矫正主体对自己所处的各种社会关系所做的“应该如何”的价值判断和基本的价值取向,它是时代精神的核心部分,对罪犯矫正制度的形成和安排起着重要的制约作用。具体说来,主要有:第一,罪犯矫正的伦理精神是罪犯矫正制度得以产生的观念先导,是罪犯矫正制度赖以产生的价值理念。每一个时代的罪犯矫正制度都应该是当时时代精神(伦理精神含于其中)的体现。第二,罪犯矫正制度的具体安排都要受到一定的伦理观念的支配,罪犯矫正制度不过是一定的伦理观念的实体化和具体化,是结构化、程序化了

① 翟中东:《矫正的变迁》,中国人民公安大学出版社,2013 年版,第 342 页。

的伦理精神。第三,罪犯矫正制度的变迁或制度的创新直接源于伦理观念的变化和伦理精神的更新。

丹尼尔·贝尔也说:“意识上的变革——价值观和道德伦理上的变革——会推动人们去改变他们的社会安排和体制。”[①]因此,罪犯矫正制度的创新,首先要有与之相匹配的伦理精神。社会契约论作为西方社会一种普遍的伦理文化思潮,对西方社会的文明进程产生了重要的影响,甚至有人认为,人类应当平等的思想是近代西方历史进步最深刻的思想动因之一。而由社会契约所引申出的自由、平等、合意与责任承担等伦理精神,在某种意义上说,已经成为公正原则制度化前的社会道德心理基础。这样一种伦理精神的形成和确立,将日渐影响、渗透在罪犯矫正的行为举止和制度设计的价值理念之中,并最终形成一种现实的罪犯矫正运行模式。因为只有人格上的自由与平等,政府与罪犯、监狱警察与服刑罪犯之间的关系才能明朗地展开。同样,在这种社会关系中,罪犯矫正参与各方是主体,国家是受体,参与各方是契约的主导者和设计者,国家权力自然也不是由监狱、监狱警察说了算,而是由社会全体公民来确立。

党的十八届四中全会做出了《关于全面推进依法治国若干重大问题的决定》,要进行法治政府、法治国家、法治社会的一体化建设。在这样的社会氛围条件下,监狱之治也必然是监狱法治,在监狱法治的框架下寻求罪犯矫正制度的创新。

然而,罪犯矫正制度要创新,必须寻求具有普世精神的现代价值的牵引,走制度伦理与文化价值生态的互荫互生之路。否则,任何一方的缺失都可能大大减损罪犯矫正文明的内涵与体制,甚至还会酿造出历史的悲剧、闹剧,甚至是荒诞剧。因此,合理引介契约理论,积极吸收和借鉴契约精神,无疑将对我们的罪犯矫正制度设计和制度创新产生巨大的推动作用。

三、第三代罪犯的矫正契约化基础

随着我国社会的变迁,特别是改革开放以来,社会形态由计划经济转向市场经济的激烈转型,对罪犯在青春期或成年早期的成长关键时期产生极大的影响,和20世纪80年代的罪犯相比,监狱在押犯在思想观念、生活模式、行为方式、社会认知、价值观念等方面的社会特质都发生了重大变化,有学者将其称为“第三代囚犯”。因此,研究和认知“第三代囚犯”的构成特征,深入挖掘在矫正教育中的内隐形态和内在心理机制,就成为我们寻求罪犯

---

① 李小科:《当前国内外罗尔斯研究的介绍》,《石油大学学报》,2003年第4期。

矫正契约化的重要依据。

(一)"第三代囚犯"理论的提出

张晶先生在《刑事法评论》2014年第1期发表了论文《第三代囚犯》,运用社会分层理论,通过对江苏、广东、云南、贵州、北京、辽宁、河南、青海、新疆等省、直辖市、自治区大量的服刑罪犯的问卷调查,提出了"第三代囚犯"理论,认为:"监狱囚犯结构出现了'第三代囚犯'的全新格局。这个格局的押犯构成是:社会底层人群(弱势群体)占押犯的绝大多数。"并将"第三代囚犯"进行了"五宗最"的特征描述,可归纳为:社会底层(弱势群体)人员犯罪的囚犯占绝大多数,公职人员犯罪问题并不突出;经济发达地区的外地人犯罪占绝大多数,本地人犯罪不显著;囚犯中的社会仇富、仇官的心态不显著;未成年犯罪的新变化,独生子女犯罪的问题并不十分突出;女性囚犯在一些问题上,呈现出比男性囚犯的显著差异性等。[①]针对"罪犯层"出现的这种变化,2012年有研究者组织对H省36个监狱(少管所)在押的"90后"罪犯进行调研,通过召开座谈会、发放调查问卷、一对一个案访谈、实地考察等形式,对"90后"犯罪的基本情况、犯罪规律和根本成因进行了比较深入的了解,获得了大量第一手宝贵数据和资料。在调研中,先后发放问卷8331份,收回有效问卷8231份,有效率达98.8%。在文化程度、捕前职业、居住环境等方面得出的结论是:"初中文化者居多,占63.7%。其次是小学文化占26.8%,文盲占1.15%,高中(中专)占7.8%,大专以上占0.4%。""捕前无业者居多,占67.2%。从业者占26.4%,捕前在校学生占6.4%。""出身农村的多,占75.1%,城镇占17.4%,城乡接合部占7.5%。"[②]这一调研结果和江苏省的调研虽有一定的差异,但在"社会底层人群(弱势群体)占押犯的绝大多数"问题上具有一致性。也有学者通过对2006年初到2007年初新入狱的617名罪犯进行了研究,其中,20世纪70年代以后出生的罪犯494名,占80%。这些罪犯的出生年龄段属于笔者所主张的代际划分范围。这些罪犯的犯罪出现了新的特点:"青年犯罪呈现出低龄化、团伙化,暴力抢劫居首等。"[③]所有这些从一个侧面基本代表了第三代罪犯的特征。

依据德国曼海姆的代的社会学理论分析框架,代的形成是以人的生物学生命周期为基础的一种社会现象。决定罪犯代的形成的标志性因素是社

---

① 张晶:《第三代囚犯》,《刑事法评论》,2014年第1期。

② 笔者曾参加这次调查的汇总和调查报告的撰写,本文引用的内容是调查报告的原始统计结果,该项调查最后形成的调查报告没有公开发表。

③ 朱海燕、宋志一、宋星:《初入狱青年男性罪犯的人格特征研究》,《中国临床心理学杂志》,2007年第6期。

会形态、重大社会历史性事件、社会位置、社会经验和思维模式等。很明显，目前监狱所关押的罪犯和20世纪八九十年代的罪犯相比，已形成了截然不同的社会特质，具有自身的独特性。由此可以说，第三代罪犯已经替代第二代罪犯成为我们改造的对象。

（二）第三代罪犯的认知

对罪犯的认知是改造、教育、矫正罪犯的基础，只有精准认知罪犯，才能改造罪犯。针对监狱学研究专家张晶提出的“第三代囚犯”理论，笔者认为，如果运用代际理论中代的社会学理论来认知新中国成立以来的罪犯，可进行如下划分：从1949年新中国成立到1978年党的十一届三中全会召开，这一时期的罪犯为第一代罪犯，其基本构成是：以反革命分子和刑事惯犯为主的“老反革命”占了95%。[①] 很明显，对罪犯社会属性和社会特质的认知运用的是阶级划分法。从1978年党的十一届三中全会召开至2012年监狱体制改革基本完成[②]，这一时期的罪犯为第二代罪犯，罪犯的典型特征是“三个增多”“三个减少”，又称“三多三少”，即：“一是普通刑事罪犯多、危害国家安全的反革命罪犯减少；二是出身于劳动人民家庭的多、出身于剥削阶级家庭的少；三是青少年罪犯多，中老年犯少。”[③]对罪犯社会属性和社会特质的认知运用的“三因素划分法”：犯罪性质、阶级、年龄。从2012年监狱体制改革基本完成，我们把监狱关押的罪犯称为第三代罪犯，对罪犯社会属性和社会特质的认知运用的是社会分层划分法，即“社会成员、社会群体因社会资源占有不同而产生的层化或差异现象，尤其是指建立在法律、法规基础上的制度化的社会差异体系”[④]。党的十八届四中全会的决定强调，司法体制要继续深化改革，笔者认为，作为司法体制深化改革的监狱体制改革，其任务之一就是要全面、深刻、科学地认知监狱关押的罪犯，并在认知第三代罪犯的基础之上，研究与之相对应的矫正教育对策，因此，这里对罪犯的社会认知主要是对第三代罪犯社会特质的精准把握和科学定性。

---

① 连春亮、张峰：《罪犯矫正模式论》，群众出版社，2014年版，第64页。

② 本文是按照社会变迁形态对罪犯进行代的划分的，特别是重大社会历史事件对罪犯的影响为依据，时间上没有严格的限制。按照代的实证主义理论，一代的持续时间大多数人认为是30年。如果按照这一标准，第二代罪犯的时间段应为1978年至2008年。整体上看，由于中国社会处于社会转型期，5年的时间差对罪犯的代际差异影响不大。

③ 夏宗素：《监狱学基础理论》，法律出版社，1998年版，第141页。

④ 李强：《社会分层十讲》，社会科学文献出版社，2011年版，第1页。

1. 第三代罪犯的构成特征

以罪犯构成作为认知罪犯的基本要素，与我国社会结构多元化相适应的是，第三代罪犯的特征也呈现多元化样态。主要体现如下：

（1）从罪犯犯罪性质上看，犯罪形态多元化，以暴力型、财产型犯罪为主体，新型犯罪的罪犯增多。对于这一变化，一方面是因为随着我国刑法对经济领域犯罪的打击力度加大和刑法罪名的增多，导致暴力型、财产型犯罪的绝对数增多。如在2012年对H省36所监狱的8231名“90后”罪犯的调查结果显示：“暴力型犯罪占60.4%，财产型犯罪占20%”。有多名研究者的调查结果都有相同的结论。陈卓生等2005年对1012名罪犯统计结果表明，第一次入狱的888名罪犯，其中暴力犯罪552名，占62.2%；重复犯罪入狱罪犯111名，其中暴力性罪犯76名，占68.5%。[①] 另一方面是随着我国社会的发展，刑法打击各种犯罪的范围不断扩大，一些新型犯罪纳入人们的视野，成为新型犯罪罪犯增多的原因。

（2）从罪犯知识结构的特点上看，罪犯的文化知识水平普遍较低，以初中、小学为主，但和第二代罪犯相比，学历层次普遍提高，高学历犯罪大幅度提升。[②] 从在押犯总数来看，在服刑罪犯中，本科生、硕士研究生和博士研究生学历的绝对数和第二代罪犯相比大幅提高。

（3）从身份结构的特点看，农民、农民工及无业者犯罪占有较大比重，职务犯罪增多。2012年对H省8231名“90后”罪犯的调查结果显示：“农村的占75.1%”，“捕前在校学生占6.3%，从业人员占25.4%，无业人员占67.2%。”路琦等对1144名未成年犯的研究结果是未成年犯的居住地区主要在农村，“乡村为48.8%，城乡接合部为18.2%”，“未成年人犯罪时的身份主要是无业、农民、学生、工人。无业占57.1%，学生占22.4%。”[③]王大丽等对渭南监狱2010年入狱时间在6个月以内的154名男性罪犯的调查表明，“捕前职业以农民或者无业者居多，93名”[④]。李瑞对275名青少年罪犯的统计发现，青少年罪犯“62.2%来自农村；……入所前的身份多是流浪、待业，仅

① 陈卓生、张喆、韩布新：《重复犯罪罪犯人格特征分析》，《中国心理卫生杂志》，2005年第3期。

② 在这里需要说明的是，20世纪90年代笔者曾经参与了司法部对女犯和盗窃犯等的调研课题，在对1143名女犯的随机抽样调查中，高中文化程度的68名，占5.95%；中专以上文化程度的17名，只占1.48%。

③ 路琦、董泽史、姚东、胡发清：《2013年我国未成年犯抽样调查分析报告（上）》，《青少年犯罪问题》，2014年第3期。

④ 王大丽、王广新、贺小芸：《新入狱罪犯的个性特征及应对方式与心理健康状况关系的研究》，《中国健康心理学杂志》，2010年第4期。

17.8%为在校读书的学生"[①]。至于职务犯罪增多的问题,主要是针对20世纪90年代前后的罪犯构成状况而言的,众所周知,随着我国反腐力度的不断加大,不仅职务犯罪增多,而且服刑罪犯中原有职务属于高官的人数也急剧增加。

(4)从犯罪类型特点看,流动人口罪犯、青少年罪犯、邪教罪犯、重大刑事犯、重刑犯、判刑两次以上的罪犯均呈上升趋势。首先,流动人口犯罪是和我国经济发展紧密相关的犯罪现象。我国的经济发展由东部沿海至西部内陆形成了三大经济区域,东部沿海经济区域是中国经济最为发达的地区,中部地区是次发达地区,而广大的西部地区则是欠发达地区。在改革开放初期,东部沿海的经济发展吸引了大量的劳动力和优秀人才前往"淘金",出现了中部和西部地区大量人员"孔雀东南飞"的现象,极大地刺激了东部地区的经济腾飞。与此同时,在中西部地区的经济发展中,出现了以城市为中心的发展模式,致使大量的农民工拥入城市,但是由于中国的户籍管理是城乡二元体制,一代又一代的农民工虽然出生在城市,成长在城市,工作在城市,却获得不了象征城市人的户口,因而融入不了城市,成为中国城市的流动人口。这些人员的后代逐步被城市和农村边缘化,呈现出"生活在城市而不是城市居民,从没在农村生活而是农民"的现象,他们游走于各个城市之间,生活在社会的底层。由此,这些人员的犯罪增多是必然现象,他们既是缺失"公平"的社会管理制度的产物,更是对自身生活环境的"反动"。其次,青少年犯罪持续上升,是与我们目前的社会形态、家庭结构、教育制度存在的问题密切相关的。特别是近年来越来越引起社会关注的青少年留守问题,是青少年犯罪的主要原因之一。有人对未成年人的犯罪现状进行了调查,结果表明:"2000年至2008年全国法院判处未成年罪犯人数呈递增趋势,从2000年的41709人上升到2008年的88891人,平均每年递增9.2%。"[②]在1225名未成年罪犯中,"未成年人犯罪以14至16岁为主,16岁以下接近80%。抽样调查发现,未成年人犯罪呈现低龄化趋势,其中16岁占35.44%,15岁占27.65%,14岁占14.36%,17岁以上占22.55%。"[③]在陈卓生等对1012名罪犯的调查中,第一次入狱的888名罪犯,平均年龄29

---

① 李瑞:《青少年罪犯人格特征与犯罪相关因素分析》,中南大学2010年硕士学位论文,第13页。

② 操学诚、路琦、牛凯、王星:《2010年我国未成年犯抽样调查分析报告》,《青少年犯罪问题》,2011年第6期。

③ 操学诚、路琦、牛凯、王星:《2010年我国未成年犯抽样调查分析报告》,《青少年犯罪问题》,2011年第6期。

岁;重复犯罪入狱罪犯111名,平均年龄30岁。[①]而吴红顺等在对446名罪犯的随机抽样调查中,“18到25岁159人,26到35岁211人”[②],两者相加,青少年罪犯占到近83%。朱海燕等对617名初入狱男性罪犯统计结果显示“青年初期(25岁以下)罪犯273人,青年后期(25~35岁)罪犯221人”[③],两者相加494人,青少年罪犯超过80%。按照现在的年龄划分标准,这些罪犯都属于青少年犯罪的范畴。邪教犯罪上升是由于改革开放之后邪教组织的沉渣泛起,古老邪教犯罪和新兴邪教犯罪的承继和变化。重大刑事犯、重刑犯的增多,除了重大刑事犯罪给社会带来重大危害被判重刑之外,还由于2012年我国《刑法修正案(八)》的实施,确立了“减少死刑,加长生刑”的刑罚制度,使得死刑的适用减少,原来应判死刑的罪犯被判更长的刑期,致使重刑犯增多。在陈卓生等对1012名罪犯的调查中,第一次入狱的888名罪犯,重刑犯(10年以上)461名,占51.9%;重复犯罪入狱罪犯111名,重刑犯(10年以上)53名,占47.7%。[④] 而吴红顺等在对446名罪犯的随机抽样调查中,长刑期罪犯157人,占35%[⑤]。而判刑两次以上的罪犯呈上升趋势,一方面说明了犯罪控制和犯罪社会治理的绩效与社会期望值还有相当大的距离;另一方面证明我国长期以来以“严打”为标志的重刑主义刑事政策的失败。2012年对H省8231名“90后”罪犯的调查结果显示,“曾被二次以上判刑者占8.35%”。在陈卓生等对1012名罪犯的调查中,重复犯罪入狱罪犯114名,占11.3%。[⑥] 这个比例也是值得引起我们关注的。

(5)从罪犯犯罪形态特点上,现代高科技智能型犯罪、涉毒犯罪、黑社会性质犯罪、网络犯罪、有组织犯罪、特大团伙犯罪和跨国犯罪持续增长。这是随着社会的发展而产生的新兴犯罪形态。这几种犯罪形态有时是独立存在一种犯罪形态,有时又是两种或多种犯罪形态的结合,这也是我国犯罪复杂化的典型特征。2012年对H省8231名“90后”罪犯的调查结果显示,“团

① 陈卓生、张喆、韩布新:《重复犯罪罪犯人格特征分析》,《中国心理卫生杂志》,2005年 第3期。

② 吴红顺、连榕、陈育鑫:《福州市某监狱不同刑期罪犯个性特征和心理健康状况研究》,《医学与社会》,2012年第12期。

③ 朱海燕、宋志一、宋星:《初入狱青年男性罪犯的人格特征研究》,《中国临床心理学杂志》,2007年第6期。

④ 陈卓生、张喆、韩布新:《重复犯罪罪犯人格特征分析》,《中国心理卫生杂志》,2005年 第3期。

⑤ 吴红顺、连榕、陈育鑫:《福州市某监狱不同刑期罪犯个性特征和心理健康状况研究》,《医学与社会》,2012年第12期。

⑥ 陈卓生、张喆、韩布新:《重复犯罪罪犯人格特征分析》,《中国心理卫生杂志》,2005年 第3期。

伙作案占 64%”。而早在 2010 年，我国有学者就对北京、天津、黑龙江、河南、山东、浙江、江苏、陕西、湖南、云南 10 个省、直辖市的未成年罪犯管教所、女子监狱的未成年罪犯的犯罪情况进行了抽样调查，发现黑社会性质犯罪、有组织犯罪、特大团伙犯罪的现象相当突出。在调查的 1209 名未成年罪犯中，“84.2% 的未成年罪犯属于‘共同犯罪’”；“在对‘是否加入犯罪组织或者黑社会组织’的调查中，近 20% 的未成年罪犯选择‘参与或者加入过黑社会或者犯罪组织’，近 18% 的未成年罪犯选择有过‘加入犯罪组织或者黑社会组织的念头’”。[①] 路琦等对 1144 名未成年犯的统计数据表明，“未成年人犯罪中共同犯罪居多，占 83.6%”[②]。由此可以看出，这些新型犯罪形态在今后相当长的时间内，仍然是犯罪控制的重点。

在监狱学视域里，监狱押犯结构的变化，直接关联到监狱改造矫正体制机制的变化，也关联到当下强势推进的社会管理创新和社会政策的调整与完善。

2. 第三代罪犯服刑中的特点

罪犯构成的变化必然使罪犯服刑中的外显形态和内隐机制发生改变。据笔者调查，第三代罪犯在服刑中所表现出来的特点和第一、第二代罪犯相比，具有明显的差异，主要体现在以下几个方面：

(1)注重运用法律知识维护自身权利，权利(维权)意识增强。从 20 世纪 90 年代开始，我国监狱先后大规模开展了监狱的法制化建设、现代化文明监狱建设和监狱体制改革，到 2012 年我国监狱体制改革基本完成，我国监狱已具备了现代监狱的样态，现代监狱的法治、文明、人权、人道、秩序、自由、公正、效率、安全等元素贯穿于监狱工作的自始至终，尤其是党的十八届四中全会提出了要全面推进依法治国，在这样的背景之下，构建法治化监狱已成为监狱体制深化改革的必然选择。在法治化监狱框架内，依法行刑、罪犯的权利保护、以人为本、人性化管理等成为我国监狱工作的主旋律，罪犯不再是被单一惩罚的对象，也是现代行刑体现公平正义的权利的保护对象，罪犯在矫正教育中由被动地接受改造转变为居于矫正教育的主体地位，是矫正教育的主导者，权利意识也逐步得到强化，在离婚、子女抚养、家庭财产分配、债权债务、邻里纠纷、服刑中的应得利益等方面，注重应用法律手段来维护。在合法权益受到侵害或者受到不公平的对待时，敢于拿起法律的武器，

---

① 操学诚、路琦、牛凯、王星：《2010 年我国未成年犯抽样调查分析报告》，《青少年犯罪问题》，2011 年第 6 期。

② 路琦、董泽史、姚东、胡发清：《2013 年我国未成年犯抽样调查分析报告(上)》，《青少年犯罪问题》，2014 年第 3 期。

来维护自身的利益。如 2012 年对 H 省 8231 名“90 后”罪犯的调查中，对“你最想在监狱学到什么知识”的回答结果显示，选择法律知识的占 42.4%。

（2）服刑改造的功利思想严重，对监狱的严格管理有抵触情绪。这是第三代罪犯在价值取向和思想观念的变化。主要表现在服刑改造功利化，参加劳动、学习、大型活动等纯粹为了积分减刑，或者降低自己的监管级别，提高自己的处遇水平，使自己在这些活动中获得的利益最大化，否则，拒绝参加。如果被动参加，则消极应对。同时，总希望监狱管理宽松一点，给予罪犯的自由多一点，对于监狱的严格管理具有敌视、抵触和不满情绪。如 2012 年对 H 省 8231 名“90 后”罪犯的调查中，对“你认为监狱的管理怎样”的回答结果显示，选择“太严”的占 53.5%，选择“宽松”的只占 2.9%。

（3）以自我为中心，贪图享受、好逸恶劳思想严重，家庭意识不强。在 20 世纪八九十年代的调查中，罪犯大多是以“家”为中心，罪犯关注的重心是“家”。家庭好，罪犯就感到满足，就能安心改造。而第三代罪犯则是以“我”为中心，家庭成员应该围着“我”转，满足“我”在监狱中的物质需求，认为家里有什么困难都好解决。2012 年对 H 省 8231 名“90 后”罪犯的调查结果显示：对“现在你每个月的费用主要消费在那些方面”回答结果是，选择吃喝的占 65.0%，选择抽烟的占 55.9%。反映了他们以自我为中心的贪图享受、好逸恶劳的一面。对“你现在希望家里每月给你多少钱”的回答结果是，选择不希望家里给钱的仅占 13.9%，其余全部希望家里给钱，表明罪犯在家庭生活中以“我”为中心，家庭意识不强。对“当国家利益、集体利益和个人利益发生冲突时，你的态度”的调查结果显示，选择“照顾自身的利益，与自己无关的国家、集体利益不管它”和“个人利益在先，然后考虑国家和集体利益”占到 50%。

（4）对刑罚的恐惧感大为降低，罪犯身份意识弱化，缺乏羞耻感。当罪犯被捕后也曾感到害怕，但是，被判刑入狱后，看到监狱现代化的、完备的生活设施条件，人性化的管理方式，畏惧感逐步消失，随之而生的是追求享受的所谓“维权意识”，作为罪犯的身份意识淡化，对自己的犯罪行为给社会、他人带来的危害缺之羞耻感。比如有罪犯给家中写信炫耀监狱优越的生活条件，认为自己年轻有活力、聪明，监狱服刑是敢想敢做有主见。据 2012 年对 H 省 8231 名“90 后”罪犯的调查，对“你认为‘90 后’的优点是什么”回答结果是：“年轻有活力”占 26.3%，“聪明”占 22.6%，“适应性”强占 17.7%，“敢想敢做”有主见等内容占 32.9%。这说明罪犯的身份意识弱化，自我意识和自信心极强。

（5）犯罪意识淡化，逆向性后悔明显，缺乏罪恶感。一是第三代罪犯在对待自己的犯罪行为上，往往强调客观的外在因素，即把犯罪原因归为外在,而不愿从主观的内在因素寻求原因。据2012年对H省8231名“90后”罪犯的调查,对“你认为自己犯罪的主要原因是什么”的回答结果显示,选择“经济困难”的占14.8%,选择“不懂法、不守法”的占81.06%,选择“家教不严”的占11.1%,选择“受别人欺负”的占8.2%,选择“网络不良影响”的占15.2%,选择“不良朋友影响”的占40.7%,选择“性格冲动、自控能力差”的占45.7%,“选择哥们义气”的占18.5%,选择“物质欲望强烈”的占6.99%,选择“婚姻不幸、遭受家庭暴力”的占1.64%。① 二是罪犯对自己的犯罪都有逆向性后悔。2012年对H省8231名“90后”罪犯悔改程度的调查问卷显示,95%以上的罪犯表示后悔。但是,经过和罪犯进一步深入交谈得知,罪犯所具有的后悔包括两个方面:一方面是不该遇事冲动而犯罪,事后感到后悔不划算。另一方面是后悔自己逃避侦查的能力太差,犯罪后被抓获并受到法律的惩罚。这是罪犯对犯罪与否、犯罪受到惩罚与获得利益的权衡得失后得出的结论,即逆向性后悔,而不是对自我罪行的忏悔。

(三)监狱改造环境的契约化

监狱与社会是相伴而生的,对第三代罪犯的矫正教育离不开社会的支持和协作。因此,在罪犯社会认知与训练的操作层面包括社会良好环境的契约化营造和监狱“内生秩序”的契约化。

1.社会良好环境的契约化营造

李斯特曾有一个著名的论断:“最好的社会政策就是最好的刑事政策。”我国目前处在社会转型期、改革关键期、经济转轨期。在这样的社会形态下,各社会阶层和社会群体的利益诉求复杂多样,难以满足,致使各种社会矛盾易于突发,这是罪犯矫正教育不利的社会因素。但是,这一社会形态也是我国最大的发展机遇期,迫使我们为了社会的和谐和稳定,为了社会的公平和正义,必须激活社会管理的活力,创新社会管理模式,超越传统社会管理的“义务本位”,向现代社会管理的“权利本位”转型。正如张晶先生所言:“社会管理创新的目的定位:满足公众对于政府管理的需要和诉求,解决社会转型期的突出问题,化解社会风险,解决社会矛盾凸显期存在的人民矛盾多发,有效妥善处置公共安全事件、群体性事件、泄愤事件频发的挑战、流动人口管理服务问题突出、刑事犯罪居高不下、信息网络事件挑战等问题。”② 只有这样,才能营造出适合于罪犯矫正教育的良好环境。

良好社会环境的契约化营造离不开社会公众的支持。监狱是社会的监狱,监狱是维护社会公众安全的工具。为此,在对待监狱的理念上,必须克

---

① 这是一个多项选择题,一次可以选择多项内容,因而在百分比上是重复计算的。

② 张晶:《第三代囚犯》,《刑事法评论》,2014年第1期。

服监狱是独立于社会的司法行政机关的“独家事务”的传统观念，必须树立监狱是社会的公共服务部门的现代理念，监狱的安全与否、监狱的绩效如何、监狱的文明状况如何等，均是社会的缩影，是与社会命运相关的共同体。所以，对第三代罪犯的矫正教育是政府、社会公众、罪犯、罪犯亲属以及社会团体和组织共同的社会责任和义务。

2. 监狱“内生秩序”的契约化

我国改革开放几十年，实现了社会形态和社会结构的现代转型，致使罪犯构成发生了改变，第三代罪犯的特征和改造过程中的特点冲击了传统的监狱结构和矫正教育形态，正如有学者所言：“外部环境严重压迫了内生秩序，基于实践和空间的限制，建构式制度变迁不得不被选择”①。建构现代化的监狱契约化制度势在必行。

(1)监狱应适应社会发展的需求，创新监狱管理理念，融入现代监狱契约化元素。在罪犯管理上，充分体现人文主义思想的实质内涵，关注罪犯的基本问题，满足罪犯的基本需要，重视发挥罪犯的主体作用，确认罪犯在改造矫正自己中的“特殊主体”身份，把罪犯置于矫正教育的核心地位；在矫正教育的措施上，要不断创新矫正技术和矫正项目，满足第三代罪犯矫正教育的需要。

(2)明确罪犯矫正教育的契约化目标。“第三代囚犯刑满后的生存与发展成为他们适应社会的第一问题。”②为此，在目标设定上，以“守法公民”为核心，“培养囚犯自律的意识、唤起囚犯泯灭的良知、养成囚犯良好的行为方式、调理囚犯健康的心智、习得未来必要职业技能等”③。很明显，这一矫正教育的目标是以罪犯个人为本位来设定的，淡化了传统罪犯矫正教育政治教化和政治人格的型塑，回归到了罪犯作为公民的“法律人格”和“公民人格”的塑造上，这也正是现代公民社会的必然选择。

(3)科学设计监狱的顶层制度形态。“其核心要求是，现代监狱制度的法治化、科学化、规范化、现代化、人性化、信息化、社会化以及矫正工作者的职业化、专业化。”④在中国监狱管理“一元化”统筹体制下，顶层制度设计可以说是优化监狱“内生秩序”的核心，缺乏了顶层制度设计，监狱的一切工作都无法实现。毫不讳言，由于历史遗存的因素，目前中国的整个司法管理体

① 于立深：《公法哲学意义上的契约论》，2005 年吉林大学博士学位论文，第 119 页。

② 张晶：《第三代囚犯》，《刑事法评论》，2014 年第 1 期。

③ 张晶：《第三代囚犯》，《刑事法评论》，2014 年第 1 期。

④ 张晶：《第三代囚犯》，《刑事法评论》，2014 年第 1 期。

制的顶层制度设计都是存在缺陷的,从某种意义上甚至说影响了监狱的现代化进程。在这样的情况下,以契约理论为统领,科学设计监狱的顶层制度形态成为改革的必然。

四、我国罪犯矫正契约化的倡导与张扬

1. 契约刑的提出与价值

2004 年郭明教授提出契约刑的理念,通过多年的研究,站在更高的视角,对中国监狱发展的历史和现实进行了考察、分析、甄别和审视,对监狱发展中的重大事件进行分析和解剖,提出了中国监狱存在的问题,并试图寻求解决问题的路径。先后在《犯罪与改造研究》《中国监狱学刊》等国内知名专业刊物发表了《从"改造刑"到"契约刑":中国刑罚制度的变革之路——基于"刑罚范式"革命的批判性思考》《"契约刑"论——探求刑事正义问题的法治解决之道》《中国监狱的现状及其变革》等论文,提出并阐述了"契约刑"理论。"契约刑"理论是对我国改造刑、矫正刑等传统刑罚思想的革命性变革,郭明教授所构建的"契约刑"是一种全新的刑罚范式。"契约刑"在基本理论构建中的最大特色或最大突破是引进了"社会契约论"的研究方法与路径,把刑罚的执行过程作为"刑事契约的履行过程"进行研究。在现代监狱转型与重构问题上则围绕"监狱权力"这一核心问题,深度探讨了监狱作为"刑事中人"的构建路径和中国式"契约刑"的本质与特征。

"契约刑"理论"是一种依照契约原理实现刑罚正义的法律制度与理论。它将现行刑事活动的基本权义关系进行契约构造、契约运作和契约解释,从而形成一种关于如何解决刑事正义问题的基本法律方法。这一方法的内在逻辑结构是:假设犯罪是引起刑事债务的行为,而罪犯的法律人格则是'刑事债务人',因此,刑罚不过是清偿刑事债务的方法。这一方法的基本精神来源于:人类社会悠久的契约传统、近代以来发微致弘的社会契约思想,以及古典刑事法治的未竟事业。它的信仰资源在于:坚信'法治乃契约之治,刑事法治即刑事契约之治'"①。同理,现代监狱之治亦是现代监狱的契约之治。这不仅是"刑事契约"、契约刑思想对罪犯矫正领域的渗透,更是现代监狱"刑事范式"的转换,是一次罪犯矫正主导思想的变革。

2. 罪犯矫正契约化的张扬

笔者历经多年研究,提出罪犯矫正契约化构想,试图在中国新的社会形

① 郭明:《"契约刑"论——探求刑事正义问题的法治解决之道》,《中国监狱学刊》,2009 年第 5 期。

态下和中国监狱现代化的背景下，探索契约理论的培育和深度介入，为罪犯矫正谋求新的路径。因此，本书基于这样的价值追求：启迪契约矫正意识，张扬契约矫正理念，倡导契约矫正精神，建构契约矫正制度，追求契约矫正正义，拓展契约矫正领域，型塑契约矫正体系，崇尚契约矫正信仰。笔者的研究工作也是基于这样的架构和轴线而展开的。

（1）启迪契约矫正意识。中国传统的人治、官治思想和观念长期居于社会生活的主导地位，一方面在整个社会事务中，社会公众缺乏责任意识、参与意识、自主意识，特别是在罪犯矫正问题上，被视为是与己无关的国家和政府的权力范畴。另一方面在罪犯的传统观念里，因犯罪受到刑罚惩罚而被关进监狱接受矫正教育，理应被动于监狱的制度安排，根本无主体性可言。因此，罪犯矫正契约化需要培育包括罪犯在内的全体社会公众的契约意识，这是罪犯矫正契约化的前提和基础。

（2）张扬契约矫正理念。理念植根于人的内心，支配人的外在行为。罪犯矫正是社会犯罪现象治理的一部分，需要全社会的参与，尤其是罪犯矫正教育的主导者和直接参与者，必须在契约理念指导下规范罪犯矫正的契约行为，遵循契约矫正参与者所达成的"合意"，使矫正契约成为罪犯矫正的纲领性文件。

（3）倡导契约矫正精神。主要是确认罪犯在契约矫正中的主体地位，主张罪犯契约矫正的平等价值，实现罪犯矫正契约化的互惠共赢。契约精神从本质上讲就是一种尊重规则和重视规则的意识，就是一诺千金、讲究诚信、弘扬善良、追求自由和平等。它包括了契约自由精神、契约平等精神、契约信守精神和契约救济精神。倡导契约矫正精神就是矫正契约化的内在精神，是矫正契约化原则和哲学的凝练，是矫正契约化思想和实践的结晶，是矫正契约化文化的积累。它具有丰富的思想内涵和博大精深的理论体系，对罪犯矫正起着基础的和根本的指导作用。其中包括：提升地位、关注平等、突出合意、让渡权利。矫正契约化的基础是个别正义理念、权利保护理念和契约理念。矫正契约化的价值取向包括主体性、平等性、正义性、互惠性和效率性。其中，平等观尤为重要，要求"平等对待不平等的人"①。

（4）追求契约矫正正义。就是在现代刑事法治语境下，监狱对罪犯的矫正教育要兼容报应、预防和恢复思想，同时兼具安全、公正和效率，因此，契约矫正精神在本质上是复合行刑正义模式。这样界定罪犯矫正契约化的价值属性，一是满足了监狱与国家意识形态和社会多元诉求的复杂的现实关

① Jarnes M. Buchanan：《自由的界限——无政府与利维坦之间》，顾肃译，台北联经出版事业公司，2002 年版，第 16 页。

系的需要;二是吸纳了预防、恢复等超司法行刑目的的合法介入和发展,使之成为“契约刑”的有机组成部分。

(5)型塑契约矫正体系和建构契约矫正制度。“契约论是检验法律和社会制度安排的一个规范性标准”①。从广义而言,罪犯矫正契约化包含三个层次:第一个层次是罪犯矫正的假设契约和宏观契约,是社会公众对于罪犯矫正所形成的道德契约共识,是潜藏于社会公众之间的对于罪犯矫正的理性判断,或者是心理上、观念上的假设性协议。第二个层次是罪犯矫正的真实契约和微观契约,比如罪犯社区矫正保证书,是关于罪犯社区矫正的承诺;罪犯帮教的社会帮教协议书,是社会参与罪犯矫正教育的协议。这些都是存在于罪犯矫正教育之间的实在契约。第三个层次是潜在的心理契约。因此,矫正契约化模式和制度建构必须充分考虑这三个层次的问题。

罪犯矫正契约化必须以制度作为保障。这是因为:一是罪犯契约矫正制度是罪犯矫正制度安排赖以存在的基础。也就是说,监狱的任何制度安排都必须以契约制度为基础。因为没有契约制度的支撑,任何罪犯矫正制度都不可能存在和发挥作用。二是罪犯契约矫正制度是监狱矫正制度的主要形式。监狱矫正罪犯的所有制度安排,实际上最后都必须体现和反映契约原则。罪犯矫正契约化是监狱矫正制度的重要特征。三是罪犯契约矫正制度是监狱制度的重要组成部分。而且罪犯矫正制度本身也是监狱制度的组成部分。罪犯契约矫正制度需要矫正机构进行设计和管理。一般说来,从监狱制度安排的角度讨论罪犯契约矫正制度,主要是讨论罪犯契约矫正制度的内容、具体形式、影响因素,以及罪犯契约矫正制度的实现机制等。

(6)拓展契约矫正领域和崇尚契约矫正信仰。关于这两方面的研究,只是散见于各章节中,没有进行系统的归纳、概括和抽象化。这也为课题的下一步研究留下了足够的空间。

通过上述分析,我们可以看到,罪犯矫正契约化研究,是以刑事法制和契约理论为母体,以科学理性为思想预设,以现代契约学说为总体语境,以监狱法治为伦理边界,建构罪犯矫正契约化话语,将罪刑关系的发生、变更或消灭等问题,通过法治化和契约化的而非政治化的、道德化的方法进行建构,使罪犯矫正活动真正回归到一种人的“本体”“本真”中来,以此确保刑事法治正义价值目标的实现。

---

① 于立深:《公法哲学意义上的契约论》,2005 年吉林大学博士学位论文,第 110 页。

罪犯矫正契约化的定位

一、关于矫正

"矫正"一词为正曲使直、匡正和纠正之意,在《汉书·严安传》中就有"矫箭控弦"之说。在百度网进行搜索,其基本解释为纠正、改正之意,出自《南史·刘穆之传》:"穆之斟酌时宜,随方矫正,不盈旬日,风俗顿改。""矫正"概念在20世纪中叶被引入社会学领域,成为司法方面的专门用语,意指国家司法机关和工作人员通过各种措施和手段,使犯罪者或具有犯罪倾向的违法人员得到思想上、心理上和行为上的矫正治疗,从而重新融入社会,成为其中正常成员的过程。①监狱学意义上的矫正,是指监狱机关对罪犯恶习进行纠治、更新的活动,主要包括对罪犯的行为矫正、心理矫治以及品德、作风的培养和训练等。② 这一界定基本涵盖了监狱对罪犯矫正的实质内涵。

在社会学领域,社会工作者所开展的矫正工作是社会工作在矫正体系中的运用,它是指专业人员或社会志愿者,在社会工作专业价值观指导下,运用专业理论和方法、技术,为工作对象(即案主)及其家人,在审判、监禁处遇、社会处遇或刑释回归社会以后,提供思想教育、心理辅导、行为纠正、信息咨询、就业培训、生活照顾以及社会环境改善等,使工作对象(即案主)消除犯罪心理结构,修正行为模式,适应社会生活的一种福利服务。③ 在现实社会中,最为典型的就是我们开展的安置帮教工作和社区矫正工作。

---

① 百度网。百度百科,网址:http://baike.baidu.com/view/773182.htm,2012年12月8日。

② 杨显光:《劳改法学词典》,四川辞书出版社,1989年版,第230页。

③ 转引自百度百科,王思斌:《社会工作概论》,高等教育出版社,2006年版,第5页。

在西方国家，对矫正的主要解释是指法定有权对判有罪者进行监禁或监控机构及其所实施的各种处遇措施。[①] 矫正（correction）一般是指适应、装备、配备、训练、教育和治疗等意。对罪犯的矫正，是指基于刑事个别化原则，监狱和社区矫正机构依据罪犯产生犯罪的犯因性问题，采用有针对性的治疗、调适、干预和教育等技术，达到特定矫正目的的专门活动。[②] 也有学者认为，西方国家所说的矫正是负责执行法院判处的刑罚的那部分刑事司法系统，包含三层含义：一是作为一个学科名词，矫正是研究监狱管理、监狱内罪犯的矫正以及社区矫正的学科；二是指政府部门的一个机构系统，是刑事司法系统的一个子系统；三是指政府机构，也包括有关的技术。[③] 也有把矫正解释为"一个类的概念，包括与被指控的或已判决的成年犯罪人、少年犯罪人或身份犯罪人的调查、接受、拘留、监禁或治疗有关的政府部门、矫正机构、计划、程序、人员和技术"[④]。由此，对罪犯的矫正制度源于西方国家，主要是指通过监禁隔离、教育感化、心理治疗和技术培训等措施，使罪犯逐步适应社会生活而进行的活动。[⑤] 综上所述，矫正是指专业矫正工作者和其他矫正参与者对罪犯所实施的适应社会生活的一系列活动的总称。主要包括对罪犯的行为习惯进行纠治、训练和规范，心理问题进行干预，心理障碍和疾病进行矫治，人格、品德、作风等进行培育和养成的活动。在这里，矫正的对象是法律意义上的罪犯，矫正的场所包括设施内和设施外，矫正的内容包含了三层含义：一是问题性或障碍性矫正，即对罪犯或被矫正人员的负性的、具有消极意义的行为、心理、人格、品质等所进行的纠治、治疗和规范；二是适应性或健康性矫正，即对罪犯或被矫正人员中性的、虽无社会消极意义但对个人适应社会生活具有积极意义的行为、心理、人格、品质等所进行的培育和训练；三是发展性或成长性矫正，即对罪犯或被矫正人员的发展性训练和潜能挖掘。

罪犯矫正契约化的"矫正"是一个开放性和综合性的概念，是和我国所说的罪犯改造的概念基本对等的，而不是单指罪犯改造中的矫正措施，包含了对罪犯的日常管理、劳动管理、刑务管理、狱政管理、罪犯教育、心理矫治、行为规范等内容。如果必须做出一个定义的话，笔者可以做出这样的表述：

---

① 【美】克莱门斯·巴特勒斯：《矫正导论》，中国人民公安大学出版社，1991 年版，第 27 页。

② 宋行：《服刑人员个案矫正技术》，法律出版社，2006 年版，第 7 页。

③ 于爱荣等：《矫正技术原论》，法律出版社，2007 年版，第 87 页。

④ 吴宗宪：《当代西方监狱学》，法律出版社，2005 年版，第 2–6 页。

⑤ 中国劳改学会：《中国劳改学大辞典》，社会科学文献出版社，1993 年版，第 621 页。

为了维护社会的安全、秩序和公正，在执行刑罚的前提下，对罪犯进行危险管理和危险控制的基础上，由专门的国家机关主导的、相关社会团体和民间组织以及社会志愿者协助参与的对罪犯实施的管理、改造、教育、矫治等一系列活动的总称。

二、关于契约、契约要素和契约关系

从历史的角度考察，契约是人们在社会经济活动中，追求个人利益最大化所采取的一种社会成员之间的允诺形式。在中国社会，最初只是作为一种凭证而出现，虽具有法律意义，但缺乏法律规范。在西方社会，它是适用范围非常广泛的一个法律术语，是指能够直接或间接由法律强制执行的允诺。《拿破仑法典》第 1101 条作了经典的表述："契约为一种合意，依此合意，一人或数人对于其他一人或数人负给付、作为或者不作为的债务。"随着这个概念的发展，它的使用范围逐渐被扩展到了社会生活的各个领域，被赋予了浓厚的宗教、社会、政治、文化和道德内涵。但其内在实质是相互间自由意志的合意，这是契约内涵的基本边界。在对契约的分类上，有学者认为："在西方社会，契约表现为调整个人之间关系的契约，调整社会行为关系的是全民公约——法律，调整人与自然关系的契约——科学，调整人与上帝关系的契约——宗教。"[①]也有人将其分为单务契约与双务契约、要物契约与诺成契约、有名契约和无名契约、有偿契约与无偿契约等，但是，"无论何种类型的契约，在其立约时无论采取何种形式，都有承诺在里面，无论是单方承诺还是双方承诺，承诺一经作出，就有实现承诺的义务和责任。"[②]"但无论这一概念是在何种领域中使用，它的成立都是基于一个共同的基础，即：平等主体间的自由意志的合意，它也是判断契约关系存在的根本标志。"[③]由此，契约活动有三个基本特征，即许诺、信赖和义务。①许诺，契约是当事人双方之间的一种合意过程，这种合意构成了双方实现其追求利益最大化的共同基础。②信赖，契约的一个更为具体、更为复杂的目的在于促使源于承诺活动中的纯有益信赖的最大化。③义务，遵守诺言和执行诺言就是承担义务。社会契约论的代表人物卢梭认为："契约是指双方相互间在法律上具

---

① 夏苏平、狄小华：《循证矫正中国化研究》，江苏人民出版社，2003 年版，第 168 页。

② 李新庚：《契约的分类与特征》，《中国信用制度建设干部培训读本》。浏览网址：http://old.smelz.gov.cn/news/24137.htm。浏览时间：2014 年 1 月 18 日。

③ 刘胜梅：《契约精神及其培育路径》，《学术探索》，2012 年 10 期。

有约束力的协议,契约责任是以自由同意为基础的。"[①]由此,"契约的概念谱系除了同意与合意之外,还包括对话、沟通、交流、谈判、协商、妥协、自治等蕴含着契约同意原则的理念,它们促使公共权力的行使转向契约化轨道,以同意的方式形成社会秩序、提升公共权威以及优化国家与公民之间的权利义务结构关系。"[②]

(1)契约要素。关于契约的要素,不同的专家学者对其有不同的解读。有学者认为契约包含五个要素:①意味着订立契约主体或当事人的复数,即意味着人际社会关系和交往;②意味着某种目的或对象,意味着要做什么,或者产生什么;③意味着某种程度上的一致意见,契约本身就意味着契合,意味着一致,这是契约有约束力的一个基本条件;④意味着某种形式的允诺,这是契约的实质;⑤由同意和允诺又产生某种义务和责任,产生某种自愿施加的约束,而一方的义务、约束又暗示着他方的权利。[③]

宋志军博士认为,契约所包含的要素主要有以下七个方面:①主体要素。契约是一个关系性的概念,契约关系至少有两方主体才能建立。②主观要素,即合意,体现为各方主体内心意思真诚交流而达到契合,其中包含了妥协与让步。③客观要素,即契约的前提是合作的必要性,信息交流与理解是其客观条件,信息对称是完全契约的前提,而信息不对称则产生不完全契约。④客体要素,即主体之间交换的标的是各自所拥有的资本,资本的价值只有在交换中才能真正实现。⑤形式要素,即允诺或同意。⑥内容要素,即契约所交换的利益和允诺所设定的义务或责任。⑦效力要素,即契约的约束力。契约产生两个方面的约束力,即道德约束力和法律约束力。道德约束力建立在个人自治和信用之上。在契约关系中存在一个约束允诺及其后果的惯习,即一个人对允诺和同意的信守,既是对自我意志的服从,又是对包含自身意志的公共意志的服从,即共同的决定是按照我同意的形式和程序做出的,执行这一决定实际上是执行包含我个人意志的公意。一个具有合法性的契约具有了强制执行的效力,从另一个方面促进当事人自觉履行契约义务以避免更为重大的违约成本的发生。[④]

有研究者对历史上的契约观念进行了归纳总结,认为蕴含着六个维度的含义,即经济契约观念、政治契约观念、伦理契约观念、法律契约观念、神学契约观念和一般社会哲学意义上的契约观。其中,经济契约观念自然是其他一切契约观念的基础,法律的、伦理的和政治的等契约观念在作为政治

---

① 【法】卢梭:《社会契约论》,何兆武译,商务印书馆,1997 年版,第 8-9 页。

② 宋志军:《刑事证据契约论》,中国政法大学 2008 年博士学位论文,第 30 页。

③ 何怀宏:《契约伦理与社会正义》,中国人民大学出版社 1993 年版,第 13 页。

④ 宋志军:《刑事证据契约论》,中国政法大学 2008 年博士学位论文,第 39 页。

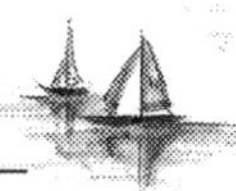

哲学意义上的契约观念(即传统社会契约论)中是一个完整的整体。伦理契约观念和法律契约观念为政治社会的起源(即政治契约)提供伦理依据和合法性基础(即伦理依据)。神学契约观念不过是其他契约观念在宗教中的反映。作为社会哲学意义上的契约观念所指的是人类学意义即人类活动论意义上的一般的社会契约理论。①

(2)契约关系。契约关系是契约当事人通过协议或允诺所形成的社会关系,分为具体契约关系和抽象契约关系。前者来源于当事人的事实身份,后者来自于法律对主体平等身份和平等关系的拟制。契约关系中的事实身份是指契约当事人的资格、地位等方面的直接社会身份进入契约关系,并因这种事实身份与其他当事人形成一种具体契约关系。在现代法治社会中,人格平等原则已经成为现代人的基本生存条件和参与法律关系的前提,由此所形成的平等的制度框架是所有人行动的基础,而且这一基础不会因个别人的身份或角色差异而动摇,基于这一平等拟制所形成的是抽象的契约关系。②

三、罪犯矫正契约化及其内涵

什么是罪犯矫正契约化?罪犯矫正契约化是契约理论在罪犯矫正领域的具体体现,也是当今世界罪犯矫正制度发展的趋势。从某种意义上说,罪犯矫正契约化的程度是衡量一个国家、一个地区先进和文明程度的重要标志。在这里,我们首先应弄明白矫正契约。矫正契约化的矫正契约,是指在罪犯矫正教育活动中,在矫正机构的主导下,矫正机关、罪犯以及其他罪犯矫正教育参与者,就罪犯改造的相关事项,在意思表示一致的条件下,所达成的具有法律约束力的协议。很显然,在法律意义上,罪犯矫正参与者的地位是不平等的,但是,从矫正契约关系来看,参与者的地位是平等的,双方追求的利益价值是一致的。在实质意义上,矫正契约就是在合理自律的道德力的支撑下,使罪犯矫正教育能够遵循社会公众的经验性认知路径,最终实现罪犯回归社会的愿望。

罪犯矫正契约化是指矫正主导者为了有效配置矫正资源,最大限度地发挥罪犯参与矫正的主动性,在“民主”协商的基础上,就罪犯的矫正问题达成具有权利义务平等性质的矫正契约,以促进罪犯改造,提高改造效率的矫正形态。从概念可以看出,罪犯矫正契约化的基本特征应包括:一是罪犯矫

---

① 梁华:《契约治理——城市公共服务供给新模式》,东北大学 2006 年硕士论文,第 21 页。

② 宋志军:《刑事证据契约论》,中国政法大学 2008 年博士学位论文,第 32-33 页。

正契约化是在对罪犯执行刑罚的过程中进行的，是罪犯服刑期间的矫正活动的契约化；二是罪犯矫正契约化反对传统的“单向主导的强制矫正模式”，强调罪犯矫正中应建立起“平等的契约关系”，增进罪犯参与的主动性，提高对罪犯教育矫正的效率；三是罪犯矫正契约化最终的目标是促使罪犯能够顺利复归社会，成为守法的社会公民；四是罪犯矫正契约化的基本理念是将罪犯置于与矫正者平等的地位，作为矫正的主体来衡量。

罪犯矫正契约化是在新的矫正价值理念下所形成的新的具有综合性的矫正模式，因此，对罪犯矫正契约化内涵的理解具有多维性。

1. 罪犯矫正思想理念契约化

契约化思想已在欧洲社会影响几百年，已成为社会政治、法律、经济等构建的重要思想基础，社会公众的契约化理念已渗透到社会生活的各个领域，当然也包括西方社会对罪犯的矫正领域，如果深入剖析西方社会的刑事司法和刑事执法过程就会发现，契约化理念是其重要的支撑因素。因此，研究我国矫正的契约化问题就必须从思想和理念层面来展开。

(1)思想层面的罪犯矫正契约化。思想是行动的指南，罪犯矫正契约化必须有契约理论和思想作为矫正契约化的指导。在罪犯矫正契约化语境里，罪犯的矫正不再仅仅是监狱或社区矫正机构的工作，也是社会事业、社会生活的一部分。罪犯矫正契约化的内容延伸到了罪犯回归社会后的保护问题。因此，罪犯矫正契约化并不是某一种或某几种具体的刑罚执行方式的变革，而是一种综合性的矫正观念的变革，是“民主治理”社会的契约化思想在罪犯矫正领域的体现和拓展。

罪犯矫正契约化是国家和政府对犯罪现象的社会危险管理和控制的职责。罪犯矫正契约化主要指罪犯矫正的指导思想应建立在社会契约化的基础之上，具有契约化的品质和品位，这是矫正契约化的社会基础和前提，只有将社会契约化思想转换成为罪犯矫正的指导思想，贯穿于罪犯矫正过程自始至终，矫正契约化才可能真正变为现实。一是从矫正的社会功能看，它主要通过发挥其特有的双重预防功能，来实现减少或消除犯罪这一社会现象。执行刑罚是打击犯罪的一种有效载体。打击犯罪行为的最终目的是保卫社会，消除潜藏于社会内部的矛盾和冲突，对社会存在的风险进行控制，这就决定了社会公众共同参与这项工作的性质。罪犯矫正契约化实质上是社会治理民主化的一种内在要求。二是从国家和政府所处地位看，国家具有足够权力来管理和推动矫正契约化，包括完善配套法规、健全相应机构、规定适当刑种、整合社会力量、明确各自任务等。而从矫正罪犯的专门机关看，罪犯矫正的很多工作已超越了他们的权力边界，是“法无授权即禁止”的行为，因此，倡导“矫正契约化”，除了依托专门机构之外，在社会层面上促进

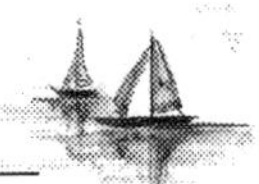

罪犯矫正的“普遍化”,使“法无授权”的禁止行为成为平等协商的契约行为,矫正最终才能实现完整意义上的矫正契约化。由此可见,罪犯矫正契约化首要的是在矫正工作上确立这种指导思想。

(2)理念层面的罪犯矫正契约化。罪犯矫正契约化是作为一种内在精神或最高原则的。在法治国家、法治社会、法治政府进行一体化建设的社会背景下,罪犯矫正契约化应成为罪犯矫正的基本原则,“应成为刑事政策思想和刑罚发展趋向”①。这是因为罪犯矫正契约化是基于平等的理念而构建的一种矫正体系。“法律面前人人平等”是我国依法治国的基本原则,也是法治社会的内在精神实质。而罪犯矫正契约化反映了现代法治的“平等”理念,在罪犯矫正中应将其看作平等的主体,尊重其人格,平等地协商矫正问题,做出矫正决策,制订矫正方案,进行矫正实践。另一方面,在社区适用社区矫正的罪犯,其适用本身就体现了矫正契约化的思想。例如,适用社区矫正前,要进行矫正前的社会调查,对罪犯的人格状况进行全面的分析和评估,要求签署社区矫正保证书等;对有些罪犯在适用假释、缓刑等措施时,还要征求这些罪犯所在的社区、被害人的意见等。所有这些不仅是履行法定程序,而且是契约化思想在罪犯矫正中的体现。矫正契约化所追求的价值之一就是“效率至上”,这也是契约思想的精神依托。矫正契约化的终极目标是罪犯复归社会,折射了现代刑罚的人文关怀精神。

(3)西方国家在罪犯矫正领域契约化思想和理念的实践,为我们树立了榜样。西方国家在罪犯管理上,实施了“罪犯一体化管理”政策,“罪犯无论是在监狱还是在社区都需要管理”②。需要“建立国家罪犯管理局对罪犯实施连续的无缝的管理。对危险进行控制”③。很明显,罪犯一体化管理的工作目标是:“保卫社会;惩罚罪犯;补偿被害人;矫正罪犯;更好地管理罪犯使其不再犯罪。”④这一目标本身就宣示了政策所具有的契约化的价值追求。其实,理念对司法工作的渗透是无形的。罪犯矫正契约化不仅意味着罪犯矫正工作的科学化、效率化和实用化,实际上在刑事立法和刑事司法中也有一个刑事契约化的问题。我国有学者就提出了刑事契约理论和契约刑理论,在刑事立法和刑事司法的契约化上提出了自己的观点,这应该说是社会

---

① 冯卫国:《行刑社会化内涵解读》,《犯罪与改造研究》,2003 年第 7 期。

② 翟中东:《矫正的变迁》,中国人民公安大学出版社,2013 年版,第 341 页。

③ 翟中东:《矫正的变迁》,中国人民公安大学出版社,2013 年版,第 341 页。

④ 翟中东:《矫正的变迁》,中国人民公安大学出版社,2013 年版,第 338 页。

契约思想和理念在我国刑事法领域的反映。[①] 目前，世界各国探索的辩诉交易、刑事和解、恢复性司法等都是刑事司法契约化的表现形式。总之，理念层面的罪犯矫正契约化，就是作为矫正基本原则的契约化，作为刑事政策思想的契约化，作为刑罚发展趋向的契约化。

2. 矫正主体契约化

从矫正罪犯的主体来看，矫正作为一种社会活动或者社会现象，其开展要依赖于一定的主体采用适当的措施。在传统观念里，矫正罪犯的主体是监狱和社区矫正机构，除此之外，参与矫正的社会其他机构是辅助力量。但是，在现代监狱理念下，罪犯和社会力量走到罪犯矫正舞台的中心成为主体。也就是说，建立在平等关系下的契约矫正，主体呈现多元化样态。在矫正契约化语境中，显性的主体是具体的自然的人，而隐性的主体则是社会参与各方。这样，监狱、社区矫正机构、矫正工作者、被矫正的罪犯和参与矫正的社会力量等都成为罪犯矫正主体。在这里，矫正主体的契约化包括两个层面：一是矫正机构和矫正工作者、参与矫正的社会力量的契约化。矫正机构、矫正工作者和社会相关组织，是整合社会资源，培育罪犯矫正的社会支持系统，使社会力量对罪犯矫正活动常态化、规范化，对于参加矫正的社会组织、矫正的方式、矫正的时间、矫正的内容、矫正的费用、矫正的权利义务等以契约的形式加以规定。目前最为典型的是上海市的社区矫正工作，以政府购买服务的形式，由民办非企业性质的社团组织——上海市新航社区服务总站作为矫正的主体，通过政府购买社工服务的方式推动民间社团的自主运作，实行专门化机关管理和社会化管理相结合。上海市新航社区服务总站承担政府指定的服务项目，完全实现了矫正主体的契约化。二是矫正机构、矫正工作者、参与矫正的社会力量和被矫正的罪犯的契约化。在矫正工作中，摒弃传统的依靠行政方法实施强制性“专政”的理念，采用社会工作关于平等、尊严、接纳、诚信等方面的理念，发挥社会工作的康复和预防功能，将社会工作的价值理念运用到罪犯矫正的过程中。尤其需要注意的是在矫正契约化的框架结构设计中，将传统意义上的被矫正的罪犯，由所谓的改造“客体”置于矫正的主体地位，是矫正契约的“平等”的另一方，这是对矫正主体认识的观念的更新。因为长期以来，认为罪犯是改造的“客体”，是被改造的对象，其实这是对罪犯矫正工作基本内涵的认知错误，是矫正机构对行刑工作和矫正工作的混淆。我们知道，罪犯矫正工作的价值追求是罪犯

---

① 郭明教授在对现代刑罚制度及其模式进行批判研究后提出了“刑事契约”“契约刑”理论。见《刑事契约论》《从‘改造刑’到‘契约刑’：中国刑罚制度的变革之路》《契约刑论》等论文。

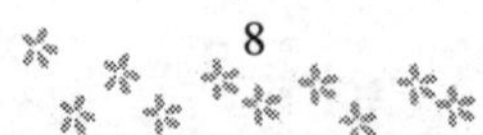

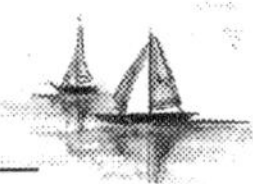

的改变,而罪犯改变是罪犯自我的改变,对罪犯施加的外在措施和方法,只是外在的影响因素,并不是决定的因素,起决定因素的是罪犯的内在认知。如果罪犯主观上不寻求改变,任何外在因素都不会起到作用。所以说,只有寻求罪犯的自我改变才抓住了问题的关键。在罪犯矫正契约化关系中,罪犯是处于第一主体的地位,是罪犯矫正契约化的核心所在。任何背离罪犯主体地位的矫正契约都不可能真正产生效果。

3.矫正适用对象范围契约化

契约矫正并非适用于所有的罪犯,而是适用于一定条件的罪犯或者是达成契约意向的罪犯。要严格按照现行法律规定确定矫正契约化对象的范围。主要表现在:一是社区矫正适用的罪犯范围。从《刑事诉讼法》《刑法》和其他法律法规的规定看,主要包括被判缓刑的罪犯、被判管制的罪犯、假释的罪犯、暂予监外执行的罪犯四种。对这四类罪犯在适用社区矫正时不仅要进行社区矫正前的调查,而且都要有社区矫正保证书,相关参与者要签订社区矫正协议书,履行法定手续,罪犯对社区矫正应遵守规定,对承担的相应的义务做出承诺,形成了实质意义的“契约”。二是心理矫治适用的罪犯范围。一般说来,心理矫治针对的是具有心理问题、心理障碍或心理疾病的罪犯。心理矫治所遵循的基本原则包含了平等原则和罪犯自愿原则,这些原则决定了心理矫治者和被矫治者的平等价值和罪犯自己对心理矫治的主动追求特性。也就是说,心理矫治是在矫治双方平等协商基础上自愿达成的矫治联盟,而维持联盟的内在约定就是心理矫治“契约”。这一契约最突出的特征是“心理契约”,是双方的自愿约定和遵从。三是个案矫正适用的范围。个案矫正一般是针对罪犯特定的问题所进行的矫正活动,矫正的方案具有“个别化”特性。在矫正之前,矫正参与各方要对个案矫正的特定问题、个案矫正的内容、个案矫正的方案、个案矫正的时间、个案矫正的程序、个案矫正的效果等进行约定,达成“合意”。四是特定的矫正措施只适用于特定的罪犯,比如由心理疾病引起的生理疾病的治疗、由生理疾病引起的心理疾病的治疗、变态心理的治疗等均属此类。这类罪犯的矫正,矫正参与者事先必须就相关事项达成一致,必要时还要就相关的权利义务、职责、风险的承担等做出约定。五是其他矫正措施。包括罪犯的心理健康教育和调适、罪犯的成长教育和发展教育、罪犯的职业生涯规划和设计、罪犯的职业教育等,在一定的条件下,均需协商一致,达成“合约”。总之,不同的矫正模式、矫正方案、矫正措施、矫正项目等适用于不同类型的罪犯,在矫正约定中有不同的形式,均以罪犯同意为基础,对于拒绝矫正的罪犯不属于契约矫正的范畴。

4. 罪犯矫正目标契约化

从罪犯矫正契约化的目标来看，罪犯矫正契约化的最终目标是促使罪犯能够顺利复归社会，修复被罪犯犯罪行为破坏的社会关系，提高、保证和巩固罪犯矫正的效果，实现行刑目的。但是，现实的问题是，不同的罪犯因其犯因性问题的不同，矫正的目标也有很大差别，因此，对每一罪犯或每一类型的罪犯，因其犯因性问题的差异，在确立矫正目标时也各不相同。最为关键的是矫正契约化最终的目标是影响其内涵的重要因素之一，对准确界定矫正契约化的内涵具有重要意义。

在这里需要说明的是，罪犯改造目标是契约矫正的要件之一，目前，《监狱法》要求将罪犯改造成为守法公民是改造罪犯的合理目标。吴宗宪教授将罪犯改造成为“守法公民”分为三个层次：社会精英、普通大众和低劣人群。第一层次的社会精英是罪犯改造的最高目标。这一目标是极不合理的，甚至可以说是很荒唐的，误导了罪犯改造工作，造成了大量的资源浪费。第二层次的普通大众是改造罪犯的合理目标，根据这个目标定位，在罪犯改造工作中，要努力把罪犯改造成为普通的守法公民。只要将罪犯改造成为有一定道德水平、过守法生活的人，就可以说是完全达到了改造罪犯的目标。第三层次的低劣人群，是罪犯改造降格以后的最低目标，如果矫正机构能够将罪犯改造成为“低劣人群”，在他们回归社会之后，哪怕道德品质很差、思想仍然很卑劣，只要遵守法律，不再重新犯罪，也应该认为矫正机构基本实现了改造罪犯的目标。这样的人群有很多道德、法律、行为、嗜好等方面的问题或者差异，但是，只要这些问题或者差异的存在不会引起新的犯罪行为，矫正机构也不必花很大的代价去消除这些问题或者差异。这样，吴宗宪教授为罪犯改造目标设置了一个具有自身特质同时又具有异质性的层次改造目标，即改造罪犯的合理目标，为改造罪犯工作提供了更加准确的参照标准。因此，在罪犯改造中，要更多地教育罪犯进行守法行为，以“法”为社会人的合理界限，而不能过分地强调改变或者升华罪犯内心的道德动机。①

笔者认为，任何目标的设计都必须受制于与其密切关联的条件和因素，必须具有科学的态度，使之具有合理性。矫正机构是造就人的地方，在这里的“人”，应是社会大众人，而非特定人。因此，在改造目标设定上，首先是基于“人”的前提，以人为本，关注人的需要，尊重人的人格，注重人的发展。正

---

① 吴宗宪：《罪犯改造论——罪犯改造的犯因性差异理论初探》，中国人民公安大学出版社，2007 年版，第 253–260 页。

如我国监狱学家沈家本所言："监狱者，感化人而非苦人、辱人者也。"[①]在现代法治理念下，罪犯改造目标的"社会人"和"职业人"才是矫正机构的价值追求。吴宗宪教授对罪犯改造目标的层次设计，正是将罪犯基于"社会人"的角度，合理衡量矫正机构自身的能力而设置的。现实也充分证明，社会需要的是遵纪守法的"社会人"和安居乐业的"职业人"，社会精英只是少数，要求矫正机构将罪犯改造成社会精英显然超出了自身权力的边界，既不现实，也难以实现。当然，我们也不否认极个别罪犯经过矫正机构的矫正教育成为"社会精英"，但这只是个案，不能作为罪犯改造的"合理目标"，更不能设计为所有罪犯的改造目标。明确了罪犯矫正目标的设定，在矫正方案和内容的设计上就有了充分的依据，和罪犯"矫正契约"的约定就有了针对性。

5. 罪犯矫正场所契约化

罪犯因其犯罪的性质和危害不同，因而适用的矫正场所也不同。矫正场所的变更必然引起矫正主体、矫正内容、矫正方法、矫正时间、矫正程序和步骤等方面的变化。因此，矫正契约化就要求矫正场所并不仅仅限于监狱或者其他的封闭机构，即矫正场所可以是开放性的社会公共场所。最为典型的是社区矫正的罪犯，一是由监狱假释的罪犯、暂予监外执行的罪犯，在将其置于社区进行矫正之前，司法行政机关就要对其进行风险评估，还要征求罪犯所在社区和被害人的意见，在获得社区和被害人的同意后，才能回到社区进行矫正，这是监狱和社区、被害人对罪犯矫正场所的"契约"约定。二是法院在对罪犯判处缓刑、管制之前除了对罪犯进行社区矫正前的调查，对罪犯人格进行全面评估，还要与罪犯签订社区矫正保证书，罪犯要提供保证人或者保证金，要保证遵守社区矫正的有关规定，服从社区矫正机关的管理。所有这些都是矫正场所契约化的内容。如果罪犯不签署这些协议，不愿意履行相关的义务，那么就不可能将其置于社区中进行矫正。

6. 罪犯矫正内容契约化

从罪犯矫正内容契约化层面来分析，要想提高罪犯的矫正效率，矫正内容必须针对罪犯的犯因性问题，是罪犯认可的和最迫切需要解决的现实问题，是矫正机构、矫正者和罪犯"民主协商"的结果。只有这样，罪犯矫正内容才能够适应于罪犯的"需要"，才能激发罪犯自我矫正的动机和动力，才能真正通过矫正活动，把罪犯"教化"为守法的"社会人""健康人"和"职业人"。因此，矫正内容的契约化体现在以下几个方面：

（1）矫正机关和矫正者设计矫正内容时要充分体现契约化的指导思想。

---

① 沈家本：《监狱访问录序》，《历代刑法考（附寄簃文存）》（四），邓经元等点校，中华书局，1985 年版，第 2237 页。

主要是深刻领悟和把握两方面的要求:一是切实认识到罪犯矫正内容契约化是矫正工作的前提,是罪犯矫正契约化的价值追求。尽管矫正主体契约化、矫正理念契约化、矫正目标契约化、矫正力量契约化等都很重要,但都是围绕矫正内容的契约化而展开的。二是罪犯矫正内容契约化的工作要点是力求培养罪犯在矫正上的自我认同和自我改变动机、自我成长能力与素质,矫正内含的一切工作都应围绕和服从这个中心。

(2)培育罪犯对矫正内容的认知能力和领悟能力,这是罪犯矫正契约化的基础。罪犯的认知能力包括社会认知能力和自我认知能力。社会认知能力主要是罪犯对自己犯罪的认知、对犯因性问题的认知、对社会环境的认知等;而自我认知能力,则是对自己价值的认知、能力的认知、人际关系的认知、内在改变动机的认知等。着力使罪犯学会剖析犯罪的本质,帮助罪犯认识到自己的犯罪与自身所处社会关系,使他们认清所有犯罪都是漠视他人利益和贪占他人利益的行为,都是罪犯在长期的社会生活中,养成的不良习性积累恶化的后果,是罪犯没有坚守人际相处的基本行为准则的必然结局。培育罪犯对犯因性问题的逻辑思维训练,学会换位思考,保持客观公正的态度看待自己的矫正方案。

(3)罪犯矫正方案的契约化。对不同犯因性问题的罪犯,制订不同的矫正方案。而矫正方案的制订是矫正机构、矫正者和罪犯共同“民主协商”的结果,对方案中所涉及的问题必须达成“合意”。

(4)罪犯改造行为规范的契约化。在罪犯的日常行为矫正中,要使罪犯明白为什么要使他们的行为符合规范性的要求,规范性要求和执行刑罚的关系是什么,核心在于培育罪犯良好的行为习惯。通过和罪犯“契约化”的约定,使罪犯自己约束自己。比如,对于在监狱服刑的罪犯,以《监狱服刑人员行为规范》为主要内容,共同制定行为守则,规范日常言行,承担违规责任。对于社区矫正的罪犯而言,其约定的行为规范则更为明显,比如对特定罪犯关于自觉遵守禁止令的规定,都是罪犯行为规范化的基础。

(5)对罪犯改造状况考核评估的契约化。主要包括:一是要科学建立罪犯改造质量的评估考核体系。它是对矫正机构工作考核的重要依据。显然,这一考核体系应涵盖罪犯整体矫正方面的所有细节。要突出本质性、贴近性和操作性。二是要将罪犯的改造质量列为矫正机构工作考核的主要目标,并且是硬指标。要摒弃罪犯教育改造虚无论、无用论、速成论等谬论,要突破现实中教育改造可有可无、可强可弱的被动局面。三是加大在罪犯教育改造工作上的奖罚力度。真正在教育改造工作上营造“有法可依,有法必依”的氛围环境,以利于全面深刻地推进矫正契约化。

7. 罪犯矫正制度契约化

罪犯矫正制度的契约化是矫正契约化的制度保障。要求根据有关法律规定,制定出符合矫正契约化实际需求的矫正协作制度、部门衔接制度、矫正工作规程、矫正考核制度、矫正评估制度及其他各方面的规章制度。从目前我国对罪犯矫正的现实状态来看,罪犯矫正制度的契约化主要包括两个方面:一是监狱矫正制度契约化。监狱作为行刑场所,是贯彻执行矫正契约化的理念、实现罪犯成为守法公民改造目标的主导力量。因此,在制定和贯彻执行监狱制度中,必须体现矫正契约化的精神实质。比如,在教育改造制度中,要和罪犯就教育改造的方式、内容、考核评估的手段及达到的目标,达成共识,征得罪犯的认同;在罪犯劳动制度中,将罪犯参加一定的生产劳动作为罪犯的一项权利,要和罪犯就劳动的项目、劳动的时间、劳动的形式、劳动的保护、劳动的报酬等,与罪犯共同约定;除此之外,罪犯离监探亲制度、累进处遇制度、接见与通信制度、社会教育制度等都可以按照契约的形式加以制定,以便使罪犯主动参与,强化其作为公民的自尊心和责任感,提高制度执行的效率,以达成促使罪犯改过自新的目的。二是社区矫正制度的契约化。实质上,对符合条件的罪犯实施社区矫正本身,就是司法机关和罪犯达成"合约"的结果,体现着契约的内在精神。在社区矫正制度中的缓刑制度、假释制度、累进处遇制度、分管分矫制度、亲属担保制度、归假制度、参加学习和劳动制度、监督评估制度、社区扶助制度、法律援助制度、申诉、控告、检举制度、社会保障制度,以及社区矫正中的社区服务、禁止令等,都以契约化的形式固定下来。

8. 罪犯矫正运作契约化

罪犯矫正运作的契约化是罪犯矫正实践的表现形式。近年来,西方国家在罪犯矫正的价值追求上发生了重大变化,兴起了新的刑罚理论:"关注的重点不是惩罚,也不是矫正,而是危险人群的评估与控制,即对犯罪分子的危险管理。"①一方面,"与警察、监狱合作对狱外罪犯实施连续监督、危险管理"②;另一方面在"罪犯一体化管理"政策中,提出了可资我国借鉴的蕴含丰富矫正契约化思想的两种制度。一是推行"直接出狱合同"制度,即"罪犯管理者需要在罪犯危险评估基础上为每个罪犯制订相应的服刑计划,将刑罚执行、住房问题、教育问题、就业问题、家庭问题、使用毒品问题、转变态度问题、转变行为问题纳入其中"③。"直接出狱合同"制度的形式是合同:"合

① 翟中东:《矫正的变迁》,中国人民公安大学出版社,2013 年版,第 221 页。
② 翟中东:《矫正的变迁》,中国人民公安大学出版社,2013 年版,第 338 页。
③ 翟中东:《矫正的变迁》,中国人民公安大学出版社,2013 年版,第 341 页。

同当事人是罪犯管理人员与罪犯;合同内容是奖励与惩罚。这一合同列出有关项目,如果罪犯参加这些项目将获得奖励,如果不参加将获得惩罚。罪犯要根据同意的协议将在监狱获得的收入赔偿被害人"[①]。根据计划,"直接出狱合同"贯穿罪犯服刑的整个过程,包括监狱内外,最主要的目的要使罪犯接受矫正。很明显,"直接出狱合同"制度是西方国家契约理论"不经意间"在罪犯矫正中应用的结果,也是近年来关于罪犯矫正契约化理论的实践样态。可以预见,体现平等、尊重和互惠文化特质的矫正契约化将会成为罪犯矫正的新形态。二是提出建立社区监狱。社区监狱的整体设想是:"关押危险小的罪犯;设置地方;与地方社区联系;与家庭保持联系;接受矫治项目,如毒品矫治项目、认知行为项目;对青少年犯可以优先考虑。"[②]社区监狱是西方国家对社区性刑罚的新探索,也是实现轻刑化和非监禁化无缝连接的中间措施。这一制度不仅丰富了社区性刑罚的内涵,而且是社会治理"契约化"策略的主要举措。同时,政策将危险性评估、建立阻止重新犯罪的伙伴关系、关注罪犯健康问题、文化技能教育、就业培训、社会与家庭的联系、社区服务、恢复性司法等都纳入了"监狱一体化管理"之中。

从我国罪犯矫正契约化运作的宏观层面上看,首先应依据刑事一体化原则,在刑事司法过程中,以契约的形式对罪犯按照一定的标准分门别类,将其归入不同的矫正机构,比如社会危险性大的罪犯送进监狱,由刑事执行机关主导罪犯的矫正;而对于符合条件的管制犯、缓刑犯等则放在社区,由社区矫正机构实施矫正,特别是被社区矫正的罪犯,都是在"契约"约定的基础上才进入社区的。其次是在罪犯矫正中,矫正运作的契约化完全摒弃了传统的罪犯矫正单一主导的模式,罪犯不再是被动的参与者,而是在矫正机关和矫正者的主导下,罪犯成为矫正决策的主体、矫正活动的主动参与者,并在矫正过程中,根据矫正的社会环境、社会成员的态度、刑罚的变动状况等因素,适时调整和修订矫正方案,改变自己的心态和行为方式,以使矫正达到最优化。再次是社会力量参与的契约化。矫正契约化的应有之义就在于社会力量的广泛参与,是社会资源的有效介入和合理配置。从现代意义上来看,罪犯矫正绝不是矫正机关一家的事情,而是全社会的责任,只有全社会的共同参与,才能使罪犯得到根本的改造,才能使罪犯真正回归社会,才能实现保卫社会的目的。因此,社会力量的介入既是罪犯矫正的需要,也是社会公众的社会责任。矫正运作的契约化就是要协调社会相关的组织,建立协调机制,以"合约"的形式约定矫正机构和社会相关组织之间的权利

① 翟中东:《矫正的变迁》,中国人民公安大学出版社,2013 年版,第 341-342 页。

② 翟中东:《矫正的变迁》,中国人民公安大学出版社,2013 年版,第 342 页。

义务关系,有效地介入罪犯矫正活动中,同时,让社会公众进入监狱,了解监狱,了解和认识罪犯的矫正工作,培育社会公众对罪犯的宽容态度,接纳罪犯以合格公民的身份重返社会,实现与社会的融合。在这里需要说明的是,我国于2003年开始试点的社区矫正工作,目前已在全国展开,其实质就是充分利用社区的优质资源矫正罪犯,使社区公众承担起预防犯罪的责任,是社会"公共契约"的有效实践。

由此看来,仅仅从某一侧面或者某几个侧面来认识罪犯矫正契约化是不够的,应站在创新社会管理机制的高度,从"民主治理社会"的整体层面加以认识。所以,矫正契约化是根据罪犯矫正的基本原理,结合刑罚执行的社会形态,充分、有效地调动和综合利用社会资源,是刑罚执行制度和方式与社会进化的同步发展,主张的是一种以社会安全和秩序为价值取向的"积极行刑主义"。概括起来看:①罪犯矫正契约化是一种程度和状态。"化"的本义是一种程度,标志某一事物所达到的某种状态。可以理解为在罪犯矫正活动中,矫正机构、矫正者、被矫正者、社区、社会公众、社会管理机关等矫正参与者所相互联系的状态和程度。②罪犯矫正契约化是对自由刑寻求替代措施的整体形态。自由刑在执行过程中所出现的弊端已被学界公认,最为典型的是自由刑对人身自由的剥夺,导致罪犯与社会隔离,使罪犯再社会化和融入社会成为悖论。矫正契约化是企图最大限度地克服自由刑的弊端而进行的行刑制度设计。按我国《刑法》的规定,不管是对罪犯处以管制、拘役、有期徒刑、无期徒刑、死刑等主刑,还是对罪犯处以罚金、剥夺政治权利、没收财产等附加刑,都是矫正契约化的对象。也就是说,矫正契约化是相对于整体自由刑行刑而言,不是一种特指。在实务操作中,罪犯受到的刑罚越轻,其矫正契约化的可能性越大,契约化的范围越广。对社会公众和矫正者而言,罪犯受到的刑罚越轻,其契约矫正的安全系数越高,风险也就越小。我国全面推行的社区矫正工作就是基于自由刑改革的价值追求和安全与秩序的需要。③罪犯矫正契约化是刑罚方式和矫正制度的调整。以契约的理念主导罪犯的矫正活动,这实际是行刑方式和矫正制度的改革、进化与完善,是行刑制度体系的结构性调整,它包括了监禁刑和非监禁刑,而不是要用非监禁刑完全替代监禁刑。④罪犯矫正契约化的核心在于矫正的实践活动。矫正实践与其他社会活动一样,随着社会环境的变化而变化。新中国成立以来,押犯在犯罪性质、构成情况、思想观念、行为特征、心理特点等方面经历了几次重大变化,都和社会环境条件的变化密切相关。新中国成立初期,与社会形态更替紧密联结,我国在押犯绝大部分是反革命犯和旧社会遗留下来的刑事惯犯,如汉奸、特务、反动党团骨干、土匪、恶霸、反动会道门头子、惯偷惯窃以及战争罪犯等。进入20世纪80年代,我国社会形态再次转型，在以经济建设为核心的改革开放条件下，我国监狱关押改造的罪犯发生了质的变化，出现了“普通刑事犯多，反革命犯少；出身于劳动人民家庭的多，剥削阶级家庭的少；青少年犯多，中老年犯少”的“三多三少”的现象。直到今天，法治建设成为我国的主导理念，政府职能也由“民主统治”转向“民主治理”，社会契约思想成为人们的共识，罪犯也由最初的阶级敌人成为法治语境下的社会公民，促使人们对罪犯矫正实践的认识发生了变化，必然由单一政治主导矫正模式进而转向矫正契约模式。应该说，我国社会文明进步思想的生成与发展，加速了对矫正实践的深层认知，促使矫正理念与矫正价值的再定位，罪犯矫正契约化是文明进步的具体反映和表现。

四、罪犯矫正契约化的定位

1. 罪犯矫正契约化是一个相对独立的社会空间

这一社会空间既是一个独立的监狱环境、社区矫正环境这一物理或地理空间，也是从社会关系网络中分离出来的一个以刑罚执行为主线的“监狱社会”，因其矫正主导者和参与主体在社会交往中所具有的特殊的逻辑和规则，因而具有相对独立性。罪犯矫正契约化这一“监狱社会”的空间边界是由刑罚惩罚的本质属性和监狱的法律属性所决定，它既有实体建筑的有形界限，如监狱的高墙、电网、岗楼、监控设施、门禁系统等，又具有信息交流和人际交流的多重交叉和重叠，尤其是随着现代信息技术的发展，在社区矫正的信息交流和人际交流中，增添了虚拟的社区空间，使这种边界呈现模糊状态，也由此形成了罪犯矫正契约化与罪犯研究的其他领域和学科的交叉、兼容。罪犯矫正契约化所形成的信息交流和人际交流的系统体系，离不开监狱矫正和社区矫正母体的谱系归属，因此，在整个系统运行中，它仍属于社会治安综合治理系统的一部分，是和社会预防犯罪、控制犯罪、打击犯罪等紧密相连的，是刑事司法的一部分，它将对犯罪的预防和治理放在了罪犯的刑罚执行阶段，包括了罪犯分类、危险性评估、矫正项目的立项、矫正内容的设计、矫正者与罪犯的沟通与协商、合意的达成，直至矫正契约的运作等，形成了特有的矫正主体之间的复杂的社会关系、行刑关系、教育关系、劳动关系、矫正关系等。它与社会工作、经济贸易、民事活动、商事往来、道德教化、政治妥协等契约关系相比，具有相对独立的、带有明显刑罚执行特色的边界划分。

2. 罪犯矫正契约化是一个客观关系构成的系统

罪犯矫正契约化的现实运作过程构成了特有的监狱与社会相互联结的客观关系系统，它独立于个人意识和个人意志，矫正契约关系的建立是在矫正者和罪犯对权利和义务让渡的基础上，依据罪犯所处的现实地位决定的。

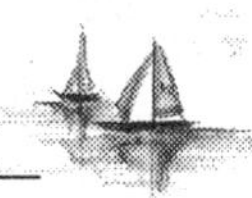

在矫正契约化关系网络中,构成罪犯矫正客观关系的参与者包括监狱、监狱警察、社区矫正机构、社区矫正工作者、罪犯、社会志愿者、社会团体、民间组织等,除此之外,还包括与罪犯矫正密切相关的利害关系人,主要有罪犯亲属、罪犯被判刑前居住的社区、犯罪受害人等。在现代恢复性司法思想的指导下,矫正契约化参与者的法律地位、权力配置、权利义务关系分配、利益需求和博弈等,构成了矫正契约化的法律关系。这些法律关系是由各自在矫正契约化的过程中所处的现实地位和掌握的资源所决定的。同时还注入了一定的主观因素。也就是说,通过矫正契约参与者尤其是矫正主体,即矫正机构、矫正者、罪犯自身及相互之间的利益交换而在一定程度上改变这一关系。但是,其根本属性仍然是客观存在的刑罚执行关系。如罪犯在累进处遇契约化矫正中,矫正者和罪犯都可以利用自身的地位和资源与对方相交换,以争取在利益关系中的收益最大化。如果罪犯没有达到契约约定的矫正目的和效果,没有遵守矫正规则,那么,矫正者就不会让罪犯享有相应的处遇。而这种利益交换关系是严格界定在法律规定的框架下进行的。

3. 罪犯矫正契约化是一个主体之间利益博弈的空间

矫正主体获取利益最大化,永远是罪犯矫正契约化的核心,因此,罪犯矫正契约化是一个利益争夺的空间,矫正契约达成和运作的动力在于矫正的结构形式和契约所带来的利益诉求。在矫正契约关系中,参与主体利用各种策略来维护或改善他们在矫正中的地位,不断在矫正中展开利益博弈。矫正契约化从某种意义上说是利益的契约化,在博弈过程中实现自己的利益目的,特别是各矫正主体处在不对称的关系状态中,这种斗争就显得更为微妙和激烈。从客观上来讲,矫正契约化中各主体基于自身的法律地位、法律所赋予的权力和权利、承担的法律义务或履行的法定职责、拥有的资本或资源等而产生的位置差异,这一位差产生的势能推动矫正主体在利益斗争中采取对自己最为有利或害处最小的策略,或者运用对抗策略,或者采取双赢的合作,都尽量避免对抗行为超出一定的限度产生两败俱伤的局面。在主观意识形态层面,受传统的行刑关系和刑罚理念的影响,矫正关系主体的行为选择,受到行刑关系的思维倾向性的制约或引导,尤其是矫正机构或矫正者容易将行刑关系置于矫正契约关系的地位,影响矫正契约化的产生、发展和有效运作,因此,罪犯矫正契约化需要走的路还很长,还需实现立法和实践的互动。只有这样,才能推动罪犯矫正契约化从实践到立法、从模糊到清晰、从自发到自觉、从点到面,逐步发展壮大。

罪犯矫正契约化的基本原理

罪犯矫正契约化是一种特殊的社会实践活动，是现代社会管理制度创新和刑罚执行制度完善的重要组成部分，具有独特的社会价值和运行规律。罪犯矫正契约化的基本原理，是研究其基本理论问题，探求罪犯矫正契约化的基本理念、基本特征和规律性。

一、罪犯矫正契约化的内在要求

罪犯矫正契约追求矫正机构、矫正参与者和罪犯等矫正主体之间的平等性。契约面前人人平等当然包括矫正契约面前人人平等，因为“契约是指双方思想的会晤”，“双方思想没有见面，也就没有契约”。[①] 正如我国传统意义上的罪犯改造，是监狱和监狱警察单向的、强制性的政治教化，就不具备契约矫正的基本形态，即凡是只有单方意志的地方就不会有矫正契约。在罪犯矫正契约化制度下，矫正契约是设定罪犯权利和义务的常规手段，罪犯矫正契约化的本质是罪犯意思自治，因此，用契约作为设定罪犯权利义务的手段，其实是罪犯在改造过程中自己为自己设定权利和义务，罪犯改造的宏观设计、改造的内容、改造的方法、改造的步骤、改造的状况、改造的进程，以及在改造中能否享受更好的处遇，能否获得刑事或者是行政奖励等，主要依靠的是每个罪犯遵守矫正契约的情况和自身的努力。通过罪犯自己设定权利、自行履行义务、自己承担责任，矫正契约因而成为创设罪犯权利义务的种种手段中最合理的手段，它能激发和维持罪犯的自我改造主动性、积极性和创造性。因为矫正契约反映了罪犯的本质需求，矫正契约的基础是主体平等、权利和义务的对等、等价有偿，矫正契约就是法律赋予罪犯的争取实

① 【美】霍姆斯：《法律之路》，参见赵一凡编《美国的历史文献》，生活·读书·新知三联书店，1989 年版，第 214 页。

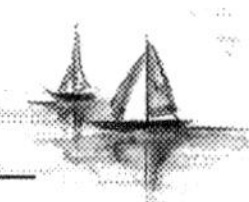

现权利义务平等的最主要手段。为了争取、实现权利义务平等,罪犯可以在矫正契约中讨价还价、斤斤计较、力求衡平。矫正契约的根本内容是自由,在矫正契约中,每个罪犯都可以依法自由主张自己的权利、捍卫自己的自由意志,这也是现代刑罚的精髓之一。

在依法治国的语境下,罪犯矫正契约是法治社会和法治监狱建设的表征。监狱对罪犯的行刑关系契约化是步入法治监狱的必由之路,其原因如下:

(1)矫正契约是平等的矫正主体之间的一种合理关系,矫正主体在矫正活动中的平等、权利义务的对等是矫正契约存在的必要的社会基础,反过来罪犯矫正契约化其实也就是罪犯在矫正活动中的地位平等化,罪犯的法定身份的消失;罪犯矫正契约化就是矫正者和罪犯在矫正活动中的"人人平等",只有在矫正契约面前平等才有可能在法律面前人人平等。罪犯矫正契约是对过去政治改造模式下"罪犯政治身份"的根本否定,矫正机构对罪犯的矫正不是根据罪犯的"法定身份",而是根据罪犯的犯因性问题和犯罪的危害行为,矫正契约突出并且实现了"在法律面前人人平等"这一法治的精义。

(2)矫正契约是主体的意思自治,将罪犯置于矫正活动的主体地位,承认罪犯的主体性。罪犯在矫正活动中的权利自己争取、义务自己履行、责任自己承担。矫正契约弘扬着人的主体品格、权利意识、自治精神,要求刑罚执行对罪犯惩罚和剥夺的有限性,最突出的就是矫正机构和罪犯之间关于矫正活动中权利(力)和义务的契约,划定矫正机构公权力与罪犯私权利各自的适当范围,罪犯矫正契约化就是监狱法治化,罪犯矫正契约化为实现矫正机构守法这一法治的核心提供了坚实的社会基础。

(3)矫正契约是平等的、自由的、自治的、权利本位的,罪犯矫正契约内涵着矫正机构法治的基本内容和根本精神。在很大程度上,罪犯矫正契约与监狱法治化和社区矫正法治化是一致的,没有矫正契约就没有监狱法治化和社区矫正法治化,不存在没有矫正契约的监狱法治化和社区矫正法治化。

罪犯矫正契约是罪犯矫正的核心。罪犯矫正契约以罪犯在矫正活动中的个体独立为基础、以罪犯个体自治为内容、以罪犯个体利益为目的。矫正契约是罪犯个体独立自主、意思自治的体现,罪犯自己为自己设立权利义务,自己为自己做主。在罪犯矫正契约化制度下,每个罪犯都是独立的,都是法律的主体,都享有法律上的权利和义务,罪犯的矫正内容和矫正过程不再是束缚在矫正机构内听任矫正者的支配,而是处于一种新的矫正秩序中,受矫正契约的调整,这种新的矫正秩序不是由矫正机构和矫正者代为确立的，而是由每一个罪犯根据矫正契约而形成的。矫正契约成为矫正关系产生的基础、联结的纽带、根本的内容和实现的方式。

矫正契约确立了罪犯私权的主体地位。矫正契约使对罪犯矫正的重心从权力本位走向了权利本位，从公权本位走向了私权本位。为了保障和实现罪犯矫正中的私权，监狱行刑法律制度从公法主治走向了私法主治，切合作为现代法治的本质要求，满足了罪犯矫正“个人本位”的价值取向，为保障和实现罪犯个人权利提供了最恰当的法律准则。私法具有主体平等、意思自治、个人本位以及自己责任，这些基本内容在矫正契约化语境下成为监狱法治的核心内容，因此，只有私法主治的监狱才是真正的法治监狱。在这里有必要指出的是，私法主治的监狱之所以能够成为现代法治监狱，私法的矫正契约本质是十分重要的因素，矫正契约具有平等性、自由性，矫正契约不仅是罪犯自己设立权利义务的基本方式，而且是设立监狱权力的基本方式，矫正契约不仅是设立私权利和公权力的基本方式，也是平衡、制约私权利和公权力的基本手段。监狱对罪犯矫正“从身份到契约”的本义之一就是从罪犯的法定身份法到私法，因为矫正契约是私法的核心，没有矫正契约就没有私法，进而也就没有监狱法治，只有到了矫正契约化才真正步入了法治监狱。

二、罪犯矫正契约化的特征

矫正契约化作为刑事执行过程中一类独特的契约形态，它既有契约平等的共同特性，又有鲜明的契约履行的内在强制性。

1. 罪犯矫正契约化以契约为核心目标

以契约为核心目标可以说是罪犯矫正契约化的核心理念，它通过支持罪犯参与矫正过程对其权利和义务加以明确的规定，了解他们在行刑中的物质和精神需要，恢复在矫正中的主体地位，在平等的基础上协商罪犯的矫正事务，维护罪犯的尊严和自信；要求和鼓励罪犯积极悔过、真诚改造，主动承担犯罪责任并做出自我改造，以获得宽恕与自尊，帮助其提高能力，以重新融入社区、回归社会。罪犯矫正契约化吸纳其他社会团体、民间组织、社会志愿者等参与罪犯矫正活动，增强社会公众对犯罪的警觉、对社会的责任心，激发全社会对预防犯罪的责任感。

罪犯矫正契约化的“契约”理念不仅针对过去，更注重现在和未来，其核心思想就是“契约”，即改传统的“惩罚”“强制”“控制”“剥夺”为“契约”，改传统的“矫正机构—犯罪人”的刑事司法模式为“矫正机构—矫正者—受害人—罪犯—契约”模式，其基本目标包括：①充分地满足罪犯在经济、情感和社会方面的基本需要；②把罪犯置于矫正的主体地位，以强化矫正的能动

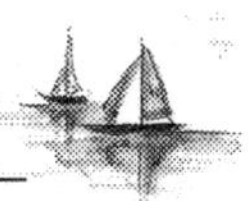

性;③促使罪犯对犯罪行为危害性的认知,主动承担责任;④重建一个有利于罪犯改造、教育、矫正、回归的矫正体系;⑤创建一个互惠、高效的罪犯矫正的新路径。目标的实现是靠矫正契约来规制的,罪犯矫正契约处于罪犯矫正契约化的核心地位。

2. 罪犯矫正契约化以让渡为前提

在法治前提下,矫正机构和罪犯相互达成矫正协议,罪犯自愿放弃他们的部分权利:放弃以自己的主观意志决定做出任何事情的权利,即放弃自己确定是非标准的权利和按照这种标准去行动的权利;放弃自己认为侵犯自己的利益并自由决定予以处罚的权利。这些被放弃的权利,按照矫正契约交给了订约的另一方,即矫正机构或矫正者,包括监狱、监狱警察、社区矫正机构、社区矫正工作者及其他社会参与者等。由矫正参与者按照法律规定或者矫正机构制定的行为规范来行使。因此,罪犯矫正契约化的功利性就在于使罪犯享有这种法治所带来的利益。尽管刑罚条件下罪犯被剥夺或限制了人身自由,但罪犯获得了矫正契约条件下的自由,即法律保护和约束条件下的自由及矫正服务。这可以说是罪犯所享有的平等权之外的额外收益。

3. 罪犯矫正契约化由矫正参与者的自愿关系构成

首先,罪犯矫正契约是在社会秩序的理念支配下由相互性构成,是建立在自愿关系的基础之上,以权利和义务的“交换”为形态,在很大程度上,“交换”是一个基于利己和互惠基础上的自我强制的制度。其次,在自愿关系中,契约发起的诱因是非物质性的。在我国传统观念里,契约属于民事、商事等私法的范畴,是以物质利益为基础的,即使是针对智力成果这一精神产品的交换,最终也是为了获取物质利益。契约关系很少涉及刑事法领域,在刑事执行范围内几乎是排斥契约关系的。而在现代法治语境下,罪犯矫正契约产生的诱因是以刑事执行为前提,是矫正参与者以非财产性的权利和义务,或者说是精神利益和要求权为交换的对象,并不存在物质利益的交换。矫正者通过矫正契约减少和罪犯之间的矛盾和冲突,激活罪犯改造的活力,提高矫正效益,保证矫正质量。罪犯通过矫正契约让渡一定的权利,回归矫正教育活动的主体地位,使改造成为内在需要,同时在行刑或者矫正中享有较高层级的处遇,获取自身利益。应该说,这是一个矫正参与各方共赢的一种新型矫正教育关系。

4. 罪犯矫正契约化是约束性关系

首先,矫正契约的形成意味着对契约参与者的约束,但约束是一个有限的约束,而不能涉及罪犯改造的所有领域。一个矫正契约形成了一组暂时的、精确的保证,即:在罪犯矫正契约化中,矫正参与者和罪犯之间达成了一种“合意”,矫正参与者和罪犯都要履行契约约定的义务,这种矫正契约所产生的义务,一般只在契约当事人之间有效。即矫正契约所构思的罪犯矫正模式是个性化的、限制性的,而非群体性的、不确定性的。其次,罪犯矫正契约化的主体具有特定性。罪犯矫正契约化的缔约主体是特定的当事人:矫正机构和罪犯。矫正机构是国家设立的特定机关,对于矫正活动具有主导性地位,而罪犯则是受到法律惩罚的服刑人。第三,在罪犯矫正契约化场域中,由于缔约主体对矫正资源控制程度的不同,双方在矫正契约的缔结方式上与一般的契约具有很大的不同,主要体现为矫正机构往往处于主导地位,起着引导矫正过程相向运行的作用,而罪犯则处于被动防御的地位。在这种情况下,基于法律规定的条件和后果,罪犯可以自由选择采取合作的方式或者是采取不合作的方式。第四,矫正契约履行方式的特殊性。罪犯按照矫正契约约定的矫正内容,在矫正机构的监督和督促下履行应尽的义务,并享有法定的权利和相应的处遇。第五,矫正契约自由的有限性。罪犯矫正契约依照罪犯服刑的内容和过程而设立,可以分为处分性规范和非处分性规范、强制性规范和任意性规范,在处分性规范和任意性规范中存在契约的空间。对于非处分性规范和强制性规范,是法定的内容,属于“规定动作”,矫正机构和罪犯没有协商或者讨价还价的余地,只能按照法定的要求去做,可协商的内容也必须在法定的范围内,不能超出法律的界限。这是矫正契约化的权力和权利边界。

5. 罪犯矫正契约化追求罪犯个人的具体公正和社会的公平正义

罪犯矫正契约化以实现国家刑罚权和罪犯合法权益的保护为基本出发点。对罪犯而言,是要得到矫正机构的矫正服务,这种公正是矫正者和罪犯双方认同的公正,而非抽象的具有普适性的公正。这是因为,罪犯矫正契约化本身存在着罪犯个人的具体公正和社会的公平正义之间的悖论。罪犯矫正契约化不可能无原则地追求合意,这不仅会导致罪犯矫正契约化的滥用,也会弱化矫正机构的行刑权,无法实现罪犯矫正目标,但是我们也不能片面强调罪犯矫正契约化的受限性以及司法机关优益性而否认罪犯矫正契约化的自由性。这就带来了矫正契约合意与矫正契约法治的矛盾。这一矛盾的解决不在矫正契约合意之外,而恰恰在矫正契约合意中体现了两者的统一。罪犯矫正契约化的本质是国家为矫正契约化双方提供一个理性解决罪犯矫正困境的场所和途径,避免私力救济的暴力和非理性而带来更加严重的社会问题。罪犯矫正契约化既要体现双方当事人的真实意愿,也要在符合国家法律和社会公共利益的前提之下实现共赢。如果罪犯矫正契约化伤害了其中任何一方的利益,也不会达到真正解决罪犯矫正困境、修复被犯罪破坏的社会关系以实现和谐的目的。这就引出另一个问题,即国家公权力在罪犯矫正契约化中作用的度。国家过度干涉罪犯矫正契约化当事人之间寻求共识的形成过程及其结果,就会形成专制的压服而不是真正的信服。如果对双方采取听任的态度,就会失去公力救济应有的引导和规范作用。在这两个矛盾中,当事人双方是矛盾的主要方面,对于矛盾的解决起着决定性的作用,国家应当给予当事人更多的自主权去寻求最佳的解决途径。如果能够使双方当事人通过对话、协商,在彼此宽容与让步的情况下对罪犯矫正困境的解决达成共识,那么,国家公权力就要适度地限缩,通过一定程度的审查,在符合条件的情况下赋予双方合意结果以法律效力,使双方的私力救济结果在法律上获得了正当性,即当事人自愿同意接受的就是正义的结果。在现代社会注重程序正义的背景下,国家通过立法和司法过程,规定罪犯矫正契约化的程序规范,指引当事人双方在符合法定程序的前提下去寻求共识,既保证了双方意志表达的真实性与自愿性,又使国家在罪犯矫正契约化中发挥了应有的作用,防止了非法的、违反社会公共利益和社会政策的解决结果的出现。由此节省了大量司法资源,提高了诉讼效率,解决了罪犯矫正契约化所带来的一系列实质正义与程序正义的缺失问题,可以用更多的时间、资源和精力去解决不能通过或者不适宜通过罪犯矫正契约化合意解决的纠纷,实现公正与效率的平衡。

三、罪犯矫正契约化的契约机理

罪犯矫正契约化把市场机制中的商业利益交换契约移植于行刑模式中。在这一模式中,对罪犯的矫正教育、维护公共安全、预防罪犯重新犯罪和罪犯回归社会等行刑的价值追求被抽象化为公共利益,监狱和社区矫正机关作为国家的刑罚执行机关,代表公共利益,作为罪犯矫正契约中的一方,与契约中的另一方服刑罪犯进行权利交易。由于契约主体双方的特征不同,使得行刑的价值追求,亦即公共利益的权利拥有者,完全由矫正机关掌控,以保持矫正契约双方的形式平等和实质平等。

罪犯契约矫正含有政治契约理念的双向转化:首先是行刑所体现的公平正义价值,即通过刑罚执行将对罪犯侵害对象的利益保护移交给国家的刑罚执行机关,由国家的刑罚执行机关与罪犯在矫正教育过程中进行协商。其次罪犯就自己违犯契约的事实和责任与国家的刑罚执行机关进行交涉、协商,属于国家权力与公民权利进行合作,双方公开而且自由地利用法定刑罚来寻求某种合意和共识,维护公民权利的优先性和国家权力的正当性。如恢复性行刑,其理论基础就是平衡理论、叙说理论和恢复正义理论。恢复性行刑中的双方契约主体属于被害人和加害人(罪犯),契约内容是公民权利之间的交换。主持仪式的是监狱和社区矫正机关,监狱和社区矫正机关

在此充当的是中立的调停人角色,具有见证人的伦理地位。恢复性行刑的典型意义在于对于需要国家解决的刑事问题由公民进行权利交易,使被犯罪破坏的社会关系由于协商解决而得以恢复。

有学者认为,法律伦理主义在恢复性行刑中具有先决作用,借以形成的社会或社区秩序具有复古色彩的伦理主义倾向。刑罚功利主义的个别预防价值促生了刑罚的轻刑化和非刑罚化,为刑事契约奠定了刑罚论基础。①

罪犯契约矫正主体通过社会合作与个人合作,消解了在发现事实的过程中无意义的竞争反复,在契约双方自愿合意的努力下,获得国家、社会和社会公众所追求的效果,为罪犯契约矫正提供了行刑效益最大化的法律经济学基础。罪犯契约矫正的终极性价值在于在多元化的纷繁复杂的社会中,罪犯个人处理、完善自我的权利和罪犯自我价值的政治认同获得实现,促进了国家刑罚执行权力的注意成本的伦理性投入,布置了契约矫正存在的权利优先保障的制度背景。权利优先保障促进契约矫正自生的开放性,即对未知开放,对探索事实的多元主体开放。

在罪犯契约矫正中,罪犯权利的优先性突出表现在以下几点:一是将罪犯置于主体地位,是矫正的主体,是自我转化和改变的内在动因。二是罪犯是犯罪责任的承担者。罪犯只有承担其犯罪的责任,才会主动发掘自身存在的犯因性问题。三是在人格充分独立状态下和契约矫正的其他参与者进行等价有偿的权利平等交换。在罪犯契约矫正中,不允许"一方强加于另一方的事实判断强权"。尤其是具有刑罚执行权的监狱和社区矫正机关,在合乎法律的框架内,不能对矫正的项目、矫正的内容、矫正的方式,以及矫正的绩效评估和意见反馈等随意增删,以示对矫正契约缔结方的尊重。

罪犯矫正契约化原理约束矫正契约参与各方,包括矫正机关,无论合意是法律规范化建立,还是感情伦理化建构,均不得利用自身的手段优势和信息优势公开或隐晦地对罪犯施加压力或约束其意志自由。在契约矫正中,恢复良好的社会秩序,保卫社会安全是监狱和社区矫正机关行刑的目的,而不是契约矫正参与者,尤其是罪犯所追求的目的,实现矫正教育的权利意愿,尤其是罪犯的权利意愿才是合意的共同追求,以体现合意的自由选择,体现矫正契约化的主体精神、民主自治精神。

四、罪犯矫正契约化的精神实质

社会契约论认为,法律虽然是国家创制的,但是它实际上来源于全体社会成员的同意,应当尽量体现全体社会成员的意愿。卢梭将社会公约简化

---

① 刘凌梅:《西方国家刑事和解理论与实践评价》,《现代法学》,2000年第1期。

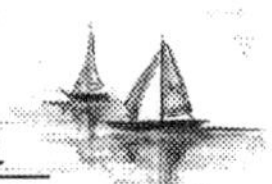

为:“我们每个人都以其自身及其全部的力量共同置于公意的最高指导之下,并且我们在共同体中接纳每一个成员作为全体之不可分割的一部分。”①梅因在《古代法》一书中,曾把社会法律关系的发展归结为“从身份到契约”,实质上就是从不平等到平等、从不自由到自由,因此,矫正契约化的精神实质就是自由和平等。

1. 罪犯矫正契约化的实质:一纸契约

英国法律史学家亨利·梅因曾言:“迄今为止,所有进步社会的运动都是一个‘从身份到契约’的运动。”②追溯法律发展的历史,我们发现,契约观念被一步步地确立,并不断繁衍,根植于社会的政治、经济、文化等方方面面。在当今中国,契约观念深刻地反映了社会主义市场经济与民主法制的内在要求与价值取向,即通过协商在个人意思自治与社会秩序之间寻求最佳的平衡。③ 而在罪犯矫正教育中,随着罪犯法律地位的提升,契约精神也开始逐步延伸其中,使罪犯矫正教育协商制度产生并不断发展。通过对罪犯矫正教育协商制度的审视,我们发现它实质上就是一宗契约——矫正主体就矫正教育中的程序问题或实体问题达成的一致意思表示。因此,罪犯矫正契约化体现了一种现代契约精神:矫正主体依据自己的判断,从现实的角度来权衡利弊,通过放弃、抵消一部分权利(力)来换取更大的利益。我们知道,在罪犯矫正教育活动中,存在着各种各样的纷繁复杂的社会关系,法律与道德、权利与情理有些是一致的,有些并不完全一致,所以,单纯根据法律规范来调整罪犯矫正中的各种关系,不可能做到完全合情合理,而罪犯矫正契约理念却可以缓和行刑关系的高度对抗性,矫正参与者通过协商和意思自治来满足双方的利益需求。契约成为罪犯矫正教育的温柔的调节器。

2. 矫正契约要素在罪犯矫正协商中的体现

就罪犯矫正协商制度本身进行分析,可以发现它基本上能融合契约的各项要素。

(1)罪犯矫正协商制度的前提是矫正主体双方地位之“平等”。在罪犯矫正协商中,只有确保主体地位的“平等”,才能保证罪犯矫正参与双方力量的“均衡”,从而为契约的实现提供有利的条件。目前,我国监狱立法和理论研究都开始强调保护罪犯的权利,行刑活动的天平不断地向罪犯倾斜,其主体地位日益强化,与之相对,监狱逐渐放弃了位阶差异观念,开始向罪犯让渡,这就进一步缩小了矫正主体双方矫正地位的差距;与此同时,各方享有

① 【法】卢梭:《社会契约论》,商务印书馆 1982 年版,第 24–25 页。

② 【英】亨利·梅因:《古代法》,沈景一译,商务印书馆,1959 年版,第 67 页。

③ 黄瑶:《刑事契约若干问题研究》,2008 年贵州大学硕士研究生学位论文。

的权利也发生了显著的变化，罪犯被赋予更多的权利，检察机关在行刑活动中的逐步介入以及法律援助制度的日益完善，进一步强化了罪犯的力量，同时，出于抑制滥用权力、保障人权的目的，矫正机构的权力则受到一定的限制，从而使得矫正主体双方的攻防手段趋于平衡。正是这种对罪犯权益的平等保护确保了协商的自愿性和真实性，防止由于威胁强迫所带来的实质上的不平等，从而使矫正主体双方的"平等"具有实质的意义。

(2)罪犯矫正协商制度的实质是意思自治。意思自治，即当事人按照自己的理性判断去实行自我管理，尊重主体的意思自治成为近代契约法的首要原则。[①] 罪犯矫正协商是矫正主体相对自由地约定解决犯因性问题的制度，谋求罪犯的改造问题得到圆满的处理，其正当性正是源于矫正主体的意思自治。由于矫正主体双方最清楚在教育改造中所面对的问题的焦点和利害之所在，在权衡得失后所形成的契约也能更充分地体现各自的利益需求。矫正主体的自主性是意思自治成立的前提。在矫正协商制度中，矫正主体双方均拥有一定的自主空间，从而使矫正教育活动能够摆脱程序的刚性束缚，突破矫正机关行刑的藩篱，进行灵活的处理。矫正机构拥有行刑和管理权，允许其提出减刑、假释等意见，做出行政奖励、提高处遇等决定。罪犯可以放弃某些行刑中的程序或实体上的权利，而接受矫正机构的种种优惠条件，正是各自的自由处分权为双方的交涉、协商、合意铺平了道路，也为矫正教育中问题的灵活处理提供了可能性。从矫正协商制度的整个过程来看，矫正主体双方均享有充分表达真实意愿的机会和空间，被赋予了更多的选择权，每一个环节都贯彻了意思自治的理念：协商进行与否取决于各方；各方的对话、协商，直至合意的达成都来自于矫正主体的利益权衡、自我管理；契约的内容也反映了各方的意思表示，是矫正主体对实体问题或程序事项自由处分的结果。

(3)罪犯矫正协商制度能体现交换性和合作性。价值诉求的多元化要求扩展改造问题解决机制的张力，而罪犯矫正协商制度能为矫正主体各方营造一个对话和合作的机会，在他们充分考虑对方利益的基础上，互谅互让，谋求矫正教育问题的圆满解决。协商的过程和结果能体现一种交换机制和合作精神：矫正机构以放弃对罪犯严厉的监管和控制作为对价，来换取罪犯放弃对抗和在矫正教育问题上的发难，同时也避免了高成本的投入和对罪犯在危险管理和控制过程中的风险；罪犯以认罪服法和放弃某些法定权利为代价，来换取矫正机构的不再严厉监管或降低监管级别，使自己尽快放下包袱、安心改造；被害方也可以在矫正机构的主导下和同罪犯谈赔偿之

① 黄瑶：《刑事契约若干问题研究》，2008 年贵州大学硕士研究生学位论文。

类的条件。此外,契约的合作性也有利于罪犯认罪和悔罪,并最终回归社会。

综上所述,罪犯矫正协商制度在罪犯矫正活动中外化为一种契约精神:三方在平等的基础上,通过自愿的对话与协商,基于自由的选择,使矫正教育问题以各方满意的方式得到衡平式的解决,这些恰恰与当今多元化社会相契合,也成为罪犯矫正契约化具有强大生命力的根本原因。

五、罪犯矫正契约化中的强制

罪犯矫正契约化的价值取向突出表现在平等、自由、民主、互惠和效率等方面,但是,不可否认的是,罪犯矫正契约化所赖以存在的社会契约论本身也蕴含着强制的特质。在社会困境面前,霍布斯的契约论认为:需要一个有强迫执行合作的、有权利和权力的政府,而且是一个"未分权的"政府。虽然这只是少数政治理论家的观点,但是,它揭示了契约平等是相对的,绝不是绝对的,其中的强制是必要的。从霍布斯的基本出发点来看,只有强制权威才能保护社会公众免受社会困境的困扰。[①] 很明显,这是一种功利主义的成本效益分析式的择善从之核算。[②] 在霍布斯看来,"强制权力是加在合作体系上的一种结构;合作体系失去这种结构就会不稳定"[③]。协议执行是一项难题,因为人们出于功利主义会放弃协议。这就是霍布斯所谓的"愚夫问题"[④]——如果我们确信毁约将有所得,为什么还要遵守协议?[⑤] 在罪犯矫正契约化条件下,强调罪犯矫正契约中的强制性显得尤为重要。"愚夫问题"凸现了一个令人非常困惑的工具理性问题,即矫正机构和罪犯可以因为理性而达成矫正问题的一揽子协议,但是也会因为理性而撕毁矫正协议,如果每个罪犯都按照"愚夫"的推理行事,无论是监狱对服刑罪犯的矫正合作还

---

① Game Theory, http://plato. stanford. edu/entries/game-theory.

② 【美】米斯纳:《霍布斯》,于涛译,中华书局,2002 年版,第 57 页。

③ 【美】罗尔斯:《正义论》,何怀宏、何包钢、廖申白译,中国社会科学出版社 1988 年版,第 484 页。

④ 霍布斯认为,人类为了"寻求和平、信守和平",必须订立契约,而且"所订信约必须履行"。对此,"愚夫"提出的问题是:在订立信约之后,信约的执行是否与理性相符?如果我们确信毁约有所得且不会受到伤害,那我们为什么还要遵守信约呢?"愚夫"问题涉及信约的履行、正义的起源、理性、个体利益和共同利益等一系列相关问题,其实质就是人的理性问题。该问题表明,个体的理性行为完全可能导致集体的非理性结果,从个体利益出发的行为最终也不一定能真正实现个体的最大利益。

⑤ 【英】霍布斯:《利维坦》,黎思复、黎廷弼译,商务印书馆,1985 年版,第 110-111 页。

是社区矫正中矫正参与各方和罪犯的合作都会解体，所遵循的规则就会瓦解，矫正契约成为一纸空文。正如米斯纳所言："理性似乎是一个恶人，在我们耳边低语，让我们去破坏法律，为我们的利益而去行事，不管他人做了什么，我们也会因此而得利。"①因此，为了规避这种风险，罪犯矫正契约也必然转化为一种强制命令，并且需要一套强制机构来执行。霍布斯说："没有利剑的契约只是一堆语言，根本没有保护人类的力量。"②因此，尽管罪犯矫正契约必然转化为矫正机构强制命令，但是这种命令是合法的、自愿的命令。矫正契约既可以形成主体的内在意志自律，即理性地自己为自己立法③，也可以形成由共同体集体惩罚的法律命令（主权者的命令）④。罪犯矫正契约以及作为契约协议客体的法律规则可以同时实现两个价值——公正与效率，强制措施一般只能完成效率这一价值，对罪犯缺乏强制的矫正契约则既没有效率也无公正。矫正机构单方且片面的强制只在一个较短的时空点上是有效益的，从长期看，则是没有效益的。罪犯矫正契约化坚守一点：合法性优于合理性、同意优先于功利（成本效益）的衡量。罪犯矫正活动之所以选择契约化以及契约方法论来建构罪犯矫正制度，是因为罪犯矫正契约化可以消解规则的"内在观点"和"外在观点"之间的紧张关系。⑤

罪犯矫正的强制力是指压制或强迫的力量，是国家刑罚权的体现。尤其在近现代法治理念里，这种观念已经成为阐释国家和法律基本特征的主导意识。新中国成立之后，一直强调的是对罪犯的改造要体现专政性和强制性。在改革开放之后，尤其是监狱体制改革之后，新型的监狱思想和理念逐步为我们所接受、所吸纳，成为监狱矫正工作的内在驱动力。对罪犯矫正契约化的价值选择上，逐渐从同意或自愿而非被迫或制裁的角度去看待，从强调强制服从式的改造转向自发的同意式的矫正。正是在这个意义上，从罪犯矫正契约化到强制命令和对罪犯管制下的合作，都是合理的。

---

① 【美】米斯纳：《霍布斯》，于涛译，中华书局，2002 年版，第 65 页。

② 【英】霍布斯：《利维坦》，黎思复、黎廷弼译，商务印书馆，1985 年版，第 128 页。

③ 李泽厚：《批判哲学的批判——康德述评》，人民出版社，1979 年版，第 284 页。

④ 【英】哈特：《法律的概念》，张文显等译，中国大百科全书出版社，1996 年版，第 47 页。

⑤ 哈特认为不同的人对待规则是两种态度的，以内在观点看待规则，"是接受规则和自愿合作以维护规则"；以外在观点看待规则的人可能拒绝规则，或者仅仅"把规则作为可能惩罚之征兆"，从而接受规则。【英】哈特：《法律的概念》，张文显等译，中国大百科全书出版社，1996 年版，第 92 页。

罪犯矫正契约化的原则

原则是指人们观察、处理问题的法则和标准。罪犯矫正契约化的原则，是指对罪犯进行契约矫正时所必须遵循的基本准则。它既是罪犯矫正工作本质属性的具体体现，也是我国罪犯矫正契约化工作实践经验的科学总结，是开展契约矫正活动、选择教育内容和教育方法、完成矫正任务、达到罪犯矫正契约化设定目的的指导思想和依据。因此，罪犯矫正契约化原则对罪犯矫正教育工作具有重要的指导意义，并应贯穿于罪犯矫正契约化过程的各个方面和自始至终。

一、基本原则

1. 法治原则

法治不仅是现代社会安全和秩序的基础，而且是社会公众的基本价值追求，更是当代世界各国所推崇的共同准则。在依法治国，建设社会主义法治国家的历史进程中，罪犯矫正契约化同样要遵循这一原则，这是罪犯矫正契约化的首要标准。罪犯矫正契约化必须遵循法治原则主要体现在以下几点：

(1)罪犯矫正契约化要在法治理念的支配下进行。司法公正是社会公正的最后防线，矫正机构的行刑活动又是其中最后和十分关键的环节，因此，在罪犯矫正契约化理念意蕴中，法治理念不但是根本，而且必须赋予其崭新而具体的时代内容。笔者以为，法律至上、善法之治、法治完备、法治统一、依法行刑是法治理念题中之意，公正执法和依法监督是法治理念在罪犯矫正契约化工作中的重要体现。公正执法是社会主义法治的价值追求，是构建和谐社会的重要任务，是新时期广大人民群众的强烈愿望和殷切期待，也是矫正机构行刑活动的生命线。公正即公平正义，对于矫正机构和执法者来讲，只有树立公正执法理念，才能使矫正契约化落到实处，才能真正维护社会的安全、秩序和公正,促进社会和谐发展。

(2)罪犯矫正契约化的性质决定了罪犯矫正必须在法治的前提下开展。矫正机构是国家的刑罚执行机关,对罪犯行使刑罚惩罚权的依据就在于刑事法律的规定。因此,矫正机构的一切活动必须在法治的框架内,不得有任何的逾越。而罪犯矫正契约化是矫正机构对罪犯矫正教育活动的有机组成部分,只有界定在法治的范围内,才具有正当性,否则就是违法行为。

(3)罪犯矫正契约化的程序必须符合法律的规定。矫正契约化虽然强调以罪犯为主体,突出契约双方在平等基础上的"合意"和真实意思表示,但是,"合意"和真实意思表示的范畴不能超越法律的规定,必须严格限定在法律许可的范围内。同时,罪犯矫正契约化的过程要按照法定的程序规范操作,任何违背程序要求的矫正契约都是无效的。因为程序公正是实体公正的重要保障,只有树立程序公正的理念,才能保证实体公正的实现。也只有这样,才能保证每一个罪犯受到公正的矫正教育,真正体现出"平等对待不平等的人"①。

(4)罪犯矫正契约化的内容只能限定在法律的框架内。矫正契约化在实践中的公正包括实体公正和程序公正,二者的关系是辩证统一的,实体公正是程序公正的价值追求,程序公正是实体公正的重要保障。目前,在实际执法中"重实体轻程序"的观念还有一定的市场,并产生诸多不按程序办事的错误执法行为,不仅使罪犯的矫正教育受到伤害,而且损害了法律权威和矫正机构的形象。

(5)罪犯矫正契约化的过程接受法律的监督。没有监督的权力会导致腐败,没有监督的执法会导致执法不公,没有监督的罪犯矫正契约化也必然失去制度设计的本真。当前,对矫正机构的监督已逐步形成了检察机关的法律监督、上级机关和内部纪检部门的内部监督、广大群众(含罪犯和其家属)的社会监督等较为完善的执法监督网络。作为法治的基本要求,执法监督必须树立依法监督的理念,无论是法律监督、内部监督,还是社会监督,都必须依照法律规定的权限、范围、途径、程序等有序进行,否则,就会产生新的违法行为,引起另类的执法不公和腐败。因此,矫正机构实施矫正契约化,也要树立依法接受监督的理念,确保公正有序进行,罪犯合法权益得到有效保护。

2. 人本主义原则

人本主义作为一种思想体系,提倡关怀人、尊重人、以人为中心的世界

---

① James M. Buchanan:《自由的界限——无政府与利维坦之间》,顾肃译,台北联经出版事业公司,2002 年版,第 16 页。

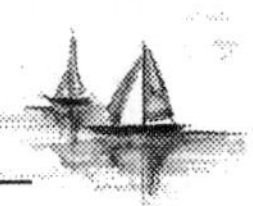

观;强调个人意志和个性解放,强调尊重人性,号召人与人互爱。而罪犯矫正契约化的人本主义原则是指矫正机构在矫正契约化的过程中,必须坚持人本主义思想,以人为本,满足罪犯的基本需要,尊重罪犯的个人价值和尊严,并关注其全面发展和完善。

人本主义原则是衡量矫正契约化是否正当的基本价值准则。在矫正契约化过程中,贯彻人本主义原则,主要体现在:一是满足罪犯在矫正教育过程中的基本需要,这是罪犯矫正契约化的前提和保障。二是尊重罪犯作为人的价值和人格尊严,承认罪犯是有内在价值的道德主体,强调罪犯的中心地位。在其刑满释放回归社会后,成为守法公民和有一定文化和技能的劳动者,从而实现个人价值和尊严的复归。三是关注罪犯的发展,通过矫正教育增进罪犯身心健康,提高其文化水平和职业技能、道德修养、认识能力、意志力等;帮助罪犯养成新的良好的行为习惯和道德品质;为罪犯提供帮助,发展其社会及生活技能的项目和机会,增强他们成为守法公民的潜能。

3. 坚持价值无涉原则

犯罪问题是严重的社会问题,任何一种犯罪行为都会或多或少地给社会或社会公众造成损害,或者说任何一个罪犯都对国家、社会、他人造成过这样或那样的伤害。由此,以罪犯为对象的矫正契约化活动,极易产生价值涉入问题。这既是罪犯改造的特点,也是矫正机构在罪犯矫正契约化活动中存在的弊端。所谓“价值涉入”是指矫正机构在罪犯矫正契约化过程中,矫正工作者把自己的价值观和道德倾向直接带入罪犯矫正契约化活动中,从而使得矫正工作者戴上“有色眼镜”去看待罪犯,看待罪犯矫正契约化活动,给罪犯贴上“坏人”的标签。这种价值涉入直接阻碍了罪犯矫正契约化工作的开展。具体表现在:一是在认识罪犯的问题上,只讲“应该怎么样”,不看“实际怎么样”。脱离罪犯矫正契约化的实际状况而过早地出现价值涉入。二是将犯罪视为一种非文化现象,只讲犯罪与文化的异质对立,不讲犯罪与文明的同质关系。三是认定罪犯以前犯罪产生的恶劣结果必然是由相同恶劣的心理动因所致。四是对环境因素和人的心理行为随意做道德标定。

价值无涉原则又叫价值中立原则。所谓价值无涉,是指在对罪犯的观察、分析以及矫正契约化过程中,排除矫正教育工作者以及其他参与者的主观好恶,全面、深刻、真实地研究罪犯,以便得出正确的结论,促进罪犯的矫正契约化进程。价值无涉原则使得矫正机构的矫正教育用最原本的方式显示其自身的过程和方向,因此,增大了矫正机构的效能。作为矫正契约化活动的参与各方,能站在价值中立的立场上,冷静地不带任何情感地、客观地阐释与评述社会、自然、文化及生理心理因素与罪犯改造的关系,正确对待矫正契约化过程中罪犯改造所出现的情绪行为起伏涨落变化及其规律性。只有如此,才能使罪犯矫正契约化教育见成效。

4. 民主原则

表达参与主体的真实意思的矫正契约化活动必须遵循民主原则,这是契约理论的基本要求和具体体现。罪犯矫正契约化是一个民主与集中相统一的过程,从行刑层面看,罪犯矫正契约化是维护社会的公平正义,但从罪犯回归社会,与社会相融合的层面上,体现的则是对罪犯矫正教育的个人正义。罪犯矫正契约化的平等协商理念,昭示了民主原则是其必须遵循的一项基本原则,也是指导罪犯矫正契约化的一项重要原则。这一基本原则要求如下:一是罪犯矫正契约化参与主体的广泛性。这种广泛性表现在两个方面:一方面罪犯矫正契约化要面向社会,使公众参与和监督矫正契约化过程,成为最基本的罪犯矫正契约化主体。另一方面罪犯矫正契约化参与主体是多元化的,监狱、监狱警察、社区矫正机构、社区矫正工作者、罪犯、社会团体、民间组织、公民个人等,都是罪犯矫正契约化的参与者。二是罪犯矫正契约化行为的制约性。一切权力的行使都必须受到有效的制约,不受制约的权力必然导致滥用和腐败,这是一条铁的定律。罪犯矫正契约化也有产生异化的可能,为了防止罪犯矫正契约化出现异化,必须对罪犯矫正契约化行为实施有效的制约。三是罪犯矫正契约化内容的平等性。罪犯矫正契约化内容的平等性首先要求权利和义务的一致性,即法律对权利和义务的分配应当体现平等原则,不能厚此薄彼,更不能顾此失彼,而应当使天平两端的砝码保持相对平衡;其次要求权利与权力的平衡性,既要防止过分强调权力,忽视甚至无视权利的专制现象,又要避免过分强调权利,轻视甚至藐视权力的无政府现象。在罪犯矫正契约化中,要高度重视权利和义务的一致性,防止权力和权利失衡现象。四是罪犯矫正契约化过程的程序性。罪犯矫正契约化应当遵循法定程序,没有严格的程序保障,罪犯矫正契约化将呈现无序状态,这样就无法实现罪犯矫正契约化的民主化。

二、具体工作原则

1. 矫正机构主导原则

对罪犯的矫正包括设施内矫正和设施外矫正,在我国主要体现为监狱矫正和社区矫正,因此,矫正机构也就主要以监狱和社区矫正机构为主要形式。而罪犯矫正契约化是监狱、社区矫正机构、罪犯、社会团体、民间组织、社会志愿者、罪犯的亲属等多元参与的活动,这就要求必须由主导者加以组织、协调和规范,才能使矫正契约化真正产生良好的矫正效果。那么,矫正机构就必须主导罪犯矫正契约化活动,其原因在于:一是根据参与主体所处

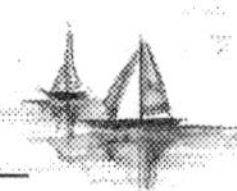

的地位、职责范围、活动的性质和拥有的社会资源进行分工，只有以矫正机构为主导，矫正教育活动才能主次分明、规范有序。二是矫正活动是在执行刑罚的前提下开展的，只有矫正机构才具有主导的身份特质。特别是监狱内的罪犯矫正契约化，基于监狱的本质属性，其他参与者也无法直接主导。三是矫正机构是罪犯矫正契约化的主体，其他参与者只是居于辅助的地位，无法成为主导者。四是只有矫正机构作为主导者，才能使矫正契约的“合意”内容、权利义务等得到有效实施。五是只有矫正机构才能根据有关法律规定，制定出符合罪犯矫正契约化实际需求的部门衔接制度、矫正工作规程及其他各方面的规章制度。罪犯矫正契约化必须严格按照法律的要求，在矫正机构的主导下依法规范地运行，确保罪犯矫正契约化工作顺利、健康、有序地开展。

2. 权利保护原则

罪犯矫正契约化是有权力边界限定的。一方面不能超越法律规定的范围，使矫正契约的内容无限扩大；另一方面，更不能打着矫正契约化的名义，剥夺或限制罪犯所享有的合法权利。恰恰相反，罪犯矫正契约化的本质属性是监狱法治化，在于对罪犯权利的充分保护。在罪犯矫正契约化过程中，除了依照法律规定剥夺或限制罪犯的权利或自由，罪犯还享有其他权利，依照 1992 年 8 月 11 日国务院新闻办公室发表的《中国改造罪犯的状况》白皮书，罪犯在服刑期间享有的权利包括：对人民法院的判决有申诉的权利、辩护权；罪犯有在任何情况下人格不受侮辱、人身安全不受侵犯的权利、揭发和控告的权利；没有被剥夺政治权利的罪犯，有依法行使选举的权利；罪犯有提出合理化建议的权利；罪犯有维持正常生活的权利；罪犯有维持身体健康的权利，有依法获得保外就医的权利；罪犯有与亲友通信，定期接见亲属的权利；罪犯有受教育的权利；罪犯有信仰宗教的权利；罪犯享有财产、继承等方面的民事权利，罪犯在服刑期间有发明权、著作权，罪犯有提出离婚的起诉权和不同意离婚的答辩权；罪犯在服刑期间有获得依法减刑、假释的权利；等等。同时，还要遵守第一届联合国预防犯罪和罪犯处遇大会制定的《囚犯待遇最低标准规则》第 13 条规定：“体罚、暗室禁闭和一切残忍、不人道、有辱人格的惩罚应一律完全禁止，不得作为对违犯行为的惩罚。”第 3 条规定：“戒具如手镣、铁链、脚镣、拘束衣等，永远不得作为惩罚用具。”第 71 条规定：“监狱劳动不得具有折磨性质。”矫正届满之后，应当恢复罪犯自由公民的一切权利，不受社会歧视。所有这些，都是罪犯矫正契约化应予以保护的罪犯的权利。

3. 规范性原则

罪犯矫正契约化是罪犯矫正教育工作的新思路和新探索，涉及矫正机构矫正教育工作的诸多方面，需要从矫正教育价值理念、机制运作、制度设计、体制形态等方面进行调整和变革，因此，坚持规范操作是这一工作开展的前提。一是要通过立法的形式制定法律法规或者行政规章，对罪犯矫正契约化的标准、内容和程序在宏观上进行统一规范，使罪犯矫正契约化建立在法治的框架内，真正体现法治的内在精神。二是罪犯矫正契约化的措施、方法和手段等工作程序和内容，要符合教育矫正工作规范和罪犯行为规范的要求。三是罪犯矫正契约化所设计的内容和涉及的矫正项目等要符合道德规范的要求、安全规范的要求、秩序规范的要求，不得超越社会伦理道德和公序良俗，不得危害监狱和社会的安全与秩序。

4. 系统化原则

罪犯矫正契约化本身是一个囊括多学科领域、多种技术类型和诸多社会机构、部门参加的系统制度体系，因此，必须站在系统化的高度来开展这项工作。一是在制度设计和构建时，要求以科学、系统、全面分析的方法和多维视角，进行专业审视。二是要系统应用多学科的知识和方法，全面、综合地运用管理学、心理学、哲学、法学、监狱学、社会学、犯罪学、教育学以及社会工作的理论和方法等专业知识。三是应将罪犯矫正契约化作为一个整体的系统工程来运作，将其作为社会治安综合治理的一个子系统，包括控制系统、矫正系统、管理系统、监督系统、社会保障系统、社会支持系统等，只有发挥系统的整体功能，才能实现效益最优化。四是要以系统论的方法对待罪犯矫正契约化，发挥系统内各个子因素的综合功能。因为罪犯矫正契约化不是矫正机构自己能够完成的工作，而是监狱、社区矫正机关、罪犯、社会团体、民间组织、社会志愿者、政府相关机关等共同参与的“大合唱”。

5. 效益原则

效益的内涵包括两个方面，即效率和收益。效率是指事物过程的经济性、节省性；收益则是讲结果的有用性、利益性。“法律对于人们的重要意义，应当是以其特有的权威性的分配权利和义务的方式，实现效益的极大化。”①实施罪犯矫正契约化的价值追求之一就是行刑效益的最大化。罪犯矫正契约化坚持效益原则主要表现在以下方面：一是矫正契约化运作具有成本效益的核算。因为“首先法律的遵守不是理所当然的。一部分公共资源和私人资源通常用来防止犯罪和逮捕罪犯……其次，法律的执行需要作用于一定规模的资源和惩罚。”②因而便存在着防止、打击、惩罚、矫正罪犯的直接和间接成本及其控制犯罪运转成本最小化问题。二是罪犯矫正契约化

---

① 张文显：《马克思主义法理学》，吉林大学出版社，1993 年版，第 273 页。

② 加里·S. 贝尔：《人类行为的经济分析》，上海三联书店，1993 年版，第 55–56 页。

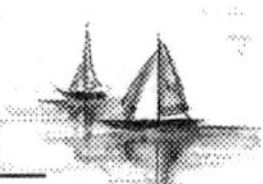

在外部社会资源配置效益中的作用。罪犯矫正契约化从本质上而言是一种制度。通过对罪犯在矫正过程中有关权利、义务、责任等方面的规则、制度设定和安排,为罪犯的活动范围、权利的行使方式划定清晰的空间和条件界限,从而使社会资源流向合法的领域,进行合理有效的配置,促进社会发展、进步。三是矫正机构设置最优化,高效率运行。四是罪犯矫正契约化应选择以最小的支出,获取最大的社会效益,即最优化地预防和控制犯罪。五是维护监狱和社会的安全与秩序,罪犯矫正契约化的举措,不得产生对罪犯、监狱、社会等的副作用,尤其不应产生对社会危害更严重的犯罪问题。因此,罪犯矫正契约化是更加科学有效地控制、管理、教育、矫正罪犯,以最小的资源成本投入,获得矫正教育的行刑效益最大化。

6. 尊重罪犯主体性原则

传统的监狱行刑活动,罪犯是被强制、被惩罚、被教育和被改造的对象,不承认罪犯的主体性地位。在罪犯矫正契约化框架下,罪犯所处的地位被重新设置,被置于与矫正机构平等的主体性地位,其原因在于:一是罪犯是矫正契约化的主要参与者,是相对于矫正机构的矫正契约的另一缔约方,在矫正契约中所表达出来的真实意思表示,直接影响着罪犯在矫正教育活动中的权利义务关系,影响着矫正教育的规则和制度安排,影响着罪犯责任承担的范围和义务履行的方式等,所以,罪犯在矫正契约化活动中处于主体地位,是矫正契约化的主导者之一。二是罪犯矫正契约化的目的是为了促使罪犯发生根本性的改变,而外在的因素只是罪犯改变的条件,不是决定性因素,罪犯的改变需要罪犯自己内在的主观能动性的发挥,只有罪犯认识到了自己的犯因性问题并有改变的主观愿望,才有可能达到矫正教育的目的。矫正契约化的内在机理之一就在于调动罪犯自我改变的动机和动力,主动承担犯罪责任,履行矫正契约义务,主动参与矫正契约的运作过程,保证矫正契约化的目的实现。三是尊重罪犯的主体性是矫正契约化的本质属性,是罪犯矫正契约化所具有的独特价值。

7. 循序渐进原则

罪犯矫正契约化是一项开创性的工作,没有现成的经验和模式。这就要求每一个矫正机构和矫正参与者充分认识开展罪犯矫正契约化的意义,积极地开展工作,这是对罪犯矫正契约化应持的基本态度。面对法律规定滞后于现实工作、基础理论研究还比较薄弱、体制机制建设不健全、社会认知度不高等诸多困难,要以与时俱进的工作状态,努力探索,克服困难,大胆实践,积极推进罪犯矫正契约化的全面发展。以监狱为例,从目前我国监狱的实际情况来看,实施罪犯矫正契约化还存在很多问题和障碍,这就需要我们遵循循序渐进的原则。一是结合监狱的发展状况,可先行试点,逐步推广。二是要依据监狱的设施和条件，按照罪犯矫正契约化对硬件设施的要求，逐步完善矫正契约化所需要的各种设施。三是要根据监狱警察素质、知识储备、专业化程度等，逐步创造罪犯矫正契约化所要求的体制机制和人力资源条件。四是先行做好前期准备工作，对罪犯矫正契约化进行制度设计。由于罪犯矫正契约化依赖监狱的分类、罪犯的分类，以及罪犯的累进处遇制度、考核奖惩制度等的成熟运作，如果监狱在这些基础工作上都不具备，最好不要盲目开展矫正契约化。五是罪犯矫正契约化是一个动态的管理过程，矫正契约的设定必须与罪犯自身的犯罪性质、犯罪经历、犯罪的社会背景、犯罪类型、刑期长短、恶习程度、教育状况、家庭状况等因素相结合，在监狱现有的人力、物力、财力的限度内，逐步实施罪犯矫正契约化。只有这样，才能坚持由点到面，不断总结、逐步推广的思路，既体现罪犯矫正契约化的共性特征，又具有不同类型的罪犯和不同的罪犯个体在矫正契约化上的独特个性，逐步实现罪犯矫正契约化的科学化、制度化、规范化和专业化，实现良好的矫正效果，确保矫正质量。

罪犯矫正契约化的历史演进

刑罚的本质是惩罚，但是，对罪犯惩罚的内容和形态也经历了一个由野蛮到文明的过程，尤其是在现代自由刑本质属性中，刑罚止于自由，除此之外，不得在自由刑的世界里以自由刑的名义附加额外的惩罚。正如法律哲学家梅因所言："所有进步社会的运动，到此处为止，是一个'从身份到契约'的运动。"[①]由此就衍生出一个在我国监狱理论界长期争议的问题，即：罪犯服刑期间，我们对罪犯采取的管理措施、组织罪犯从事的劳动以及对罪犯的教育活动等，到底属于什么性质？有人认为是刑罚的天然属性；有人认为是刑罚的表现形式；有人认为是由刑罚衍生的改造罪犯的手段；等等。笔者认为，在现代自由刑纯化语境中，这些活动只能是建立在契约关系基础上的矫正活动，或者称之为改造活动。[②] 这样，就把监狱、社区矫正机构、监狱警察、社区矫正工作者等对罪犯的日常管理、文化教育、生产劳动、心理矫治、职业技术培训等管理行为界定为是为了维护矫正教育秩序的行政管理关系。当然，存在一个不可否认的事实是，从新中国成立至今，对矫正教育管理的性质问题在不同的历史阶段有着不同的认识和表现形式，为此，笔者以矫正机构的价值取向、政治生态环境、法律依据、警囚关系、警察地位、罪犯地位、改造目标等指标体系的内涵和表现形式为依据，将我国矫正机构对罪犯的改造或矫正划分为单向主导的政治教化、非均衡的法制强化、平等的矫正契约化三种递进形态。其中，矫正契约化尚处在初始探索阶段，还需要进一步的

---

① 【英】梅因：《古代法》，商务印书馆，1959 年版，第 97 页。

② 在新中国监狱工作中，2000 年以前基本使用"改造"一词，在 2000 年之后，"矫正"逐步进入人们的视野，现在，大有"矫正"取代"改造"之势，但二者是有一定区别的。在本文中，为了尊重一定历史条件下的用语实情，在监狱工作的不同阶段，分别用了"改造"和"矫正"。

理论研究和在罪犯矫正实践中的制度设计。

一、单向主导的政治教化形态

这一时期在对罪犯管理上所体现的矫正契约化的朴素思想是“把罪犯当人看”。因为在这一时期社区矫正尚未诞生，所以，只依据监狱的状况进行研究。在时间节点上来看，这一形态从新中国建立到1994年《监狱法》颁布实施，其中又以1978年的改革开放为标志分为两个时期。新中国建立之后，随着国家政治经济形势的发展变化，我国在押犯绝大部分是反革命犯和旧社会遗留下来的刑事惯犯，如汉奸、特务、反动党团骨干、土匪、恶霸、反动会道门头子、惯偷惯窃以及战争罪犯等，所具有的特定时期的“政治身份”十分突出。同时，新中国成立之初，百废待兴，关押设施严重不足，财政压力巨大，基于罪犯自身的阶级属性，处理不好，就会成为威胁新生政权的“定时炸弹”。在政治主导一切的社会环境下，出于安全和秩序的需要，这一时期的监狱行刑主要采取了以严厉刑罚为核心的高压手段，突出的表现形式是刑罚惩罚的泛化。以刑罚惩罚的名义涵盖监狱的一切活动，所有手段和措施都被赋予刑罚惩罚的职能，狱政管理、罪犯教育、生产劳动等都是政治教化的手段，赋予政治内涵和意义。不论是一般刑事犯罪，还是政治犯罪（主要指原刑事法律规定的反革命犯罪，现行刑法规定的危害国家安全的犯罪），统统以阶级划分的方式，将其视为阶级敌人，警囚关系也被定位为誓不两立的敌对关系，是“命令—服从关系”，监狱具有“绝对的权力”，而罪犯只有“绝对的义务”；在狱政管理中，罪犯“只允许老老实实改造，不允许乱说乱动”。监狱和监狱警察被视为代表国家实施“阶级专政”的工具，具有绝对权威性，被罪犯称为“政府”，主导着罪犯服刑改造的一切。罪犯在服刑改造中始终处于被改造、被强制、被专政的地位，是监狱改造、强制、专政的对象，处于“客体地位”。“无产阶级暴力革命论”和“标签理论”成为政治教化的正当性根据，认为罪犯具有“敌对阶级的本质”，改造罪犯就必然地要划分阶级立场，将罪犯贴上“敌人”的标签。强调通过暴力革命消灭或改造敌对阶级，刑罚成为监狱“对敌斗争”的单一工具。①

从法律规定看，在1954年颁布的《中华人民共和国宪法》中以国家根本大法的形式确立了对罪犯政治教化的改造模式。比如，第19条规定：“中华人民共和国保卫人民民主制度，镇压一切叛国的和反革命的活动，惩办一切卖国贼和反革命分子。国家依照法律在一定时期内剥夺封建地主和官僚资

---

① 连春亮：《罪犯改造：由同质主义到理性多元化》，《河南大学学报（社会科学版）》，2010年第3期。

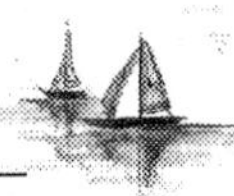

本家的政治权利,同时给以生活出路,使他们在劳动中改造成为自食其力的公民。”在罪犯改造的目标上,主要是对罪犯“政治人”的塑造。监狱出于政治需要,围绕当时的政治形势,以罪犯的阶级立场的转变作为评估罪犯改造状况的标志。比如,1954 年政务院发布的《中华人民共和国劳动改造条例》规定,要通过强迫劳动把罪犯改造成为新人。与此相适应,一些规范性文件也做出了相应的规定。1958 年 8 月全国公安会议上通过的《关于劳动改造工作的决议》中,变成“把绝大多数罪犯改造成为走社会主义道路,有利于社会主义建设的劳动者”;在 1960 年 2 月的第十次全国公安会议上提出:“把大多数罪犯改造成为真正改恶从善,自食其力的劳动者。”1981 年 12 月,中共中央在《第八次全国劳改工作会议纪要》的批示中提出,“把罪犯改造成为拥护社会主义制度的守法公民和社会主义建设的有用之材”。因此,“新人”“劳动者”“有用之材”也被赋予政治内涵,成为监狱塑造“政治人”的改造目标。

从罪犯改造的形式看,这一阶段的罪犯改造工作,基本上是以组织罪犯参加生产劳动为基础运行平台,以高压式的军事化管理为主要运行机制,以隔离和政治思想教育为主要改造方法。① 主要表现为以下几种形式:

(1)强制灌输阶级斗争观念。立足于政治斗争的角度,认为罪犯有剥削阶级的意识形态;关注国家政权的稳定,强调阶级斗争要“年年讲、月月讲、天天讲”。监狱是对一切反革命犯和其他刑事犯实施惩罚和改造的暴力机器。在改造罪犯思想的过程中,运用阶级分析的方法,揭示罪犯的本质和罪犯犯罪的犯因性问题,将罪犯犯罪归结为阶级本性。从本质上,所有罪犯的思想根源是反动阶级所具有的反动思想。基于罪犯的阶级属性和犯因性问题,必须“以阶级斗争为纲,以政治教育为本,以转变其反动思想为主”的改造策略。认为罪犯只有从根本上转变反动的资产阶级和封建腐败的思想,转变与无产阶级为敌的立场,才有可能得到脱胎换骨的改造。

(2)“改造第一,生产第二”。罪犯接受法律的制裁、接受改造是首要任务,强调罪犯只有通过劳动改造,才能树立正确的人生观和世界观,同时,要求罪犯通过生产劳动,为社会创造财富。改造是通过生产劳动的方式而实现的。这样,监狱对罪犯进行改造成为刑罚执行过程中一项法定活动,是监狱的一项基本职能和任务。

(3)强制生产劳动。认为罪犯存在着好逸恶劳的思想观念,改造罪犯首先从改变其寄生的生活方式入手,运用劳动生产的手段,改变其思想观念,

---

① 连春亮:《罪犯改造:由同质主义到理性多元化》,《河南大学学报(社会科学版)》,2010 年第 3 期。

养成劳动习惯,成为自食其力的新人。一是通过生产劳动改造罪犯的“剥削阶级思想”或“资产阶级的腐朽思想”;二是用劳动惩罚罪犯,认为惩罚是刑罚的固有属性,罪犯不可能自觉地进行改造,只有在监狱的严格监管下,强迫罪犯参加生产劳动,才能使各种罪犯获得改造;三是创造经济效益,使罪犯不能坐吃闲饭。

(4)改造中充分体现革命的人道主义精神。强调必须把犯人当人看,相信“人是可以改造好的”,给予人道主义待遇,这是达到改造罪犯目的的前提条件。据此,有学者认为,这一阶段是“人道主义矫正”阶段,“监狱行刑除了要体现报应与惩罚,还应矫正罪犯,用文明的方式对待囚犯,这样才更人道”。①

1978 年党的十一届三中全会决定改革开放,使我国社会经历了一场深层次的重大功能变革和结构转型,工作重心不再是阶级斗争,而是转移到经济建设上来,导致我国的社会形态发生了重大变化。这样使得监狱改造罪犯的政治教化模式已经失去了政治生态环境,逐渐被淡化。罪犯的身份界定也处在混乱状态,相对比较一致的观点是:反革命犯罪的罪犯是“阶级敌人”,而一般刑事罪犯不再作为“阶级敌人”对待。但是,由于新的监狱管理体制和监狱行刑理念尚未形成,致使罪犯改造工作陷入迷茫状态。监狱传统的经济体制是“自收自支”,依靠监狱企业维持监狱生存。但是在市场经济体制下,监狱企业失去了依赖计划经济生存的条件,又不具备市场竞争的能力,致使监狱经济陷入了极其困难的时期。在这种情况下,经济属性的功利主义改造观占据主导地位,改造罪犯的现实功利主义成为无奈的选择,“劳动至上论”成为监狱行刑的主流思想,为了创造经济效益,唯有让罪犯通过时间更长、强度更大、定额更高的生产劳动而实现。因而,名义上打着劳动改造罪犯思想的旗号,滥用管理权力,罪犯劳动中超时间、超体力、超定额等现象时有发生。用于罪犯文化教育和思想教育的时间常常被挤占和挪用,使监狱对罪犯的改造失去了本质属性,追逐经济利益成为主流。最为典型的是在这一时期就出现了“罪犯教育改造无用论”或“罪犯教育改造虚无论”“罪犯教育改造难搞论”“罪犯教育改造速成论”以及关于“改造和生产谁是第一”的争论。同时,由于政治教化惯性的作用,虽然不再公开把罪犯作为“阶级敌人”来定性,但是,在行刑理念和改造行为上仍然充斥着“敌对阶级”的动力定型工作模式。这一状态一直持续到 1994 年《监狱法》的颁布。

在单向主导的政治教化改造模式中,监狱工作的特点表现为:一是“政

① 夏苏平、狄小华:《循证矫正中国化研究》,江苏人民出版社,2013 年版,第 43 页。

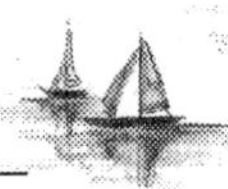

策”法制化。政治成为监狱一切工作的生命线，以政策代替法律法规，政策成为监狱行刑的主要依据。因此，这一时期的前30年，真正意义上的监狱法规主要就是1954年政务院公布施行的《中华人民共和国劳动改造条例》，其中的条款多是原则性的规定。恰恰相反的是，用来指导监狱工作的政策却比较系统、全面，从中央层面专门研究总结监狱工作的专题会议就达八次之多。毛泽东同志对监狱工作的指示和批示就有三十多次，其他国家领导人也多次指导监狱工作。政策替代了法律，政策在监狱工作的实际操作中“占据了法律的地位和效力”。二是监狱管理经验化。这一时期的监狱警察以军队转业干部为主体，政治思想坚定，忠诚党的监狱事业，工作作风过硬。但是存在着文化水平普遍较低的现象。因此，改造罪犯完全靠对党的无限忠诚和实践中的经验积累。在对罪犯的管理教育上具有典型的“人治”特点。三是矛盾单一化。这一时期关押管理的罪犯大多数是历史反革命和重大刑事犯，按照阶级划分方法，罪犯是“阶级敌人”，所以监狱改造工作中的矛盾，就只有单一的、对抗性的敌我矛盾，解决矛盾的方法也是阶级分析和阶级斗争。

单向主导的政治教化的改造模式体现的是国家本位的行刑理念，以国家利益、政治需要为核心，政治主导监狱行刑工作的一切，把阶级斗争看得高于一切，过于强化了监狱行刑的国家利益和阶级属性，客观上导致了监狱与罪犯之间是敌我矛盾，监狱行刑是对敌斗争，给监狱行刑蒙上一层浓厚的政治色彩。因此，单向主导的政治教化形态所体现的是监狱单一中心的管理权威，是一种意志强加的、不平等的矫正关系，本质上不具有平等契约关系的性质。

单向主导的政治教化改造模式是我国特定历史条件下的产物，无意中在法理和思想上契合了19世纪产生于英国的“劣等原则”，即“除了对生命、健康及身体状况有所顾虑之外，受刑人作为接受刑罚的后果，其一般状况必须劣于或低于一般自由社会的无罪公民中的最低阶层的一般状况。或者说，犯罪者的命运不能比非犯罪者中的最低阶层的命运好，否则，不仅不公平，而且还会诱发人们去积极犯罪。”①但是，随着我国政治形势的变化，尤其是到了20世纪80年代，我国监狱关押改造的罪犯发生了质的变化，出现了“普通刑事犯多，反革命犯少；出身于劳动人民家庭的多，剥削阶级家庭的少；青少年犯多，中老年犯少”的“三多三少”的现象，政治教化改造模式逐步失去了生存正当性依据和政治、经济、社会的空间条件，取而代之的是以法治和人权保障为特征的科学改造多元化的罪犯改造时期。

---

① 王云海：《监狱行刑的法理》，中国人民公安大学出版社，2010年版，第129页。

二、非均衡的法制强化形态

这一形态以1994年《监狱法》颁布为标志，以法律的形式规定“监狱是国家刑罚执行机关”。从此，罪犯的“身份”也由政治属性转变为法律属性，罪犯的改造纳入了法制的轨道。监狱的价值取向除了强调安全和秩序，为了适应《监狱法》的要求，转而更加注重法制化建设。

从历史发展来看，《监狱法》颁布之后，“依法治监”思想的宣传、教育和实施成为监狱的重要工作，也是由政治教化改造模式转为法制模式的开端。但是，基于当时的社会形态和政治生态环境，法制建设尚处在初级阶段，主要以规范监狱和监狱警察改造中的“强制行为”为出发点，因此，这时的“法制”理念并非现代监狱本身理应追求的“法治”价值，而是特定时期监狱法制的泛化，即以“法制”为基础，强调“强制思想”为核心的行刑规范行为。最为典型的特征是《监狱法》规定“监狱对罪犯实行惩罚和改造相结合、教育和劳动相结合的原则，将罪犯改造成为守法公民”，“监狱对罪犯应当依法监管，根据改造罪犯的需要，组织罪犯从事生产劳动，对罪犯进行思想教育、文化教育、技术教育”。在这里，监狱对罪犯的日常监管、生产劳动、思想教育、文化教育、技术教育等是刑罚惩罚的“衍化”，具有强制性，被“泛化”为罪犯在改造中的义务，被以法律的形态规定下来，作为强制罪犯的法律依据。1995年国务院在《关于进一步加强监狱管理和劳动教养工作的通知》中明确提出：“要坚持惩罚与改造相结合，以改造人为宗旨。”要求把罪犯改造成为“守法公民”。这一方针，更加突出强调了监狱在任务和职能上的“法制特性”。

2003年我国进行了新中国历史上最大规模和最深层次的监狱体制改革，罪犯改造的政治生态环境发生了重大变化，使以生产劳动为标志的罪犯改造的“理念追求”转变为罪犯改造服务的“工具追求”。监狱是国家的刑罚执行机关，而监狱企业是为监狱改造罪犯提供的平台，是罪犯习艺的场所，是为改造罪犯提供经费补充的、由国家全额出资组建的、产权属于监狱的国有特种企业。与此同时，司法部于2003年12月提出了大力推进监狱工作“三化”建设，即法制化、科学化和社会化建设，要求我国监狱工作向以法律为主要导向的现代化模式转化。

在罪犯改造基本理念上，法制强化模式仍然是以安全和秩序为本位的矫正模式，它的基本理念是“安全第一，教育为先”。首先，保障监狱安全是监狱工作的重点。监狱将安全取向以“防逃”“防自杀”“防狱内重特大案件”为主，一切工作都必须为安全让路，都必须在保证安全的情况下进行。其次，在严格的监管条件下，罪犯通过劳动改造自己的思想意识，重新塑造健全的人格；通过法制教育将罪犯改造成为“守法公民”。因此，严厉的、强

制性的法制强化是我国这一时期矫正罪犯所奉行的一条主线。

在警囚关系的外在形态上，监狱警察和罪犯之间明确界定为“强制—被强制关系”。罪犯对监狱警察不再以“政府”称呼，取而代之的是具体官衔，比如“监区长”“教导员”等，也有用传统的“队长”称呼。法制强化所带来的另一明显变化就是罪犯维权意识日益增强，监狱警察对罪犯的管理从过于强调义务向切实尊重其合法权利方向转变。监狱警察代表国家执行法律，罪犯在改造中的地位是被改造、被强制的对象，但是，法治理念的强化，使罪犯在改造中的“关系样态”由传统的改造与被改造的一元化呈现出多元化状态：认为在行刑中监狱和监狱警察处于主体地位，罪犯处于客体地位；在监狱改造或矫正教育中罪犯则处于主体地位。

在管理技术形态上，这一时期对罪犯的监管形态和操作范式涉及的内容比较多，主要有：一是建立类似于部队的管理结构，实行准军事化管理。对罪犯的行为进行全方位的管控，特别是监控设施的使用，将管控和干涉扩展到了罪犯的私人领域，使罪犯的一切行为均在管控之中。二是建立监狱分类和罪犯分类机制，使罪犯按照不同的标准归为不同的监狱或监区，被赋予不同的监控手段和矫正手段。三是严格的行为规范和管理方式。监狱制定了罪犯行为规范，对罪犯的言行举止都做出了细致的规定，要求罪犯的行为必须在规定的限度内，否则将依据情节受到相应的惩罚。比如，2004 年 3 月 19 日司法部发布实施了 88 号令《监狱服刑人员行为规范》，成为罪犯接受改造教育必须遵守的行为准则。四是劳动改造是主要矫正手段。为培养罪犯的劳动习惯及劳动技能，组织罪犯参加生产劳动。罪犯必须在一定的时间内完成一定的劳动指标，而劳动指标又是界定罪犯表现好坏的主要依据。五是人性化管理和矫正。由于现代行刑理念的影响，人性化管理、柔性化管理等措施被推向前台。监狱警察和服刑罪犯强调一种共生的关系，呈现以压服为主转为以说服为主的样态。六是强化保障罪犯权利。监狱在行政奖惩和刑事奖惩等活动中愈加公开透明。尤其是随着我国法治的发展，在罪犯非均衡的法制强化阶段注入了人文、法治、权利、民主、效率、公平、正义、秩序、人权等现代元素，逐步成为具有我国特色的矫正教育罪犯的代表模式。

我国非均衡的法制强化改造模式，要求强化罪犯的身份意识，罪犯与监狱警察的关系一直是控制与被控制、管理与被管理、改造与被改造、惩罚与被惩罚的关系，监狱为了追求社会的安全利益，甚至出现了监狱安全主义倾向，强调在罪犯服刑的始终都处在绝对优势的管控地位，而罪犯则只能是被动地绝对服从。应该说在保卫社会的价值追求上，效果是明显的。但是，这种过分追求安全和在罪犯管理上的绝对服从问题，理论界提出了其存在的诸多弊端,极力主张对这种模式进行修正和改进。关于安全本位主义问题,有人认为,在以安全模式为主的工作格局下,罪犯矫正的实施不是重点,刑罚的目标在于"罪犯无害化",即将罪犯隔离出社会,固定在监狱中,接受无个体差异的控制,服完其应服的刑期。安全管理的目标导致监狱的自我目标取代了监狱的根本任务,与我国监狱的基本方针背道而驰。在安全本位的管理模式引导下,罪犯不可能形成自我改造的意识和责任。同时,带来的重大问题是制度的"政治化"。

有学者将这一阶段归纳为"功利主义"改造或矫正,认为"监狱行刑停留在报应与惩罚上过于消极,应当通过矫正积极预防与减少犯罪,防卫社会"。可以说,"这一观点将人道化行刑推进到了科学化行刑阶段"①。随着现代化监狱的建设,我国监狱的行刑理念也在发生着自身的蜕变,社会正形成一股看不见的驱动力,这种驱动力正在推动着监狱管理模式向着矫正契约化的变革。尤其是监狱工作"社会化"建设,使社会公众参与到罪犯矫正领域,社会资源得以优化组合,使罪犯矫正的"契约化思想"为人们所接受。但是,我们也必须明白,非均衡的法制强化阶段是国家以"强权"的法律形式确立监狱与罪犯的矫正关系和矫正内容,并以强制力加以贯彻执行,它所体现的"契约思想"不具有权利义务的平等性,是非均衡的。

三、罪犯矫正契约化的萌芽

笔者认为,罪犯矫正契约化的萌芽始于罪犯心理矫治。在 20 世纪 90 年代中后期,监狱为了提高改造质量,寻求新的改造罪犯的手段,充分利用心理学理论和方法的人文特征,开展了心理矫正技术尝试。所谓罪犯心理矫治是指监狱运用心理科学的原理和方法,通过对罪犯开展心理评估、心理健康教育、心理咨询与治疗、心理预测等一系列活动,帮助他们消除不良心理及其他心理障碍,维护和恢复心理健康,增强生活的适应性,促进改造目标的实现。② 因为罪犯心理矫治不仅要求专业矫治者和来访罪犯之间要建立信任、尊重、平等、接纳等矫治关系,而且要营造平等的、和谐的、守信的、宽松的、共情的、真诚的彼此沟通的良好矫治氛围;要求专业矫治者和来访罪犯之间是一种平等的权利义务关系。专业矫治者对来访罪犯的矫治是一种帮助和顾问行为,一种"助人行为",帮助来访罪犯激活自我求变的动机与潜

① 夏苏平、狄小华:《循证矫正中国化研究》,江苏人民出版社,2013 年版,第 43 页。
② 章恩友:《罪犯心理矫治技术》,中国物价出版社,2002 年版,第 2 页。

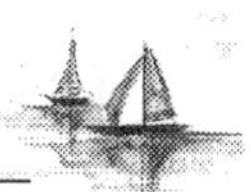

能,最终实现来访罪犯的“自助”。由此,双方是建立在互信基础上的“治疗联盟”。[①] 这样就彻底打破了我国传统上监狱警察和罪犯之间的“对立”状态,而是处在平等的位置上,初步具备了罪犯矫正契约化基本要件。但是,这只是萌芽状态,只是罪犯矫治的内在要求与矫正契约化内在精神实质的契合,而不是真正意义上的罪犯矫正契约化。罪犯心理矫治的契约化思想主要表现在矫治参与者的主体性、平等性和契约矫正的公正性、互惠性、效率性。

1. 罪犯心理矫治的契约品性

(1)心理矫治的罪犯主体性。罪犯心理矫治过程是矫治者给来访罪犯以帮助、启发和教育的过程。矫治者和来访罪犯是咨询中的两个方面,二者是构成罪犯心理矫治不可缺少的因素。在罪犯心理矫治过程中,矫治者起着主导作用,而来访罪犯则是这一过程中的主体。罪犯消极心理品质的克服与消除、积极心理品质的建立与发展都是渐进的,要经过日积月累的努力,短时间的努力不可能一蹴而就。因此,罪犯心理矫治的展开与深化,要由浅入深、从简单到复杂、从量到质地进行。这一过程是依靠罪犯自身的改变来完成的,缺失了罪犯的主体性是不可想象的。

(2)心理矫治具有民主、平等和协商特性。矫治者与来访罪犯彼此影响、互相配合,从而使咨询活动在和谐的气氛中进行,并达到使罪犯受到启发和教育的目的。罪犯心理矫治的过程是矫治双方共同商讨的过程,监狱矫治者尽管要帮助来访罪犯分析问题,查找问题产生的根源,并提供解决问题的参考意见,但矫治者决不能将自己的意见强加给来访罪犯,他只起参谋、建议的作用,最终的决定权在来访罪犯。也就是说,在罪犯心理矫治过程中,来访罪犯处于主体地位,具有主动性。[②] 这体现了契约矫正的民主、平等和协商特质。

罪犯心理矫治是以契约为依据的。罪犯心理矫治是对来访罪犯的帮助和顾问行为,矫治者和来访罪犯双方是一种治疗联盟,是双方建立起来的一种特殊的服务关系和人际关系,是在心理矫治范围内的一种彼此合作的职业关系,这种关系一般随心理矫治活动的结束而结束。

2. 罪犯心理矫治原则所蕴含的契约思想

罪犯心理矫治的原则是罪犯心理矫治工作规律的概括和经验的总结,它是罪犯心理矫治过程中的一般要求,对实际工作具有指导意义。一般说

---

① 连春亮等:《罪犯心理矫正的理论与方法》,贵州人民出版社,1999 年版,第 43-56 页。

② 章恩友:《罪犯心理矫治技术》,中国物价出版社,2002 年版,第 197 页。

来,这些原则包括心理矫治者与来访罪犯平等相处和互相信任的原则、保密原则、整体性原则、开发潜力原则、综合性原则、灵活性原则、启发自觉原则、身心统一原则、价值无涉原则等。在这些原则中,与罪犯平等相处和互相信任的原则要求矫治者注意转换自身在罪犯心理矫治过程中的角色,树立矫治者的角色意识,和来访罪犯对等地商量问题,选择双方都能接受的方式进行矫治活动,尤其要求矫治者对来访罪犯以诚相待,尊重来访罪犯人格,不论来访罪犯提出什么样的问题都要沉着冷静地对待。不奉承、不鄙视、不漫不经心,回答问题应意思清楚,语词明确,同时又要委婉可亲,让来访罪犯容易接受。同时,在罪犯心理矫治的开始阶段,来访罪犯一般不会直言不讳地暴露自己的问题,因此,细心询问和耐心等待,与来访罪犯建立良好的关系,取得来访罪犯的信任,才能最终解决问题。所有这些,只有建立在与来访罪犯平等相处的基础上才能得以顺利进行。所以说,信任是对来访罪犯心理矫治的首要条件,罪犯心理矫治工作只有建立在相互信任的基础上,才可能取得成效。每个来访罪犯都有不同的特质,不同的心理问题、心理障碍或心理疾病,即使有些现象或行为的结果是相同的,但促成同一行为结果的原因却存在很大的差异,同样,矫治者自身的特质不一定都符合来访罪犯的心理需要。为了弥补由此造成的心理失衡状况,建立相互信任的信任关系就显得更为重要了。

保密原则不仅是对矫治者的职业道德要求,而且是罪犯心理矫治的重要一环,是与来访罪犯建立信任关系的基础。在心理矫治中,来访罪犯的心理问题、心理障碍或心理疾病产生的原因或者表现的形式,大多涉及来访罪犯自己难以启齿的个人隐私或者个人秘密,这就要求矫治者严守秘密,对于罪犯心理矫治的内容,不论亲疏远近,甚至是来访罪犯的配偶、父母等都不能泄露。除非危及监狱安全或其他罪犯、监狱人民警察生命安全的内容,才可以按照严格的程序向主管部门报告。因此,保密是建立在绝对信任基础上的特定契约行为,是以约定为前提的内在的自觉坚守。

3. 罪犯心理矫治关系的契约特征

罪犯心理矫治是矫治者和来访罪犯之间建立起来的一种特殊的服务关系和人际关系,这是罪犯心理矫治成功的前提和基础,这种关系的本质要求是平等关系和相互信任关系。

(1)罪犯心理矫治关系是一种在平等基础上建立起来的对来访罪犯进行帮助的人际关系。它的前提是建立在刑罚惩罚基础之上的,这种人际关系建立的环境是监狱这一社会的特定场所。在这种人际关系下,矫治者通过专业技能和所制造的气氛来帮助罪犯自立自强,以更为有效的方式对待自己和对待别人,提高解决问题的能力,自己解决自己的心理问题、心理障

碍或心理疾病,促进个性的发展,开发自身的潜能,使来访罪犯发生变化和进一步成长。

(2)罪犯心理矫治关系中,矫治者对来访罪犯的帮助是特定领域内的帮助,罪犯扮演着主体性角色。也就是说,矫正者和来访罪犯之间矫正关系的建立和保持,是因为来访罪犯遇到了自己无法独立解决或通过其他途径也难以加以解决的问题,来访罪犯感到他需要特别的帮助或支持。这一特定领域就是人的心理,所产生的问题就是心理问题、心理障碍或心理疾病。对于这一领域遇到的问题,虽然来访罪犯也能从其他人际关系和交往中受益,但是,却不足以使来访罪犯获得自尊或提高解决特殊问题的能力。因此矫正关系强调的是来访罪犯自己对自己感到不满并寻求帮助。假如来访罪犯自己并不想在某一问题上求得帮助,或者自己停止了矫治,那么即使是矫治者有些新的办法,或者肯定对来访罪犯有帮助,也不应主动去找对方。这并不是说矫治者可以袖手旁观,而是因为这种矫治关系有其自身的特殊性。如果矫正者主动去找来访罪犯进行"强制"矫治,那么就打破了矫治关系的平衡性,就有可能使来访罪犯产生误解,此时,矫正者无论再好的办法或忠告对来访罪犯都是不起作用的。

(3)矫治关系是矫治者和来访罪犯之间隐蔽的、具有保密性的特殊关系,是在诚信基础上做出的"许诺"。矫治关系不是建立在社会交往之上的,它是完全在特定的时间期限内所建立起来的人际关系。对来访罪犯交谈的问题不宜公开,矫治者必须予以保密。这一点也是矫治关系不同于其他社会帮助关系的特征。正是由于它的时间性、空间性、隐蔽性和保密性才使得来访罪犯敢于敞开心扉。"保密"的约定是以契约的诚信为保障的。

(4)矫治关系是矫治者和来访罪犯之间建立起来的深层次的特殊职业关系,是在主观意志自由选择基础上缔结的"心理契约"。关于这一点,主要表现在两个方面:一是这种人际关系虽然是被限制在矫治时间之内的,但是却超出了一般职业关系的范畴,矫治者和来访罪犯的会谈都是一种内在的深层交流。二是矫治关系中,矫治者和来访罪犯的密切程度超出了一般职业关系或社会友谊关系。尤其在监狱环境条件下,这种关系是在没有任何强制的情况下建立起来的,矫治的气氛使来访罪犯有安全感,保证了自我暴露和自我探索的进行。也正是因为如此,矫治者才能更为深刻地了解来访罪犯内在的困扰和存在的问题。

(5)矫治关系中矫治者和来访罪犯之间所建立的关系具有相对稳定性,是以双方平等协商为基础的。矫治关系是矫治者和来访罪犯双方有意识地应用良好的人际关系平等协商建立起来的,它排除了社会交往关系中无关因素的作用,因此这种关系是坚强有力的,对来访罪犯的帮助也是富有成效的。在这种关系中，矫治者和来访罪犯之间没有日常的矛盾和纠纷，没有彼此之间的利害冲突，这使得矫治者有可能站在客观的立场上，为来访罪犯着想，对来访罪犯负责。同时，由于矫治关系是矫治者自觉应用有关人际关系的科学原理建立起来的，因此，使矫治双方能集中注意力于矫治中的最基本的问题。

(6)矫治关系是矫治者与来访罪犯之间"缔结"的一种治疗联盟。心理学家霍维茨在解释心理治疗中来访者的变化是如何产生时，强调指出这种变化是通过人际关系中那些支持性的因素而产生的，他把这种关系叫作治疗的联盟。在罪犯心理矫治工作中，这种联盟的建立是为了帮助来访罪犯以更为合适的方式思考、做事。通过这种联盟的内化，来访罪犯可以尝试改变自己，来访罪犯之所以可能产生这种内化过程，就在于矫治者把来访罪犯当作一个人来看待，也在于矫治者能够帮助来访罪犯解决问题。矫治者能够接受来访罪犯的问题以及内心的感受，有助于来访罪犯提高自尊，激励完善自己。这种联盟中的双方，都会对联盟产生影响。虽然最初来访罪犯对矫治者的态度很少能产生完全一致的共鸣，但最终新的态度、行为会在他们身上产生潜移默化的效果。成功的矫治会使矫治者和来访罪犯在一起产生积极的体验，并且来访罪犯在心理矫治过程中得到他所需要的令他满意的某些东西。这时，这种矫治联盟的内化就会产生，这种内化过程包括：一是矫治者和来访罪犯之间彼此产生积极的情绪体验。在罪犯心理矫治过程中，矫治者能对来访罪犯谈到的各种各样的情况做出反应，这些反应往往超出了来访罪犯的预料。比如，对来访罪犯超出伦理道德的变态行为、违反罪犯改造规范的反改造行为、违反法律的轻微犯罪行为等，矫治者并没有对其指责，反而在当时当地的情形下能够对来访罪犯的不适宜行为加以劝解或理解。这样就会有助于矫治者与来访罪犯之间的矫治关系进一步发展，使来访罪犯对矫治者更加信任，并逐步产生希望这种关系会比以往任何一种关系都更能使自己从中受益的想法。在这种联盟关系中，矫治者所表现出来的积极反应，来访罪犯通过学习会逐步地应用到与其他罪犯的关系中去。矫治者的这种情绪体验能使来访罪犯产生安全感，减少防御心理，认真地检查自己，理解和接受新的观点，学习和尝试新的行为方式。二是提高来访罪犯的自尊心。来访罪犯通过矫治者的矫治活动能否有所改进和提高，在很大程度上取决于他们对矫治者的态度、价值观等方面的体会和领悟。矫治者接受了来访罪犯的不适宜行为会对罪犯产生积极影响，减轻来访罪犯的心理压力，同时也为来访罪犯接受矫治者的态度、提高他们对自己的认识提供了机会。自尊心的提高和积极的情绪体验是两个相互影响的过程。三是运用情感移入改进矫治关系。情感移入，又叫移情，是指在人际交往中，人

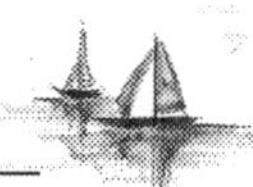

们彼此的感情相互作用,当一个人感知到对方的某种情绪时,他自己也能体验到相应的情绪,即由于对别人情绪的觉察而导致自己情绪的唤起。移情是心理分析或治疗中常用的概念,在这里是指来访罪犯以积极尝试适宜行为的方式取悦于矫治者,这是良好的矫治关系内化的另一种产物。如果来访罪犯的行为没有充分的基础的话,他们的这种改变只能是暂时的、不稳定的。尽管如此,这毕竟是对建立矫治关系的一种正性反应。并且一旦当来访罪犯表现出这种行为时,他们是很容易接受来自内部和外部的强化的,这些强化又有可能促使其将新的反应方式和行为固定下来。这样看来,这种产生于相互信任的关系基础上的移情式改进方法,有可能将矫治关系变成持久的改进。四是运用认同作用同化来访罪犯。认同作用是指由于某种动机而有选择地模仿别人的某些行为,它是一种情感的移入过程。在这一过程中有的是有意识的,有的则是无意识的。认同作用是内化产生的另一种过程,这是矫治者和来访罪犯在态度上的认同。在罪犯心理矫治的初期,来访罪犯只可能对矫治者的一部分态度产生认同感。而认同是基于矫治者对来访罪犯的责任感和关注而产生的,在矫治关系进一步发展的基础上,认同的范围和程度会发生变化。当矫治关系建立后,来访罪犯对矫治者的态度产生积极的完全的认同感。因此,认同是使来访罪犯产生变化的基本因素。

由此,罪犯心理矫治的许诺、信赖和义务这些要素的基本特征,以及罪犯心理矫治所体现的自由、平等、民主、协商等诸多品格的契约精神,是罪犯矫正契约化思想的实践样态。

罪犯矫正契约化的证成

罪犯矫正契约化依赖于社会的发育成熟和文明进步,依托于法治现代化的制度架构,尤其依赖于对于监狱、罪犯等在理念上的现代化,并有相应的理论支撑、科学手段保障和实践操作平台,笔者将其综合性地称之为政治生态环境。

一、罪犯矫正契约化的生成路径:从命令到契约

"所有的社会合作都经由契约来治理,而不是通过命令来治理的。个人是独立自主的,每个人决定有关自己的全部事务。"①罪犯矫正契约化不是命令,矫正契约化是指罪犯自由地进入或者自愿地接受、服从矫正机构所提供的矫正服务活动。而传统的罪犯矫正教育方式是以强制命令为特征的法律惩罚强制下的服从,是处在可能受到惩罚的威胁状态中被改造。很明显,矫正机构对罪犯矫正教育的强制命令就是单方面地运用国家刑罚惩罚权力,迫使罪犯按照指令的要求发生改变。从法律意义上,矫正机构具有两个前提:一是依靠国家司法权的有力强制。国家的司法力量是强制罪犯服从的暴力工具,对罪犯具有法定的震慑作用。二是有维护社会公平正义的道义强制,是社会公众要求国家对违法行为进行必要的干预,因为只有这样才能够维护社会的安全、秩序和正义。虽然在矫正契约化语境下,矫正契约生效以后也会对罪犯形成强制力和权威,但是,强制命令和矫正契约所形成的强制力的性质和权威均不相同。"契约原出于一种自由的赞同,一种同意;契约论是政治合法性的同意理论。在'契约'中有一种'彼此和睦相处'的味

① Anthony de Jasay. Social Contract. Free Ride, 1989, p. 1.

道,融洽与和平的相处代替好斗的对峙。”[①]实践证明,在罪犯矫正教育中,矫正契约产生的强制力更容易为罪犯所接受,因为它将罪犯置于矫正活动的主体性的地位,融入了平等和意思自治,潜藏着道德性的制裁力量,使罪犯的人格受到了尊重。罪犯矫正契约化表达的根本性标志,是矫正主体的平等性和双向性交涉,它适应了罪犯内在的心理的需求和自我矫正的途径选择。

二、监狱“人性化”管理理念的确立

大致在2002年前后,以张晶为代表的一些专家和学者大胆地从人权保障的高度,提出了对罪犯“人性化管理”的主张,要求应给予罪犯更多的关护,引发了关于对罪犯人性化管理问题的大讨论,最终使大家理智地达成共识:一是“人性化”是人文精神、人文关怀的根本要义,是人道主义的基本元素;二是“‘人性化’的特质是理性、良知,最高价值是正义、人权、自由、平等,其终极目的是实现人的全面发展,‘以人为本’是它的形象表述”[②];三是罪犯是人,对他们的矫正教育必须满足其基本需要,尊重他们的人格,关注他们的发展,将其置于人的中心地位,体现人文关怀;四是“人性化”直接体现为科学、民主、人权;五是改造罪犯、矫正教育的基础就是“促使罪犯人性的恢复、良知的复苏”[③]。人性化管理是基于人的本质属性的管理策略,是健全人格培育的基本出发点,因此,人性化管理能够型塑罪犯成为法律的、社会的、精神的、职业的等层面的合格的人。

正是基于这样的社会生态环境,监狱的政治生态环境也发生了重大变化,监狱“相继出现了许多具有‘人性化’特色的罪犯管理措施,大大地促进了罪犯管理水平的提高。”“由此,以人文主义思想作为理论基础,尊重罪犯,关注罪犯,满足罪犯的基本需求,保障罪犯的人权,使罪犯在矫正教育中全面发展的观点,我们称之为人文主义矫正观。”[④]人文主义矫正观摒弃了政治的、社会的、法律的等人为偏见,使包括罪犯在内的每个人回归到人性的基础层面,平等地看待人生而具有的权利,坚信人的善良本性的回归与发展。目前,这一观念已普遍主导并贯穿罪犯矫正的全过程。应该说,人性化管理是罪犯矫正契约化的人文基点,否则,无论对罪犯是政治的标签化,还是法

---

① 【德】赫费:《政治的正义性——法和国家的批判哲学之基础》,庞学铨、李张林译,上海译文出版社,1998年版,第388页。

② 张晶:《正义实验》,法律出版社,2005年版,第150页。

③ 张晶:《正义实验》,法律出版社,2005年版,第150页。

④ 连春亮:《罪犯改造:由同质主义到理性多元化》,《河南大学学报(社会科学版)》,2010年第3期。

律的符号化,都将是罪犯矫正契约化的障碍因素。

三、监狱价值理念的多元化重构

1. 世界监狱价值理念的演变

监狱理念是罪犯矫正契约化的动力因素和支撑因素,不同的监狱理念决定了监狱的价值取向和对待犯罪、对待罪犯的价值观。纵观人类历史上监狱的发展过程,都可以得到充分的证明。仅从17世纪首先由欧洲发起的监狱改良运动来看,不同的阶段凸显出来的监狱价值观念就有明显的差别。

狱制改革的第一阶段是以刑事古典学派的监狱价值理念为基础的。17世纪,以贝卡里亚、边沁等为代表的刑事古典学派学者,高举自由、民主、人权的思想武器,倡导自然法论、"天赋人权"说和理性主义,反对传统神学决定论,反对罪刑擅断,反对滥施酷刑,提出了罪刑法定原则、罪刑相适应原则、刑罚人道主义原则三大刑罚基本原则,呼吁进行狱制改革,大大推动了刑罚文明进步。监狱学家霍华德(1726—1790)对英国监狱做了全面考察,并调查了法、比、德、荷等国的许多监狱,于1777年写出了《英格兰及威尔士监狱状况》一书,详尽揭露了监狱的黑暗,呼吁监狱的改革,从而兴起了监狱改良运动。这一运动与贝卡里亚的思想相呼应,改变着正在产生的自由刑理念,乃至整个刑罚观念。这一阶段狱制改革的基本指导思想是注重宗教感化,改善罪犯待遇的出发点出于慈善之举,而不是基于预防和矫正的目的。但是,刑事古典学派的贡献在于:刑事古典学派认为人是有理性的生物,其为恶还是为善是自由意志选择的结果。提出了犯罪只是已然之罪,刑罚或者是对已然之罪的报应,或者是借助于对已然之罪的惩罚给他人以威慑,预防其犯罪。很明显,刑事古典学派关注的重点是犯罪行为,强调惩罚对打击犯罪的作用,倡导社会公平正义和一般预防主义。

第二阶段是以刑事实证主义学派的监狱价值理念为基础的,强调监狱的改革要建立具体行刑模式。刑事实证主义学派对监狱的功能、价值进行了重新审视,将改革的重点主要集中在羁押方式、监禁方式的改变上,因为这是自由刑成为刑罚制度中的主要刑种后首先面对的问题,是自由刑执行的基础之一。刑事实证学派的功绩就在于从刑罚的惩罚性走向刑罚的矫正性,由刑罚的一般预防转向刑罚的个别预防,把犯罪人而不是犯罪行为作为犯罪预防的重点,主张通过各种矫正措施,使之不再犯罪,实现个别正义。因而研究犯罪原因,制定刑事政策,便成为刑事实证学派的重点。

第三阶段是以现代监狱价值观念为基础的。经过200多年的监狱改革,监狱的价值观呈现多元化趋势。尤其是20世纪90年代,市场经济发展再次带来意识形态的普遍变化,自由、民主、平等的公民意识逐渐渗入监狱管理

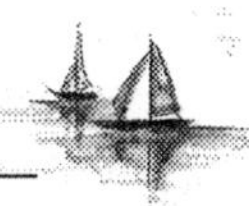

理念,追求自由、公正、秩序、法治、人权的监狱价值观逐渐形成。特别是源于2003年的监狱体制改革,使监狱形态和内在机制发生了革命性的变化,完成了现代文明监狱的蜕变,由阶级统治的工具成为社会公共服务的部门。

2. 我国监狱价值理念的生成

什么是监狱?如何看待和定位监狱?现代监狱应该树立什么样的价值理念?在打破传统观念的基础上,也出现了新的理论观点,并逐步为人们所接受、所认可,具有代表性的是于爱荣、张晶等人运用现代的法治理念,从不同的视角对监狱进行了重新认知和定位。认为传统的监狱认识论是建立在传统的政治文化语境下对监狱的性质进行定位的,监狱归属于政治学的范畴,"监狱是国家机器、是暴力机关、是专政工具、是刀把子、是枪杆子"①。与传统观点不同,科学改造论在对传统监狱认识论反思的基础上,认为"从现代社会的意义上说,监狱更多地倾向于人学的范畴:惩罚和改造罪犯"。"惩罚实施和惩罚效果之间的构成媒介是人(罪犯)服刑的刑罚体验和心理感受,更重要的是刑罚中矫正的实现,离不开人(罪犯)的互动、能动和配合。"②因此,归纳起来,追溯监狱的本义,"可以概括为:源于报复,载于惩罚,系于改造,止于自由"③。而对监狱的价值内涵就有不同的表述:一是监狱传统的价值观念。"从国家的视角,监狱是专政的工具。"④二是从刑罚学的视角,监狱是刑罚执行机关,监狱担负着对罪犯惩罚和改造的任务,具有把罪犯改造为守法公民的职能,凸显的是刑罚执行机关的法律属性,而非政治属性。三是从社会学的视角,犯罪是社会矛盾不断释放的结果,对犯罪的打击使紧张的社会关系得以缓解。在这个意义上,监狱充当了社会"减压阀"的作用。四是从人学的视角,监狱是对罪犯主体性的确认。这就意味着罪犯必须对其犯罪行为负责,"意味着罪犯对自己的矫正负有重大责任"⑤,在处罚和矫正中具有主体性地位,这是"对罪犯人的理性和良知的恢复的基础"⑥,矫正罪犯必须关注罪犯的人性本质。五是从心理学的视角,监狱是对罪犯健康人格的塑造过程。六是"从法治现代化的视角,监狱是社会公平正义的平衡器"⑦。因此,"善的行为,是正义的行为,恶的行为,是非正义的行为"⑧。

① 于爱荣等:《矫正技术原论》,法律出版社,2007年版,第1页。

② 于爱荣等:《矫正技术原论》,法律出版社,2007年版,第1页。

③ 张晶:《正义实验》,法律出版社,2005年版,第151页。

④ 于爱荣等:《矫正技术原论》,法律出版社,2007年版,第2页。

⑤ 于爱荣等:《矫正技术原论》,法律出版社,2007年版,第6页。

⑥ 于爱荣等:《矫正技术原论》,法律出版社,2007年版,第6页。

⑦ 于爱荣等:《矫正技术原论》,法律出版社,2007年版,第8页。

⑧ 于爱荣等:《矫正技术原论》,法律出版社,2007年版,第9页。

“正义为了自由而存在,有了正义自由才成为可能”。“监狱不能随便以安全的名义、以改造的名义、以管理的名义,甚至以正义的名义,动辄损害正义、玷污正义、亵渎正义。”①监狱对罪犯执行刑罚的终极价值在于恢复社会正义,监狱就是实现正义的社会载体之一。七是从文化学的角度,监狱是文化的缔造者和传播者。一方面监狱为我们创造了丰富的文化资源,使我们得以继承和享用。另一方面监狱的文化建设、监狱的亚文化等丰富了文化的内涵,拓展了文化的多元化。

由此看来,“监狱是国家的物质附属物,是社会的有机体物,是社会的公共服务部门”。“在多元主体、多元文化、多元价值存在的前提下,监狱不仅不能消失,同样具有了多种的价值属性。正确把握监狱的价值蕴含,对科学认识监狱、科学定位监狱和科学设定监狱目标、战略,尤其是推进对罪犯的矫正和教育,具有重要的指导作用。”②“在一定意义上说,认识监狱的多重价值,是科学改造罪犯的认识论和价值论的基础。监狱不再是具有单一性质和功能,而是具有多重性质、多重功能和多元价值。”③监狱是一个国家和社会的法治状况、文明程度等方面的“晴雨表”,监狱价值观决定了监狱行刑的理念和行刑目的,为此,现代文明的社会必须创建现代文明的监狱,这样才使文明社会相协调、相一致。否则,社会的文明和进步是有缺憾的。多元化是现代社会的本质属性,也是罪犯矫正契约化的文化特质,对监狱的多元认识论,为矫正契约化奠定了理论基础,提供了罪犯矫正契约化的正当性依据。

3. 我国监狱价值理念的突出特征

我国监狱的价值理念随着监狱体制改革的不断深化和法治化监狱建设不断深入,其现代监狱所应具有的公平、正义、民主、自由、法治、效率、规范和人权等品质越来越凸显。综合起来看,主要表现如下:

(1)从监狱和罪犯的法律关系看,由传统“命令—服从”的法律强制关系转向“权利—义务”平衡的契约关系。

“命令—服从”的法律强制关系是由新中国成立初期《劳动改造条例》所确立的监狱法律关系,是无产阶级专政背景下,将罪犯定位为“阶级敌人”的产物。1994 年颁布实施的《中华人民共和国监狱法》使罪犯重新回到了“社会公民”的本真,法律关系被重新界定,“权利—义务”平衡的契约关系被社

---

① 于爱荣等:《矫正技术原论》,法律出版社,2007 年版,第 20 页。

② 于爱荣等:《矫正技术原论》,法律出版社,2007 年版,第 1–2 页。

③ 连春亮:《罪犯改造:由同质主义到理性多元化》,《河南大学学报(社会科学版)》,2010 年第 3 期。

会认可,法律的本性是限制"权力"的扩张,并保障"权利"的实现,即"权利"本位,而非"权力"本位。应该说这是社会文明与进步的必然,也是法治监狱的价值追求。在"权利—义务"平衡的契约关系中,罪犯除失去人身自由权外,法律将保障罪犯更多的合法权利。罪犯在矫正教育中的权利、义务,以及违规所应承担的责任和受到的惩罚将更明晰化。

(2)从监狱管理模式看,由"以刑罚惩罚为中心"的监狱管理模式转向"以罪犯矫正为中心"的管理模式。

我国传统的刑罚目的是报应刑论,认为刑罚惩罚是对犯罪行为的应有反应,是对犯罪的报应性打击,也是罪犯对自己选择犯罪行为应承担的法律后果。刑罚之所以公正与必要就因为社会应当给予损害社会的人以损害。罪犯对社会有"应偿付之债"。报应的公式是:因为犯了罪,所以要科刑。刑罚的本质是惩罚。以恶制恶,以严厉威慑和吓阻犯罪,达到一般预防和特殊预防。正是在这种思想指导下,我国不仅对犯罪者实施了重刑原则以打击犯罪和抑制犯罪,而且自20世纪80年代开始多次采取了"严打"措施,以期保卫社会。但是,所产生的效果与主观愿望相反,不仅没有有效抑制犯罪,而且犯罪率不断攀升,这就不得不引起人们的反思。在这样的背景下,目的刑论的刑罚观纳入人们的视野,越来越受到人们的青睐。人们有更多的理由相信,刑罚之所以公正与必要就因为刑罚除了惩罚之外,更重要的是体现矫正教育功能,应实现刑罚个别化,彰显个别正义,倡导以非刑事化的方式处理犯罪。目的刑的公式是:为了不再犯罪,所以要科刑。刑罚的本质是抑制犯罪,达到一般预防和特殊预防的目的,但是过度地依赖刑罚的惩罚功能,易导致罚不当罪或惩罚无辜。所以,强调追求刑罚的个别预防效应和社会效益。这样,刑罚的个人本位思想和社会本位思想就应运而生。

个人本位观点重在强调服刑罪犯的行为矫治和心理健康,突出服刑罪犯作为社会人的价值,重视服刑罪犯适合现代要求的健全人格的养成,提倡社会及社会公众对服刑罪犯的宽容和悦纳。其判断的标准是以服刑罪犯再社会化的程度、社会谋生技能的训练和修复、健全人格的养成和教育、社会道德与良知的恢复等。罪犯矫正教育工作就出现了"以罪犯矫正为中心"的管理模式。

社会本位观点认为,衡量刑罚的社会效应标准,在于刑罚所产生的社会效益。对犯罪的惩罚和改造能够达到防卫社会、控制犯罪和维护社会秩序的目的则为善法;反之,如果刑罚所产生的是罪恶、怨恨、仇视和报复,则为恶法。在社会本位观点看来,恢复性行刑所实现的价值是社会秩序的稳定。服刑罪犯通过协商、沟通与受害人达成和解和赔偿;通过社区公众的参与,寻求犯罪产生的根源,改善社区环境,使社会公众对犯罪问题产生责任感,共同对社会安全承担起责任;通过沟通和赔偿,使受害人对服刑罪犯形成宽容和谅解。更重要的是服刑罪犯通过改造形成健全人格回归社会,为社区、社区成员所悦纳和关注。这样,就造就了社会的安全机制。由此个人本位的价值追求和社会本位思想不谋而合,社会本位思想和实践也把罪犯矫正置于中心地位。

(3)从矫正教育的形态看,由单一强制政治教化转向培养罪犯自主责任意识、权利义务意识和道德良知。

单一的强制政治教化是我国特定历史条件下的产物,随着我国改革开放和监狱体制改革,这一矫正教育形态逐步淡出人们的视野,尤其在依法治国的背景下,法治监狱的建设更加注重罪犯的公民意识的培养。因此在罪犯矫正教育形态上,罪犯自主责任意识、权利义务意识和道德良知的教育被推上了法治监狱的舞台。一是监狱更加注重罪犯健全人格的修复和教育。这是因为:“人是社会的人,因而每一个人都与社会的各方面发生着各种各样的关系,形成了他们与社会各方面的联结状态。正常状态下,这种联结支持了人们的正常生活。但当这种联结发生偏离、断裂、失衡等现象时,个体的生活也因此产生偏离、断裂、失衡”[①]。在罪犯矫正教育中,由于监狱监禁的因素,使罪犯与社会的联结状态出现偏离、断裂、失衡等现象,进而产生人格缺陷,或社会化的人格不健全。所以,罪犯健全人格的修复和教育是罪犯成为社会公民的基础。二是罪犯的改造,其根本目的是使罪犯回归主流社会,但是,由于监狱的监禁生活,使罪犯的社会化过程中断,在新的社会化体系未形成之前,出现了价值错位现象。因此,在教育改造中,一方面罪犯不可能及时了解社会的变化状况;另一方面,长期的监狱监禁会形成一套监狱特有的情境意识和行为方式,以适应监狱的生活,即“监狱适应证”。这势必使罪犯走出监狱回归社会后面临极大的不适应,而这种不适应又使他们处于“危机”状态,当这种危机状态得不到及时有效的干预和缓解时,就有可能使他们出现人格危机。三是社会道德与良知的恢复是营造社会安全机制的基础。恢复性行刑强调罪犯对犯罪行为的认知和其对法律责任的承担,有助于帮助罪犯的自我醒悟,强化罪犯的自我悔罪感。在罪犯服刑中,通过监狱、服刑罪犯、受害人、社区代表等的共同参与,使罪犯恢复社会道德与良知,不仅在服刑过程中,而且在罪犯回归社会后,能够以忏悔、感恩的心态面对社会,面对受害人。恢复性行刑使社会公众有更多的人承担起公众安全的责任,关注罪犯的改造和回归社会,使社会成员之间形成一种和谐共处的

---

① 张昱、费梅苹:《社区矫正实务过程分析》,华东理工大学出版社,2005 年版,第 6 页。

良好社会关系，有效地预防和控制犯罪。

（4）从监狱体制改革的方向看，“人们的注意力不再只是着眼自由刑内部行刑方法的改革，而是考虑是否能够为自由刑制度找到一种合适的替代措施”①。

从世界监狱体制改革的进程看，经过二百多年的改革探索，由最初的改善罪犯的监禁条件和处遇，到对自由刑的纯化，之后教育刑的崛起，等等，都没有出现人们所期望的抑制犯罪的结果。为此，更多的仁人志士更清醒地认识到，严刑峻法不能够保卫社会；自由刑内部行刑方法的改革远远不能满足控制犯罪的需要。所以，我国顺应世界行刑的发展趋势，积极探索自由刑的替代措施。我国社区矫正的全面推进、恢复性司法的实践等，都是替代自由刑的举措。

（5）从矫正教育观念的内容看，人格改造观正在取代劳动改造观。

劳动改造是我国极力推崇的罪犯改造方式。新中国成立后，我国借鉴和模仿了苏联监狱制度，按照苏联的模式管理监狱、教育罪犯、从事生产。劳动改造成为监狱行刑和矫正教育罪犯的代名词。并把劳动改造作为改造罪犯的三大手段之一。把马克思的名言“体力劳动是防止一切社会病毒的伟大消毒剂”作为罪犯劳动改造的正当性依据，认为生产劳动是使罪犯“改过自新的唯一手段”。“人们只有在直接参加改造世界的生产劳动的实践中，才能全面发展和表现自己，改造自身造成新的力量和新的观念，炼出新的品质”。作为刑罚具体执行机关的监狱，必须采取能够直接作用于罪犯感官，使这种特定的劳动者体会刑罚所带来的痛苦的措施。罪犯劳动是被强迫的、惩罚的，而且表现为体力劳动，唯有如此，罪犯才可能体验到一些艰苦，感受到刑罚的威慑，从而自内心产生悔罪心理，罪犯改造才不是空话，预防罪犯重新犯罪的目的才能实现。因而，罪犯劳动作为一种被强制的行为，在特定的监狱环境中是一种被赋予国家机器行为的“负向”激励功能，是罪犯与刑罚之间的媒介，是现代社会罪犯劳动存在的原因与根据，也是罪犯劳动根本的价值理性所在。随着社会的发展，越来越多的专家学者对罪犯劳动改造的价值定位提出了质疑，认为现代社会的公民应是具备现代健全人格的人。由此，人格改造观逐步为监狱所接受。以上海的陈士涵先生为代表的监狱学专家，提出了人格改造罪犯的理论。人格改造论是一种以人格改造为核心，强调罪犯人格的改善和发展的罪犯改造理论。人格改造论的基本观点认为，把罪犯改造成为守法的公民是以罪犯人格的改善和发展为基础的，改造罪犯的根本目的在于使他们的人格动力转为较为高尚的社会

① 涂发中、郭明：《监狱学基础理论》，金城出版社，2003 年版，第 259-260 页。

目标。为此,人格改造观正日益为监狱的矫正教育工作所吸纳,成为罪犯矫正教育的主导价值观之一。

四、"囚权主义"理论的罪犯权利观

关于对罪犯权利的认识,以张晶为代表的专家学者提出了"囚权主义"理论,强调对罪犯权益的保护。"囚权主义"理论以其开放性论域、批判性意识、启蒙性诉求、互文性特质与旺盛的学术生命力而成为当下监狱学领域引人注目的学术"现象"之一。"囚权主义"以人权为逻辑起点,以正义为价值判断,以理性为思想预设,以现代性为总体语境,以法治为伦理边界,构成了自身的理论谱系。其学术地位在问题意识、场域归属、思潮特性、启蒙价值、话语争鸣、文本建构中得以彰显。张晶的"囚权主义"理论已经越过本身的意义边界,形成中国监狱文化场域的结构性力量,深度介入监狱学术话语的重构和监狱知识共同体的生成与发展历程。其学术正当性和价值正当性的扩张,也在理念自洽与范式转进中得以实现。

"囚权主义"理论认为,罪犯是人,是公民,因而具有法定的权利与义务。罪犯有权受到人权保护,"无论是道德的权利,法律的权利;还是应然的权利,实然的权利"①都是神圣的,表达的是对罪犯的"关爱、尊重,所体现的是社会的文明、进步,所张扬的是人性的真、善、美"②,是现代社会追求的至高目标。在罪犯权利保护方面强调:"对罪犯权利的保障有特别原则。"③监狱的环境条件,罪犯法律地位的限定,社会公众对犯罪仇恨的迁移,注定了其权利必受侵犯。因此,"按照法治的一般原则,对罪犯权利应当扩大解释",这已成为社会公众的共识,"我国著名人权专家徐显明主张,对受刑人的权利实行'权利推定'原则,即凡是法律未有明确剥夺和限制的权利,在理论上说,应按照符合有利于罪犯的原则来解释和把握"④。

"囚权主义"主张:一是"罪犯权利的实现有特别保护"⑤。在罪犯权益保护中,必须遵循"监狱长代表囚犯的利益"⑥的规则。二是"罪犯权利的制约有严格限度"⑦。仅以法律规定或规范为依据,不可逾越。同时要充分认识和把握罪犯扩张权利,规避法律义务,甚至滥用法律权利的问题。三是

① 于爱荣等:《矫正技术原论》,法律出版社,2007 年版,第 100 页。
② 于爱荣等:《矫正技术原论》,法律出版社,2007 年版,第 100 页。
③ 于爱荣等:《矫正技术原论》,法律出版社,2007 年版,第 104 页。
④ 于爱荣等:《矫正技术原论》,法律出版社,2007 年版,第 104 页。
⑤ 于爱荣等:《矫正技术原论》,法律出版社,2007 年版,第 104 页。
⑥ 于爱荣等:《矫正技术原论》,法律出版社,2007 年版,第 104 页。
⑦ 于爱荣等:《矫正技术原论》,法律出版社,2007 年版,第 105 页。

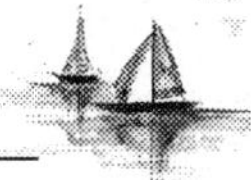

“罪犯的权利是发展着的权利”①,“是和社会同步发展的。不同的社会背景和社会条件,罪犯享有的权利广度和实质内容是不一样的。‘发展’的逻辑是:社会文明、法治进程的推进;公众人权意识的进一步强化;监狱职能的回归;矫正工作的现代化;法律的宽容等”②。

随着社会的文明与进步,社会公众具有了宽容、正义、法治、权利、民主等现代理念,而这一理念也成为社会主义的核心价值。③ 所以,社会公众“对待犯罪的态度以及对待罪犯的态度,是趋于理性、人道和人性的”④。因此,“在人学理论中,人,任何人都是社会的主体,并且在社会发展和变迁中,担当着重要的使命和职责”⑤。“在法治社会、公民社会,监狱‘应该在教育改造的原则下运行,并且应该将犯人看作公民而不是敌人’。”⑥“从这个意义上看,罪犯在整个改造活动中居于主体性地位。”⑦“囚权”是人权的重要组成部分,必须将其置于“平等性”的位置,而“平等性”正是矫正契约化的优秀品质之一。

五、社区矫正制度的建立

社区矫正是罪犯矫正契约化的实践样态,社区矫正在矫正前对矫正对象的人格调查、社区矫正保证书的订立、社区矫正协议书的签订、矫正小组的成立以及社区矫正权利义务的宣告等,都体现出了罪犯矫正的契约实质。我国社区矫正工作从2003年的试点到2014年的全面推行,十多年来,取得了举世瞩目的成就。截至2014年底,已经覆盖全国31个省(市、区)和新疆建设兵团,在全国347个地(市)、2879个县(市、区)和40686个乡镇(街道)展开。全国各地累计接收社区服刑人员223.7万人,累计解除150.5万人,现有社区服刑人员73.2万人,社区服刑人员再犯罪率一直控制在0.2%左右的较低水平,取得了良好的法律效果和社会效果,为减少重新违法犯罪,维护社会和谐稳定做出了积极贡献。

---

① 于爱荣等:《矫正技术原论》,法律出版社,2007年版,第105页。

② 连春亮:《囚犯论:从“边缘”到“中心”——于爱荣等的“监狱人文五论”解读之四》,《河南司法警官职业学院学报》,2012年第3期。

③ 连春亮:《罪犯改造:由同质主义到理性多元化》,《河南大学学报(社会科学版)》,2010年第3期。

④ 于爱荣等:《矫正技术原论》,法律出版社,2007年版,第13页。

⑤ 连春亮:《囚犯论:从“边缘”到“中心”——于爱荣等的“监狱人文五论”解读之四》,《河南司法警官职业学院学报》,2012年第3期。

⑥ 于爱荣等:《矫正技术原论》,法律出版社,2007年版,第5-6页。

⑦ 连春亮:《囚犯论:从“边缘”到“中心”——于爱荣等的“监狱人文五论”解读之四》,《河南司法警官职业学院学报》,2012年第3期。

经过十几年的探索，由刚开始的6个省、直辖市的试点，到逐步扩大到在全国试行，再到在全国展开，已经形成初具规模的社区矫正工作体系和相对完善的社区矫正制度，表现在：第一，初步建立了自上而下的领导管理机构及工作体制，完善了司法所的体制、机制建设。第二，加快了社区矫正立法进程，使社区矫正进入我国法律体系，探索完善了我国非监禁刑罚执行制度，体现了宽严相济的刑事政策。同时，通过建章立制，使社区矫正工作进入了规范运行的轨道。第三，参与社区矫正的相关职能部门密切配合，使社区矫正的各个工作环节能够有效协作与衔接。第四，加强了专业矫正工作队伍建设，广泛吸纳了社会团体、志愿者的全方位参与，更新了社区群众的观念，赢得了社会的理解、认同和支持，有效整合和利用了社会资源，推动了社区建设，催生了非政府机构的社团组织诞生。第五，以提高改造质量为中心，综合应用多学科的理论和方法，积极探索科学的矫正方法。第六，推动了基层民主政治的发展，促进了我国人权的进步，有利于国际人权斗争，获得了良好的国际声誉。第七，降低了刑罚执行成本，节约了刑罚资源。一名社区矫正对象的年矫正经费仅为监狱服刑罪犯监管经费的1/10。①

在整体发展趋势上，我国社区矫正工作呈现出由东到西、由南到北、由经济发达地区向中等发达和不发达地区推进；由现代都市向农村地区发展的整体趋势，突出特点是力求探寻本土化的社区矫正工作的规律和模式，构建具有我国特色的社区矫正制度。

六、恢复性司法的探索

2002年10月，国际矫正与监狱协会年会召开，会议的主题是恢复性司法。大会提出，在确认犯罪者有罪的前提下，通过给那些与罪犯有直接关系的各方（被害人、犯罪者、社区）一个认清和表明他们各自需要的机会，实现一个可以治愈、修复、回归从而预防未来犯罪的解决办法。认为刑罚不是以简单的报应或教育为归趋，而是致力于犯罪人人格和社会角色的复归，致力于社会关系的修复。英国犯罪学家托尼·马歇尔认为：恢复性司法是由犯罪人、被害人及他们所在的社区共同参与，并与法定的犯罪问题处理机构之间保持着一种积极关系的一种处理问题的方式。犯罪行为实施前，加害者与被加害者、加害者与社区之间的关系是互动的、良性的；犯罪后，形成了对立。要更有效地处理由犯罪引起的刑事矛盾，恢复和谐、合作的社会关系，社会对犯罪的反应也应该是全面的、系统的，应通过恢复性司法的手段，恢

---

① 参见王顺安教授在2012年司法部和中国政法大学联合举办的“全国司法警官院校学科带头人、骨干教师培训班”上的讲课课件。

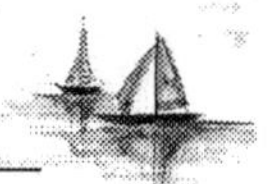

复原有的和谐状态。因此在行刑阶段,刑罚应立足于社会秩序的恢复、犯罪人人格的回归。应考虑如何使罪犯及早适应社会,并融入社区生活中。恢复性司法的最终目的是从内心唤醒犯罪人赔偿犯罪损害的责任感,恢复社会安宁的义务感,鼓励其忏悔,让犯罪人主动承担由于自己的犯罪行为而造成的损失,并以此得到受害者的理解和谅解,以有效地恢复社会秩序。可见,恢复性司法的目的不是消灭或预防犯罪,而是为了化解利益冲突引发的矛盾。

罪犯矫正契约化实践与恢复性司法在价值理念上有着深度的契合关系。这一制度是罪犯矫正契约化的典型模式,把矫正契约化的基本要素和精神实质完全融入罪犯矫正实践中。

由前所述,心理矫治、人性化管理、监狱定位的多元化、罪犯权利观、“囚权主义”理论、社区矫正制度、恢复性司法等构成了罪犯矫正契约化的政治生态环境体系。在罪犯矫正契约化的内在机理中,“以剥夺自由的刑罚惩罚,只限于剥夺或限制人身自由,将罪犯投入监狱就是刑罚惩罚的全部内涵。”①罪犯是行刑法律关系的主体,享有法定的权利,承担法定的义务;在改造或者矫正关系中,不再是单纯的、被动地接受改造或者矫正的对象,而是居于主体地位,是主动参与的主体。不仅要参与改造或者矫正决策,而且要与监狱管理者、监狱警察一起商讨、制订、选择、执行、修订矫正方案,并对矫正方案的信度和效度进行归纳、总结、概括和抽象化,反馈到矫正实践中。监狱制定的行刑规范,不仅要约束、规范罪犯的行为,更重要的是要规范监狱的行刑权力;监狱和监狱警察的行刑权是特定的职务行为,而对罪犯的改造或者矫正则是按照效率原则公平地提供服务的行为;在对罪犯管理活动中,改造或者矫正罪犯只是监狱警察的法定职责,而不是监狱警察必须有能力完成的任务;监狱的价值取向也呈现出多元化样态。所以,罪犯矫正契约化所突出展现的监狱与罪犯之间的矫正关系是建立在契约关系基础上的平等的权利义务关系,矫正内容是在平等协商基础上的相互约定,基本特质是平等、民主和公正。

罪犯矫正契约化是建立在“人权主义矫正论”基础之上的,主张“对罪犯的报应与惩罚是有限度的,应限于被拘禁在狱内而服从一定的监管纪律,除此之外,受刑人与其他公民一样,属于宪法上的主体,享受一切未被剥夺的人权与权利,包括追求个人幸福的权利。通过接受矫正回归一般社会,不再犯罪,不再将自己置于刑罚惩罚的地位与状态,就是囚犯追求个人幸福的内容之一。为此,国家应积极而无偿地为受刑人提供治疗等必要的矫正资源

① 夏苏平、狄小华:《循证矫正中国化研究》,江苏人民出版社,2013 年版,第 3 页。

与矫正平台"[①]。罪犯矫正契约化和传统的"守法公民"的改造目标相比，是要塑造现代社会所需要的"社会人""健康人"和"职业人"，它的内在精神实质体现在安全、秩序、法治、科学、效率、公平、民主、人权等现代精神，它所维护的是秩序之特质、法治之根基，科学之内核，民主之精华，人文之灵魂，公正之精神、效率之要义。

① 夏苏平、狄小华：《循证矫正中国化研究》，江苏人民出版社，2013 年版，第 43-44 页。

罪犯矫正契约化的基本体系

"契约论是检验法律和社会制度安排的一个规范性标准。"①从广义而言,罪犯矫正契约化包含三个层次:第一层次是罪犯矫正的假设契约和宏观契约,是社会公众对于罪犯矫正所形成的道德契约共识,是潜藏于社会公众之间的对于罪犯矫正的理性判断,或者是心理上、观念上的假设性协议。第二层次是罪犯矫正的真实契约和微观契约,比如罪犯社区矫正保证书,是关于罪犯社区矫正的承诺;罪犯帮教的社会帮教协议书,是社会参与罪犯矫正教育的协议。这些都是存在于罪犯矫正教育之间的实在契约。第三层次是潜在的心理契约。因此,罪犯矫正契约化模式和制度建构必须充分考虑这三个层次的问题。

一、以契约范畴为核心,重建罪犯契约矫正体系

矫正契约化模式建构的整体思路是建构主义的。"契约是一种重要的制度生成机制,有效的制度大都是契约实践的产物,制度变迁在很大程度上是在契约框架下演化而成的。"②罪犯矫正契约化制度建构是一个涉及诸多部门的系统工程,从监狱、社区矫正机构、矫正参与者等的理念培育,到具体的制度设计和实务运作,以及社会支持系统的构建等,都需要进行科学论证和经验积累,需要有完整的规章制度和规范规则做保障。罪犯矫正契约化制度建构的逻辑结构是"当事者双方基于共同的矫正目的,在监狱行刑的特定场所,按照平等、互惠的原则,签订具有双方权利与义务的规范性契约文

---

① 于立深:《公法哲学意义上的契约论》,2005 年吉林大学博士学位论文,第 110 页。

② 于立深:《公法哲学意义上的契约论》,2005 年吉林大学博士学位论文,第 117 页。

本,是以行刑目标为起点,以尊重信赖为前提,以自主承诺为核心,以互惠互助为纽带,以强制执行为保障的逻辑结构体系,从而有效地确保此契约实施的运行方式"①。罪犯矫正契约化本身既是意识、理念、思想观念、精神、信仰等意义上虚的、被泛化的一种隐喻,又是一种具有自我强制力、约束力和执行力的实在的、具体的制度。

(一)契约矫正理念

所谓理念,指的是指导或影响人们行为的思想意识和观念,即虚的契约,也称为假设契约,表现为契约的隐喻和契约方法论的应用。契约矫正理念,是指在罪犯矫正实践中,指导罪犯矫正契约化制度设计和契约矫正罪犯实际运作的理论基础和主导价值观,也是基于不同的价值观对罪犯契约矫正功能、性质和应然模式的系统思考。契约矫正的理念,既包含为罪犯矫正契约化提供系统的思想和理论支撑的基本理念,也包含为监狱警察提供支撑的显性或隐性的工作理念和契约化的专业理念,三者分别从宏观、微观和潜在层面支配着契约化的发展方向和效益。理念决定方向,理念指导行动。罪犯矫正契约化的推行和发展需要理念引领,契约矫正理念的发展趋势、价值取向是决定罪犯矫正契约化的主导因素,同时,也深刻影响着矫正工作者的行刑思维和价值选择。

在这里,罪犯契约矫正的基本理念应包括:一是以人为本的理念。以人为本就是要以人为中心,服务人的发展,突出人的价值。罪犯矫正契约化的终极目标指向是教育罪犯,改造罪犯,实现罪犯的全面回归社会。为此,罪犯矫正契约化的程序和方法应当维护罪犯的人格尊严。必须坚持以罪犯为主体。要把关心罪犯、理解罪犯、尊重罪犯、开发罪犯的潜能等思想观念贯穿于始终,致力于培养罪犯的自尊、自信、自爱、自立、自强等意识,要构建平等、关爱、助人自助的矫正模式。② 二是法治理念。契约之治乃是法治。契约矫正的理念首先必须坚持社会主义法治理念,这是罪犯矫正契约化最重要和最基础的理念。因此,在契约矫正理念的意蕴中,法律至上、善法之治、依法行刑是法治理念题中应有之义,公正执法和依法监督是法治理念在罪犯矫正契约化中的重要体现。三是权力理念。权力是指政治上的强制力量或职责范围内的支配力量。罪犯矫正契约化的权力构成矫正机构和矫正者对罪犯矫正契约化和罪犯的主要支配力量。由于权力的双刃性,所以在罪犯矫正契约化中必须树立正确的权力理念,用权必须合法、合理、适度,既不

---

① 博影长空的心灵小屋:《契约论视野下行刑个别化模式新探》,新浪博客,浏览时间:2013 年 7 月 3 日。博客网址:http://blog. sina. com. cn/qdj4063。

② 连春亮:《社区矫正工作者价值理念的分类及思考》,《南都学坛》,2009 年 5 期。

能滥用权力，以权代法，也不能惧怕责任，不敢用权，造成职务不作为。四是权利理念。权利指公民或法人依法行使的权利和享受的利益。权利的现代理念既包含在法治之中，又独立于法治之外。所谓包含其中是指权利的保护建立在法治基础上，没有法治，权利也无从谈起。所谓独立其外是指权利有独立的内容、运行方式以及不受任何非法侵犯的特点。在这里，主要是指罪犯的权利保障问题。罪犯处在社会环境和社会关系的弱者地位，因此保护罪犯的合法权利实际上也就是保护公民的合法权利。五是社会化理念。社会化理念是罪犯矫正契约化的价值追求之一。在罪犯矫正契约化中，通过社会公众和社会力量的广泛参与，拓展罪犯、监狱、社区矫正机构、矫正参与者与社会各部门、私人团体等的互动联系，塑造罪犯符合社会正常生活的信念和人格，促使其与社会发展保持同步，最终促成矫正对象顺利回归社会。

（二）罪犯矫正实的契约

罪犯矫正实的契约，是指罪犯矫正契约化在实然层面的外显形态。在这里主要是指具体矫正契约的程序和制度，大致可分为三个层次：一是以法律规范和法律制度为载体的罪犯矫正契约化制度，又分为矫正机构内部的操作规则，矫正机构之间、矫正机构和罪犯之间、矫正机构和其他参与者之间所必须订立的合作方式、契约内容、权利义务、责任承担范围等一系列的行为规范和法律制度。二是以行为规范和规则为载体的罪犯矫正契约化的程序规范。三是以合同、协议、约定等为载体的、由矫正契约化参与者合意所形成的契约矫正文书。对实的契约只有做出这样的类型化，才能使矫正机构和各种规章制度之间通过互相耦合形成契约矫正的不同层次和机制。“契约社会建立在强迫最小化和同意最大化基础之上，这意味着契约要求更多的信任而不是其他……契约信任的培养，就其自身而言，是一个重要的社会和政治之善。”①为此，罪犯矫正契约化体系的实质内容中，矫正契约化制度和矫正契约化的程序规范是固定的、具有强制性的矫正契约，是基于罪犯的法定身份而产生的，而契约矫正文书，包括罪犯矫正目标的设定、罪犯矫正内容的确定、罪犯矫正期限的确立、罪犯矫正方式的选择、当事人双方及第三方的权利义务、其他特别约定条款等主要条款才是由“合意”达成，前提是确保矫正机构整个行刑秩序的良性运行，目的是最大限度地提高罪犯的

① Damel J. Elazar, Recovenanting the American Polity, http://www.jcpa.org/dje/articlesz/recovampol.Htm.

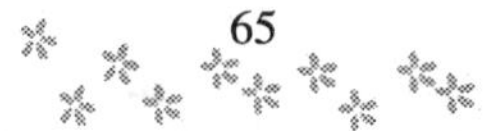

矫正教育积极性。①

（三）心理契约

心理契约是“个人将有所奉献与组织欲望有所获取之间，以及组织将针对个人期望收获而有所提供的一种配合”。它是美国著名管理心理学家施恩（E. H. Schein）提出的一个概念，有广义和狭义之分。广义的心理契约是指存在于组织和成员之间的一系列无形、内隐、不能书面化的期望，是在组织中各层级间、各成员间任何时候都广泛存在的没有正式书面规定的心理期望。狭义的心理契约是“员工以自己与组织的关系为前提，以承诺和感知为基础，自己和组织间彼此形成的责任和义务的各种信念”②。由此，可以看出，心理契约是存在于罪犯内心的“良心约定”，或者是一种“诚信保证”。罪犯矫正契约化的主体是罪犯，无论对于有形契约的严格履行，还是无形契约的内在激励，最关键的因素是罪犯主观能动性的发挥。只有罪犯对矫正的“心理契约”认可，才会具有履约的内在动力，否则，任何矫正措施和矫正项目都无法使罪犯得到真正改变。很明显，在罪犯矫正契约化框架内，心理契约不是一种可见的有形的契约形态，但是，对罪犯自我改变和自我成长的影响却远远大于有形的一纸契约。所以说，心理契约是不同于契约矫正理念和实的契约的一种独立的契约形态。它不仅具有罪犯对矫正契约化认知的主观性，也具有随监狱矫正环境、矫正内容、矫正项目、矫正措施等因素变化而变化的动态性。

从总体来看，罪犯矫正契约体系“兼有个别化契约与社会契约的一些特点，因此是两者的有机融合体。一方面它是依靠承诺与第三方监督实施的；另一方面契约的履行对双方及社会产生影响；另外此种契约构成了契约双方、第三者及国家、社会诸方面的一个和谐的统一体，是为了一个共同的契约目标而实施的契约方式”③。罪犯矫正契约体系开拓了罪犯矫正的领域，重构了罪犯行刑的理念，建构了全新的罪犯矫正模式。

二、以矫正参与者为核心的罪犯矫正契约化体系

（一）监狱矫正体系

以矫正参与者为核心的罪犯矫正契约化体系基于监狱的特性而建构，

---

① 博影长空的心灵小屋：《契约论视野下行刑个别化模式新探》，新浪博客，浏览时间：2013 年 7 月 3 日。博客网址：http://blog. sina. com. cn/qdj4063。

② 好搜百科，浏览网址：http://baike. haosou. com/doc/2184072-2310979. html。浏览时间：2015 年 3 月 16 日。

③ 博影长空的心灵小屋：《契约论视野下行刑个别化模式新探》，新浪博客，浏览时间：2013 年 7 月 3 日。博客网址：http://blog. sina. com. cn/qdj4063。

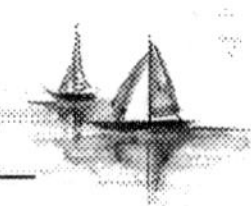

主要是指监狱管理部门、监狱矫正部门和罪犯，相应的协助部门有法院、检察院和社区矫正机构等。

监狱管理部门是指省监狱管理局的罪犯矫正教育部门，主要是指教育改造处、狱政管理处、刑罚执行处、生活卫生处、发展规划处等。教育改造处主要职责是：拟订全省监狱罪犯教育改造工作计划和管理制度并组织实施；负责罪犯教育资料的采购、编印和发放工作；负责罪犯的劳动技术等级考核评定和技术革新成果审核奖励工作；指导罪犯的政治、文化、技术教育和心理矫治工作；指导罪犯技术培训工作。

狱政管理处主要职责是：拟定全省监狱监所狱政管理、狱内侦查的制度和措施并组织实施；指导全系统枪支弹药的管理、警戒具的使用和武装看押、警戒工作；负责全省监狱系统现代化文明监狱、监区的创建工作；制定应急预案，处置狱内突发事件。

刑罚执行处主要职责是：指导、协调、检查、监督全省监狱减刑、假释和全省罪犯的申诉、控告、检举等工作；承办死缓、无期犯的减刑和死缓犯在缓刑二年执行期间故意犯罪案的呈报工作；指导、协调、承办全省罪犯保外就医工作；指导罪犯收押和释放工作；指导狱务公开工作。制定、审核全省监狱工作的规范性文件；监督检查相关法律法规、规章和政策的执行，审核相关刑罚执行工作，指导法制建设和行风建设，承办行政复议、应诉和赔偿工作；负责司法人权、政策法规的研究工作。

生活卫生处主要职责是：拟订全省监狱罪犯生活卫生工作计划、生活物资供应标准和管理制度并组织实施；指导全省监狱医院、卫生所业务工作和罪犯劳动保护、疾病防治、重大疫情预防及处理工作。

发展规划处主要职责是：编制监狱布局调整、中长期发展规划和基本建设项目年度计划；按规定管理监狱基本建设项目的立项、论证、审核报批、建设管理和竣工验收工作；协助实施监狱狱政设施维修改造项目管理；协助办理监管场所的建立、接收、撤并、移交工作。

监狱矫正部门主要是指设在监狱内部的教育改造科、狱政管理科、生活卫生科、刑罚执行科和狱内侦查科，以及各个监区的教育矫正主管部门。这些职能部门主要是矫正教育罪犯的具体实施者，工作职责相对比较繁杂。以教育科为例，其工作职责主要为：认真贯彻执行党的监狱工作方针政策和《监狱法》，依据《监狱法》及上级的教育改造工作部署认真组织实施各项教育改造，强化教育改造职能，不断探索、总结、提高教育改造的经验和成效，完成监狱对罪犯的教育改造工作任务；根据省局教育改造处的部署，紧密联系监狱实际，拟定思想、文化、技术教育的长期规划和年度大纲，开展全方位、多层次、多形式的教育工作，认真抓好组织实施；组织检查全狱教育基础工作的实施情况，审查教学计划，考核效果，抓好年度评比和年终总结评审工作，不断提高教学质量；切实掌握全狱罪犯的思想动态，及时收集罪犯的情况反映，加强针对性教育，化消极因素为积极因素，不断提高对顽固、危险犯的转化率；积极开展罪犯心理测试和心理咨询工作，进行心理矫治，建立罪犯心理档案，进行心理卫生及宣传活动，交流典型事例，指导监区开展心理矫治；紧扣时代脉搏，围绕监狱中心工作，充分利用报刊、电视、广播等新闻媒体进行辅助教育；加强监区文化建设，办好图书室、阅览室，开展多种形式的文体活动，促进罪犯积极改造；认真做好教育改造工作向前、向外、向后延伸工作；积极与有关部门和人士联系，争取和运用社会力量，建立健全各种教育改造网络，增加罪犯与社会的联结点，确保社会帮教覆盖面达到指标，充分调动罪犯的改造积极性；全面做好各类表彰会、座谈会的筹备工作和罪犯出监参观、离监探亲的组织工作；负责全狱改造质量调查工作，加强教育改造经验的交流；认真贯彻省监狱管理局制定的办法，实施考试奖惩，加强激励机制，提高罪犯学习文化、技术的自觉性和紧迫感；认真总结研究教育改造工作经验，搞好理论研究，努力探索新形势下教育改造工作的新方法、新途径，不断提高教育改造工作质量；拟定特殊学校的教学管理制度，坚持专款专用的原则，及时添置所需的各种文、教具，按时发放教员教学补贴；加强与有关教育、劳动部门联系，办理罪犯的文化毕业（结业）和技术等级证书，搞好监狱自学考试考点的管理和发展工作；负责罪犯刑满释放前的集中管理和出监教育，组织开展遵纪守法、时事政治、社会公德、婚姻家庭、社会经济发展等专项教育，进行适时的心理指导、政策指导和就业指导，并指导集训监区组织实施入监教育；督促检查全狱包干警察的"四知道（知道罪犯的基本情况、知道罪犯的犯罪情况、知道罪犯的家庭和社会关系情况、知道罪犯的改造表现情况）"掌握情况，落实"三包（包管、包教、包转化）"责任制和谈话教育等基础工作；负责邀请社会文艺团体、帮教组织到监演出、访谈、帮教，组织罪犯出监参观学校、企业单位，扩大罪犯与社会的接触面；完成监狱交办的其他临时工作任务。

监狱管理局的罪犯矫正部门和监狱矫正的相关科室、监区，共同组成了监狱矫正体系。

（二）社区矫正体系

社区矫正体系主要是指参与社区矫正工作的公安机关、法院、检察院、监狱、基层司法行政机关，以及其他社区矫正参与部门和参与者所形成的相互联结、相互依赖、相互配合的矫正体系。

1. 司法行政机关主要职责

组织相关部门和社区基层组织开展社区矫正工作，会同公安机关对社区服刑罪犯进行监督管理和考察，组织协调对社区服刑罪犯的矫正和帮助工作。司法所具体承担社区矫正的日常管理工作。

司法所的主要职责是：贯彻落实国家有关非监禁刑罚执行的法律、法规、规章和政策；依照有关规定，对社区服刑罪犯实施管理，会同公安机关对社区服刑罪犯进行监督考察；对社区服刑罪犯进行考核，根据考核结果实施奖惩；组织相关社会团体、民间组织和社区矫正工作志愿者，对矫正对象开展多种形式的教育，帮助社区服刑罪犯解决遇到的困难和问题；组织有劳动能力的社区服刑罪犯参加公益劳动；完成上级司法行政机关交办的其他有关工作。

2. 公安机关与社区矫正机构的协作

公安机关是对看守所、拘役所关押罪犯适用暂予监外执行的决定机关。依照《刑法》《刑事诉讼法》《监狱法》等法律法规的规定，公安机关的看守所、拘役所对一部分判处有期徒刑和拘役的罪犯实施关押和改造，依据修订后的《刑事诉讼法》第 254 条的规定，对于符合暂予监外执行条件的罪犯，公安机关有权决定是否批准暂予监外执行。

对于适用社区矫正的罪犯，公安机关应当核实其居住地，在其离开看守所之前，书面告知其到居住地县级司法行政机关报到的时间期限以及逾期报到的后果，并通知居住地县级司法行政机关；在判决、裁定生效起三个工作日内，送达判决书、裁定书、决定书、执行通知书、假释证明书副本等法律文书，同时抄送其居住地县级人民检察院和公安机关。县级司法行政机关收到法律文书后，应当在三个工作日内送达回执。

对由看守所假释的罪犯的衔接，根据《刑法》第 81 条的规定，对由看守所假释的罪犯，公安机关应按照规定及时和司法行政机关进行衔接和移交。

暂予监外执行的罪犯，由交付执行的看守所将其押送至居住地，与县级司法行政机关办理交接手续。罪犯服刑地与居住地不在同一省、自治区、直辖市，需要回居住地暂予监外执行的，服刑地的省级公安机关监所管理部门应当书面通知罪犯居住地的同级公安机关监所管理部门，指定一看守所接收罪犯档案，负责办理罪犯收监、释放等手续。

依据修订后的《刑事诉讼法》第 254 条的规定，对被判处管制、宣告缓刑、假释或者暂予监外执行的罪犯，依法实行社区矫正，由社区矫正机构负责执行。由此，司法行政机关的社区矫正机构拥有对社区服刑罪犯的社区矫正执行权。① 最高人民法院、最高人民检察院、公安部、司法部联合制定的

① 这一执行权是否包括行刑权，法律规定不是很明确，只能等待进一步的司法解释。我们理解应该包括行刑权。但是，如何界定社区矫正机构，法律并没有明确规定。

《社区矫正实施办法》第2条第4款规定:"公安机关对违反治安管理规定和重新犯罪的社区矫正人员及时依法处理。"这是对公安机关在社区矫正中职权的明确界定。第24条规定:"社区矫正人员违反监督管理规定或者人民法院禁止令,依法应予治安管理处罚的,县级司法行政机关应当及时提请同级公安机关依法给予处罚。公安机关应当将处理结果通知县级司法行政机关。"

对矫正对象收监和收监协助。依据《社区矫正实施办法》第27条第1款规定:"人民法院裁定撤销缓刑、假释或者对暂予监外执行罪犯决定收监执行的,居住地县级司法行政机关应当及时将罪犯送交监狱或者看守所,公安机关予以协助。"第3款规定:"公安机关对暂予监外执行罪犯决定收监执行的,由罪犯居住地看守所将罪犯收监执行。"暂予监外执行的社区服刑罪犯刑期届满的,由看守所依法为其办理刑满释放手续。

3. 法院与社区矫正机构的协作

法院是对社区服刑罪犯实施社区矫正的主要决定机关。依照《刑法》《刑事诉讼法》《监狱法》等法律法规的规定,法院对犯罪分子依法判处管制或宣告缓刑,裁定假释或决定暂予监外执行。最高人民法院、最高人民检察院、公安部、司法部联合制定的《社区矫正实施办法》第2条第2款规定:"人民法院对符合社区矫正适用条件的被告人、罪犯依法作出判决、裁定或者决定。"

(1)法院对拟适用社区矫正对象的调查。法院对拟适用社区矫正的罪犯,可以直接调查,对被告人或者罪犯的居所情况、家庭和社会关系、一贯表现、犯罪行为的后果和影响、居住地村(居)民委员会和被害人意见、拟禁止的事项等进行调查了解,形成评估意见。也可以委托调查。《社区矫正实施办法》第4条规定:"人民法院……对拟适用社区矫正的被告人、罪犯,需要调查其对所居住社区影响的,可以委托县级司法行政机关进行调查评估。"

(2)法院与社区矫正机构的衔接。对于适用社区矫正的罪犯,人民法院应当核实其居住地,在向其宣判时,书面告知其到居住地县级司法行政机关报到的时间期限以及逾期报到的后果,并通知居住地县级司法行政机关;在判决、裁定生效起三个工作日内,送达判决书、裁定书、决定书、执行通知书等法律文书,同时抄送其居住地县级人民检察院和公安机关。人民法院决定暂予监外执行的,应当通知其居住地县级司法行政机关派员到庭办理交接手续。

(3)法院对社区矫正对象的收监协作。依据《社区矫正实施办法》第25条规定,人民法院可以裁定撤销矫正对象的缓刑和假释,对暂予监外执行罪犯决定收监执行。

(4)法院对社区矫正对象刑事奖励的协作。依据《社区矫正实施办法》第28条规定,社区服刑罪犯符合法定减刑条件的,由居住地县级司法行政机关提出减刑建议书并附相关证明材料,经地(市)级司法行政机关审核同意后提请社区服刑罪犯居住地的中级人民法院裁定。人民法院裁定减刑。

4、监狱机关与社区矫正机构的协作

监狱管理机关是对监狱关押罪犯适用暂予监外执行的决定机关。依据修订后的《刑事诉讼法》第254条的规定,对于符合暂予监外执行条件的罪犯,监狱机关有权决定是否批准暂予监外执行。

(1)监狱与社区矫正机构的衔接。监狱对拟适用社区矫正的罪犯,可以委托县级司法行政机关进行调查评估。对于适用社区矫正的罪犯,监狱应当核实其居住地,在其离开监所之前,书面告知其到居住地县级司法行政机关报到的时间期限以及逾期报到的后果,并通知居住地县级司法行政机关;在判决、裁定生效起三个工作日内,送达判决书、裁定书、决定书、执行通知书、假释证明书副本等法律文书,同时抄送其居住地县级人民检察院和公安机关。暂予监外执行的社区矫正人员,由交付执行的监狱将其押送至居住地,与县级司法行政机关办理交接手续。罪犯服刑地与居住地不在同一省、自治区、直辖市,需要回居住地暂予监外执行的,服刑地的省级监狱管理机关应当书面通知罪犯居住地的同级监狱管理机关,指定一所监狱接收罪犯档案,负责办理罪犯收监、释放等手续。

(2)对社区服刑罪犯收监的协作。人民法院裁定撤销缓刑、假释或者对暂予监外执行罪犯决定收监执行的,居住地县级司法行政机关应当及时将罪犯送交监狱。监狱管理机关对暂予监外执行罪犯决定收监执行的,监狱应当立即赴羁押地将罪犯收监执行。暂予监外执行的社区服刑罪犯刑期届满的,由监狱依法为其办理刑满释放手续。

5.其他机构的协作

在我国社区矫正工作的具体操作中,其他机构也从不同的角度参与到社区矫正工作中。这些机构主要如下①:

(1)民政部门。民政部门需要对家庭特别困难的社区服刑罪犯开展救济等工作。同时,民政部门还要解决非政府社区矫正组织和团体成立时的登记注册问题,为完善社区矫正的组织体系开展工作。

(2)人力资源与社会保障部门。人力资源与社会保障部门需要解决社区服刑罪犯在社会保障、职业技能培训、劳动报酬支付、劳动争议解决等方

① 吴宗宪:《论中国社区矫正中服刑人员处遇的协调与参与机构》,《法律适用》,2005年第10期。

面的问题，还要在推荐社区服刑罪犯就业方面开展工作。

(3)卫生部门。卫生部门需要解决社区服刑罪犯的卫生防疫、疾病治疗等方面的问题。

(4)教育部门。教育部门需要解决社区服刑罪犯的学历教育和其他教育等方面的问题，特别是要解决从监狱中释放的符合条件的假释犯的就学等问题，还需要解决对社区服刑罪犯进行文化教育和职业技能培训中的质量监督等问题。

(5)工商行政管理部门。工商行政管理部门在社区矫正中要从事多方面的工作，例如，为社区服刑罪犯从事工商活动颁发营业执照，监督他们开展合法的经营活动；为非政府性社区矫正组织和团体开展经营性活动提供证照，对经营活动进行日常监督和年度审核等工作。

总之，在社区矫正适用过程中，司法行政机关负责指导管理、组织实施社区矫正工作；人民法院对符合社区矫正适用条件的被告人、罪犯依法做出判决、裁定或者决定；人民检察院对社区矫正各执法环节依法实行法律监督；公安机关对违法治安管理规定和重新犯罪的社区服刑罪犯及时依法处理。

6. 法院、检察院、公安机关、司法机关在社区矫正工作中的衔接配合

2016 年最高人民法院、最高人民检察院、公安部、司法部联合下发了《关于进一步加强社区矫正工作衔接配合管理的意见》(以下简称《意见》)，对法院、检察院、公安机关、司法机关在社区矫正工作中的衔接配合问题，进一步做出了详细的规定，主要内容包括[①]：

(1)细化了社区矫正适用前调查评估的相互配合衔接问题。主要是针对调查评估活动存在启动程序随意性较大、期限不明确、社区矫正执行地确定难、检察机关监督介入难等问题，明确了四个方面：一是明确了对罪犯提请假释的，应当进行调查评估；二是明确了对拟适用社区矫正的被告人或者罪犯，裁定或者决定机关应当核实其居住地；三是明确了委托调查应附带的相关材料、委托调查函内容和送达方式、调查评估期限等要求；四是明确了法院决定暂予监外执行征求检察院意见时，应当附罪犯的病情诊断、妊娠检查或者生活不能自理的鉴别意见等有关材料。

(2)规定了社区矫正执行中漏管的相互配合衔接问题。主要是针对社区服刑人员漏管发生在社区矫正的交付执行环节，其原因比较复杂，既有相关部门交付接收法律文书、社区服刑人员衔接脱节等履行责任不到位的问

---

① 依据徐盈雁 2016 年 9 月 29 日发表于《检察日报》的文章《“两高”“两部”联合“再诊”社区矫正，深意何在?》内容整理。

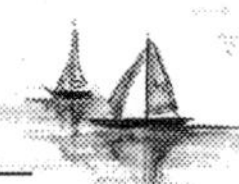

题,也有社区服刑人员逃避监管的问题。规定指出:一是对《社区矫正实施办法》中有关社区服刑人员交付接收的内容做了细化和补充,明确了社区服刑人员交付接收中“见人不见档”“见档不见人”两种衔接脱节情形的处置措施。二是明确了漏管的概念,统一了对社区服刑人员漏管的认定标准。三是明确了发现社区服刑人员漏管之后社区矫正机构、司法行政机关等有关部门应采取的处置措施,以及对社区服刑人员不按时报到导致漏管的处罚责任。四是明确了检察院对社区矫正交付接收活动加强法律监督,依法提出纠正意见的6 种情形,并以此进一步体现了对法院、公安机关、司法行政机关依法交付执行、密切工作衔接配合的具体要求。

(3)规定了社区矫正执行中脱管的相互配合衔接问题。针对社区服刑人员脱管发生在社区矫正的监督管理环节,其原因主要是社区服刑人员主动脱离监管造成的,由此也可能发现社区矫正机构、司法行政机关工作中存在的一些问题。规定指出:一是明确了脱管的概念,统一了对社区服刑人员脱管的认定标准。二是明确了发现社区服刑人员脱管之后社区矫正机构、司法行政机关等有关部门应采取的处置措施,以及对社区服刑人员脱管的处罚责任。三是明确了检察院对社区矫正监督管理活动加强法律监督,依法提出纠正意见的4 种情形,进一步体现了对社区矫正机构、司法行政机关依法履行监督管理职责的具体要求。四是对法院、检察院、公安机关、司法行政机关完善工作机制、定期情况通报、核对数据、推动网上信息互联互通提出了要求,强调了对社区服刑人员采用电子定位方式实施监督,应当采用相应技术,防止发生人机分离,提高监督管理的有效性和安全性。五是明确了社区服刑人员被依法决定行政拘留、司法拘留、收容教育、强制隔离戒毒等或者因涉嫌犯新罪、发现判决宣告前还有其他罪没有判决被采取强制措施的,决定机关应当自做出决定之日起3 日内将有关情况通知居住地县级司法行政机关和检察院。

(4)对社区矫正收监执行的相互配合衔接做出补充规定。主要是针对社区矫正人员进行收监执行属于刑罚变更执行的范畴,是实践中容易滋生腐败、产生执法司法不公问题的重点环节,社会普遍关注。由于相关规定不够明确、具体,收监执行实践中存在的一些问题需要解决。

一是进一步明确了收监执行的程序,以及法院、公安机关、监狱、社区矫正机构的职责和要求。《意见》对现有法律法规和《社区矫正实施办法》关于对社区服刑人员收监执行的内容做了补充规定,重点明确了社区服刑人员因违反监督管理规定被撤销缓刑、撤销假释或者暂予监外执行被决定收监执行的,应当本着就近、便利、安全的原则,送交其居住地所属的省(区、市)的看守所、监狱执行刑罚,规范了需要移交的法律文书,解决了异地收监执行需要跨省市押送的难题。

二是明确了被裁定、决定收监的社区服刑人员在逃的，由居住地县级公安机关负责追捕，并且明确了收监执行裁定书、决定书可以作为公安机关网上追逃依据，解决了这个长期困扰收监执行活动的老大难问题。

三是明确了对于被裁定、决定收监但同时又被处以行政拘留、司法拘留、强制隔离戒毒的社区服刑人员，应当依法收监执行刑罚。

四是明确了检察院对社区矫正收监执行活动加强法律监督，依法提出纠正意见的6种情形，并以此进一步体现了对法院、公安机关、司法行政机关、监狱、看守所等在收监执行活动中依法履行职责的具体要求。

特别是《意见》以较大篇幅明确了检察院参与社区矫正、加强法律监督的具体内容，有利于检察院与法院、公安机关、司法行政机关分工负责、各司其职、互相配合，对检察机关依法履行职责，全面开展社区矫正法律监督工作具有重要意义。

这样，就形成了人民法院、人民检察院、公安机关、司法行政机关在工作机制、工作机构、工作人员等方面的各司其职、分工合作工作体系。

(三)社会支持体系

罪犯矫正的社会支持体系是指为开展罪犯矫正契约化和实现罪犯矫正契约化目标提供支持的各类相互联系和相互作用的构成要素或子系统的总和。

罪犯矫正契约化的社会支持体系对于罪犯矫正工作而言，是主观接受和客观提供的双向互动过程，它是矫正机构主观接受社会支持和社会支持系统对罪犯矫正工作客观提供支持的互动和促进，罪犯矫正契约化在寻求支持时，不是单纯地被动接受，而是主动地拓展过程。主要包括：一是提供社会舆论支持的社会媒体。二是承担罪犯矫正协助职能的相关政府机构、企事业单位。三是社会资源中的组织资源、人力资源、物质资源和财力资源。在这里，主要指社会人力资源中的社会团体、民间组织、社会志愿者等。四是提供社会保障和救济的组织，主要是为罪犯提供社会保险、社会救济和社会福利等。五是以婚姻和血缘关系为基础的社会单位，包括父母、子女和其他共同生活的亲属。

(四)罪犯

这里的罪犯包括在监狱服刑的罪犯和在社区矫正的罪犯，是矫正契约化的另一方主体，同时也是被矫正教育的对象。

三、以制度安排为核心的罪犯矫正契约化体系

以制度安排为核心的罪犯矫正契约化体系是“社会的基本结构，是一种

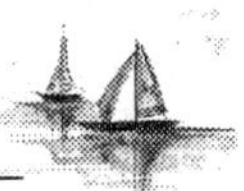

合作体系中的主要的社会制度安排"①,包括以契约为指导的监狱矫正制度和社区矫正制度。

(一)契约式的监狱制度安排

目前,我国监狱已经有了一整套完善的制度体系,但是,这些制度在制定过程中都是监狱管理者单方制定的具有强制力的制度,罪犯是无条件服从的执行者。在实际执行中所出现的社会困境在于由于缺少了罪犯的参与,不能够有效发挥罪犯的主观能动性,制度执行的效率大打折扣。因此,除了国家法律和法规之外,监狱管理者在制定监狱的具体制度时,应融入契约理论中关于主体性、平等性、互惠性、效率性等理念,充分吸纳罪犯参与其中,广泛征求罪犯的意见,求得罪犯的认同,特别是与罪犯的矫正教育密切相关的制度,罪犯的参与和认可,会大大提高制度的效率。笔者认为,从广义上讲,可根据制度的性质来决定罪犯参与的程度。一是立法机关和监狱上级部门制定的法律法规、行政规章和规则等,这是以刑罚强制力为主体的,具有法律法规特征的制度,罪犯只具有主观认可和承诺遵守的义务,以免受违反制度规范的惩罚。其中主要是刑务处理制度包括收押制度、释放制度、减刑制度、假释制度、暂予监外执行制度等。二是监狱管理的具体制度。主要有狱政管理制度中的分类调查制度、累进处遇制度、行为规范制度、考核奖惩制度等;教育管理制度中的心理咨询制度、心理矫治制度、学习制度、社会帮教制度等;劳动管理制度和生活卫生制度等。这类制度完全可以采取平等协商的方式,在罪犯自觉自愿的基础上,相互达成由监狱监督罪犯遵守规范的共识,同时享有相应的权利。此时,监狱及监狱警察是监督管理者,而罪犯是具体承诺践行者,也就是我们所说的矫正教育的对象。三是关于监狱的组织和机构的制度规范。如行刑监督制度、财务保障制度、监狱内部的组织制度,以及罪犯所属的监区、班组,劳动的分工形式,参加学习的班级等。这些制度规范,对于罪犯来说是有限的参与者。四是表征规则特征的、凝固的制度形态,如表征监狱囚犯的囚服、发型、高墙、电网、监控设施等各种具有特定符号效应的标志。这些制度规范基本不属于罪犯矫正契约化所参与的范围。

契约式的监狱制度安排包括程序和实体两个方面,在很多制度设定中,是由程序和实体共同构成的混合体。以罪犯累进处遇制度为例,在实体方面累进处遇的内容,不同管理级别的罪犯享有不同的待遇,其内容体系包括:一是明确罪犯的基本待遇。根据《监狱法》等相关法律法规及联合国《囚

① 【美】罗尔斯:《正义论》,何怀宏等译,中国社会科学出版社,1988 年版,第 50 页。

犯待遇最低限度标准规则》的相关内容,罪犯服刑期间的基本待遇应当包括获取基本生存资料的待遇、获得有效医疗卫生保障的待遇、保证基本休息的待遇等。这些待遇是累进处遇制度的否定性条件,被严格排除在管理级别处遇内容之外。二是级别待遇,即可按照管理级别分别享有的待遇。内容有:①活动区域,主要是指根据分级处遇的结果确定不同级别罪犯可以活动的范围,如对于处遇等级最严厉的罪犯将其活动范围严格限制在监室和劳动场所之内,而对于处遇级别最宽松的罪犯则可以从事部分监外活动和劳动。②通信会见的次数。对于不同等级的罪犯设定其一定期限内可以通信和会见的次数,通过这一机制激励罪犯积极改造。③从事文体活动的待遇,对于不同级别的罪犯划定其参与文体活动的次数和范围,这对其无疑具有很强的激励作用。④接受物品,在分级处遇过程中可以适当放宽处于等级较宽的罪犯在接受物品方面的限制。

罪犯累进处遇制度在程序方面包括:一是罪犯累进处遇制度的启动程序。首先要明确罪犯累进处遇制度启动的主体。依照职权启动与申请启动并重原则,罪犯累进处遇制度的启动主体包括罪犯和监狱两类。罪犯认为根据自身的表现,应当被划分到更为宽松的处遇等级时,可以通过自主的程序启动申请权提出变更处遇请求。监狱累进处遇启动权是作为矫正机关的一项职权,当罪犯符合某一处遇级别时,监狱即可依职权启动分级程序。其次是合理确定累进处遇制度启动的时间。针对罪犯在服刑期间的不同阶段,可以将累进处遇制度的程序启动时间进行划分。再次是规范累进处遇制度启动的方式。一般是以书面申请为主,口头申请为辅。为保证罪犯分级处遇制度运转的规范化,在启动方式上应当要求以书面形式为必备的形式要件。对于罪犯提出的启动申请原则上应采取书面形式,但对于不具备书写能力的申请人可以由其口头向相关矫正人员表述启动意愿,由相关工作人员做出笔录,并交由申请人签字或捺手印确认。对于监狱启动的分级处遇程序则必须采取书面形式,并登记在案,以备后查。二是罪犯累进处遇制度的决定程序。累进处遇程序启动后,监狱作为主管机关是累进处遇制度的决定机关,对罪犯的申请进行书面审查,同时进行调查询问,最后决定罪犯累进处遇的档次。将决定结论以决定书的形式向罪犯送达,并向全体罪犯公开,在决定书中应当明确指出做出该决定的理由和依据,便于全体罪犯的监督。该决定书自做出之日便发生效力,监狱应当根据该决定书所做出的决定对罪犯处以相应的处遇等级。

(二)契约式的社区矫正制度安排

社区矫正的应有之义即在很大程度上体现了罪犯矫正的契约观念,所以,在社区矫正的制度安排上需要进一步深化契约化思想和观念,使社区矫正制度充分显现契约化特色。归纳起来看,这些制度包括五大类:一是具有行刑制度属性的缓刑制度、管制制度、拘役制度、假释制度和收监制度等。二是社区矫正调查制度,包括缓刑前调查、管制刑调查、假释前调查、暂予监外执行前调查、社区矫正风险调查与评估等。三是社区矫正工作制度,这类制度安排主要针对社区矫正工作,包括接收制度、工作例会制度、联席会议制度、请示报告制度、教育培训制度、责任追究制度、矫正解除制度。四是社区矫正管理制度,主要是针对罪犯的制度安排,包括累进处遇制度、分管分矫制度、归假制度、亲属担保制度、监督评估制度、考核奖惩制度、定期走访制度、信息收集反馈制度、学习制度、档案管理制度、社区服务制度等。五是社区矫正救济制度,这是针对罪犯的社会救济制度,包括社区扶助制度、法律援助制度、社会保障制度和申诉、控告、检举制度等。

从总体来看,罪犯矫正契约体系"兼有个别化契约与社会契约的一些特点,因此是两者的有机融合体。一方面它是依靠承诺与第三方监督实施的;另一方面契约的履行对双方及社会产生影响;另外此种契约构成了契约双方、第三者及国家、社会诸方面的一个和谐的统一体,是为了一个共同的契约目标而实施的契约方式"[①]。罪犯矫正契约体系开拓了罪犯矫正的领域,重构了罪犯行刑的理念,建构了全新的罪犯契约矫正模式。

---

① 博影长空的心灵小屋:《契约论视野下行刑个别化模式新探》,新浪博客,浏览时间:2013 年 7 月 3 日。博客网址:http://blog. sina. com. cn/qdj4063。

罪犯矫正契约化模式

一、以契约治理理论为导向，构建罪犯矫正契约化模式

（一）基本理论依据

罪犯矫正契约化模式有两个基本的理论依据：契约治理理论和公共社会治理理论。两种理论在罪犯矫正教育中的应用，共同构成了罪犯矫正契约化模式的理论框架。

社会契约理论认为，一个政治和社会秩序实际上包含社会契约和政府契约两类契约。社会契约是指一个自然群体中的每一单个成员依照某种共同的社会意愿而结成一个有组织的社会群体，即自然的人结成一个共同认可的社会。政府契约是指国家是由统治者和社会成员之间达成的某种合约。社会契约理论把自由与公正作为人类对于理想社会价值追求的基本目标。①

1. 罪犯矫正契约化模式是以契约治理理论为基础的

契约治理理论对于罪犯矫正契约化的意义如下：

（1）在罪犯矫正教育领域倡导契约精神。契约精神包含平等观念、自由合意的观念、合作互助的观念、权利观念等。平等观念强调契约的缔结是以主体地位平等为前提的；自由合意的观念突出契约以合意为基础，是主体之间通过自由意志达成的合意；合作互助的观念要求缔约方履行应尽义务承担责任，在一方履约困难时另一方提供帮助；权利观念倡导各主体拥有相应

---

① 梁华：《契约治理——城市公共服务供给新模式》，东北大学 2006 年硕士论文，第 21 页。

的权利,互相制约,地位平等。① 这些观念促使罪犯矫正教育由统治方式向治理方式转变。传统罪犯矫正教育以政治统治、政治教化和单一集权为特征,矫正机关的权力运用是自上而下一体化的;现代罪犯矫正教育所倡导的理念强调权力分散,强调国家与社会、政府与非政府、公共机构与私人机构之间的合作,是一个上下互动的矫正教育过程。这有利于罪犯矫正教育由行政主导的单一方式向契约约束的多方参与范式的转变。

(2)契约方式产生高效率。罪犯矫正契约是建立在矫正机构、矫正者、罪犯、参与者等缔约各方相互间合意的基础之上的,并且通过契约方式对缔约各方的权力(权利)与义务做了明确的规定,同时,契约内容本身也是缔约各方真实意思的表达,对契约的遵守符合其缔约各方的愿望和利益要求。这样,虽然罪犯矫正缔约各方在达成契约的过程中付出了缔约成本,但相对于矫正机构单一的强制罪犯服从的成本而言,由于它获得了罪犯、矫正机构、矫正者、参与者等各方的认同、自愿服从,收益还是远远大于投入的。因此,运用契约方式矫正教育罪犯能够降低服务成本,提高服务效率,优化服务质量。

(3)契约主义在刑事司法领域的渗透和兴起。刑事契约化或刑事契约主义进入我国刑事司法领域,成为我国刑事司法领域改革的一种新的研究途径或理论。试图在一种理论化的形态模式下,构建一个纯粹的刑事契约制度。司法部门通过刑事契约,来解决所谓公法领域的刑事纠纷,根据这些刑事契约,司法部门、刑事当事人和其他参与人共同对犯罪问题进行协商,让犯罪者承担责任,达成合意,以求被犯罪所破坏的社会关系的恢复。其中,最为典型的就是构建以刑事和解、辩诉交易、恢复性司法等为代表的刑事契约制度。而刑事契约在罪犯矫正教育领域的应用,突出表现为罪犯矫正契约化。

2. 罪犯矫正契约化模式是以公共社会治理理念为前提的

治理是各种公共的机构或私人和机构管理其共同事务的诸多方式的总和。它是使相互冲突的或不同的利益得以调和并且采取联合行动的持续的过程。这既包括有权迫使人们服从的正式制度和规则,也包括各种人们同意或以为符合其利益的非正式的制度安排。突出地表现为四个特征:①治理不是一整套规则,也不是一种活动,而是一个过程;②治理过程的基础不是控制,而是协调;③治理不仅涉及公共部门,也包括私人部门;④治理不是

① 梁华:《契约治理——城市公共服务供给新模式》,东北大学 2006 年硕士论文,第 29 页。

一种正式的制度,而是持续的互动。① 由此,我们可以看出,公共社会治理理念应用于罪犯矫正契约化的价值如下:

(1)罪犯矫正契约化制度安排的层次建构,也就是合理配置罪犯矫正教育过程的"治理结构"。通过罪犯矫正契约化的制度安排,使参与治理过程的矫正机构、矫正者和矫正参与者等各个主体之间分工明确、权责清晰。通过社会相关主体的广泛参与,培育社会问题的"合作治理"的观念。

(2)手段技术层次。这是从罪犯矫正的技术层面进行的契约化安排。随着现代罪犯矫正教育的发展,在多学科矫正理论的指导下,诸如心理治疗、心理咨询、循证矫正、风险评估等现代先进技术被应用于罪犯矫正之中,罪犯矫正呈现百花齐放的态势。罪犯矫正契约化就是通过"契约"这个载体,将社会的技术资源引入罪犯矫正教育领域,也就是有效克服矫正机构手段技术资源严重匮乏的问题,使罪犯矫正"治理工具"多元化。正如欧文·休斯指出政府的工具是政府的作用方式,以及政府行动时的机制。② 相应地,治理工具就是参与治理的各个主体为了实现治理目标而采取的行动策略或方式。③ 正如胡德所说:有效性并不是唯一的追求目标,理想结果的取得必须以最小的代价取得。④

(3)治理主体的多元化。当代罪犯的矫正教育问题是一个充满复杂性、动态性和多元性的问题,政府已经无法成为唯一的管理者或治理者,因此,在公共社会治理理论语境下,监狱和社区矫正机构是社会的公共部门,除了政府之外,作为社会公共资源的社会团体、民间组织、公民个人等,都可以成为罪犯治理的主体。事实上政府也必须依靠社会公众、企业、社会团体、社会组织、民间组织和机构、非营利性组织等共同治理和共同管理。因此,治理的主体既可以是公共机构,也可以是私人机构,还可以是公共机构和私人机构的合作。⑤ 多方参与主体,各有自己的利益诉求,相互之间的合作必然产生矛盾和冲突,而要规范多方参与主体,合意、自愿、共同意思表示就是社会治理的"公约数"。

综上所述,现代罪犯的管理和治理是国家专门机关与公民社会的合作、

---

① World Bank. World Development Report. dratf,1992.

② Owen E. Hughes. public Management and Administration. Macmillan Education Australia Pty Ltd,1998:84.

③ 【美】戴维·奥斯本、特德·布勒:《企业精神如何改变着公共部门》,上海译文出版社,1996 年第 16 页。

④ Christopher C. Hood. The Tools of Government the Macmillanpress Ltd,1983:133.

⑤ 梁华:《契约治理——城市公共服务供给新模式》,东北大学 2006 年硕士论文,第 27-28 页。

政府与非政府组织的合作、公共机构与私人机构的合作、罪犯与监狱的合作、强制与自愿的合作。这些众多行动者组成了一个关系网络，形成一种合作伙伴关系。[①] 这种“合作伙伴关系”的表现形式就是罪犯矫正契约化模式。

（二）契约与罪犯矫正教育的内在契合点

契约治理秉承当代治理理论的精神，即体现为契约观念和效率精神。[②] 就治理理论中契约观念而言，一方面要求矫正机构和矫正教育者深入地参与到监狱的各种事务中，另一方面又要求矫正教育者改变罪犯矫正观念，矫正机构改变原有的职能和方式，这样就出现了充满着契约精神的现代矫正教育模式。契约观念意味着矫正机构的矫正教育者在罪犯矫正教育过程中不仅仅是以权威的身份参与，而且还要以与其他团体、公民平等的身份参与，与参与各方协商合作，共同矫正教育罪犯。罪犯矫正契约，特别是罪犯矫正契约安排机制在罪犯矫正教育领域，具有三个方面的优势，即有利于权利与义务的平衡、有利于效率与公平的统一、有利于自由与秩序的结合，能够为罪犯矫正教育提供更合理的途径，符合罪犯矫正教育的追求价值，满足有效矫正教育的机制要求。[③] 因此，罪犯矫正契约化模式是指在罪犯矫正教育专业化、社会化的背景下，在罪犯矫正教育主体多元化的基础上，结合罪犯矫正教育领域对罪犯矫正与管理的世界行刑的发展趋势，通过契约安排形成一种能够使罪犯矫正教育参与者“谋取利益、显示偏好、交换评价、配置权利，强调效率、法治、责任的治理机制”[④]。

二、罪犯矫正契约化模式的内在品性

对于罪犯矫正契约化模式的性质，从不同的侧面可以给出不同的界定，但是，真正能够体现罪犯矫正契约化本质属性的要素是体制、机制和主体。

（1）罪犯矫正契约化模式是一种“契约-服务”体制。在这一体制中，矫正机构、矫正者和其他矫正参与者是罪犯矫正教育资源的提供者和服务者，罪犯是矫正教育服务的需求者，而罪犯矫正教育过程是罪犯、矫正机构、矫

---

① 梁华:《契约治理——城市公共服务供给新模式》，东北大学 2006 年硕士论文，第 28 页。

② 李风华:《治理理论:渊源、精神及其适用性》，湖南师范大学学报，2003 年第 9 期。

③ 梁华:《契约治理——城市公共服务供给新模式》，东北大学 2006 年硕士论文，第 23 页。

④ 梁华:《契约治理——城市公共服务供给新模式》，东北大学 2006 年硕士论文，第 23 页。

正者、参与者相互合作的过程。矫正契约成为罪犯矫正教育的轴心，对契约化过程起到安排作用，居于突出地位，是整个过程的桥梁和中介。通过矫正契约优化组合，促成罪犯、矫正者、矫正机构等各方参与者之间建立起制度结构性契约关系，从而实现罪犯矫正教育的有效实现。

(2)罪犯矫正契约化模式是一种契约性整合机制。它既是对参与各方竞争与合作的整合，也是对在罪犯矫正教育过程中罪犯、矫正机构、矫正者及其他参与者相互之间“各方谋取利益、显示偏好、交换评价、强调效率、法治、责任最终达到治理目的的一种整合机制”。①归根到底，是对社会矫正教育资源的优化、整合和配置，是以“一纸契约”把社会矫正教育资源组合在罪犯矫正框架内，唤起社会对罪犯犯罪和改造问题的关注、关心，更重要的是使社会成员承担起治理犯罪问题的社会责任，使罪犯矫正教育由政府的单一责任成为社会的共同责任。

(3)罪犯矫正契约化模式是一种多元中心主体秩序。如果将罪犯矫正教育的“供给与需求关系”理解为一种契约关系，那么，罪犯矫正教育者的目标函数必然通过契约安排直接影响罪犯矫正教育参与者的行为模式。如果罪犯矫正教育活动中的罪犯、矫正机构、矫正者及其他参与者相互之间可以签约，在服务需求间相互调适，取长补短，互通有无，就能实现各方的利益，提高罪犯矫正教育的效率，那么，整个罪犯矫正教育就会呈现一种高效的“多元中心秩序”②。这不仅是我们矫正教育罪犯的价值追求，也是适应我国现代社会多元结构形态的现实选择。

三、罪犯矫正契约化模式的外显特征

在罪犯矫正教育活动中，其实施的过程是罪犯、矫正机构、矫正者以及其他参与者之间的合作过程，而合作的内部结构是依照由合意达成的契约来组织和协调的，这样就形成了相互连接的一定的网络结构。其中，罪犯矫正教育的契约观念反映了作为具有契约人特性的罪犯、矫正机构、矫正者、其他参与者以及他们相互之间在罪犯矫正教育活动中形成的复合性关系，这些关系是遵循契约特定的关系原则构建形成的，其特性主要体现如下：

1. 主体平等性

矫正契约化模式体现的首要特征就是平等。从法律意义上，罪犯是受

---

① 梁华：《契约治理——城市公共服务供给新模式》，东北大学2006年硕士论文，第35页。

② 梁华：《契约治理——城市公共服务供给新模式》，东北大学2006年硕士论文，第35页。

到刑罚惩罚、正在服刑的人,与矫正机构和矫正者存在着法律上的不平等。但是,在罪犯契约矫正关系中,罪犯居于主体地位,和矫正教育活动的各个参与主体在契约内是平等的。当契约条件确定之后,参与矫正教育活动的罪犯、矫正机构、矫正者、其他参与者等各方当事人按照约定的条件平等地享有契约之中的权利,履行契约约定的义务,承担相应的职责。同时,矫正教育活动的契约当事人在契约制度安排下可以平等和自由地行使权利,也就是说,可以自愿地选择矫正教育活动所确定的条件,除却法定义务之外,自己确定自己的义务,在约定的条件下选择参与或者退出矫正教育活动。

2. 合作性

在契约关系中,罪犯、矫正机构、矫正者、其他参与者等各方追求的目标是达到权益的最大化,彼此之间具有不同的权益追求,而要实现权益最大化的目标,就需要通力合作,建立良性互动的契约性合作关系。因此,追求各自的权益是合作的基础,契约各方在一定条件的约束下按照一定的程序和要求履行义务,享有权利,使矫正教育活动在有序状态下运行。通过合作,罪犯矫正教育各方的权益得到确定,从而促进罪犯矫正教育效益的最大化。

3. 协调性

罪犯矫正教育活动各方当事人由于存在利益冲突,在运作过程中就需要进行沟通和协调。契约的本质决定这种冲突是可以协调的,是可以最大限度地减少冲突的。当契约一方不履行自己的义务或超出自己的权利范围而行使权利时,依照契约性活动的要求,正当利益不能保障和维护的受损方,就能行使自己的应有的权利来维护自己的利益,如依照各方约定的条款,要求对方停止侵害或通过法定救济措施强制使对方停止侵害,利用契约关系使自己的利益得到补偿。①

4. 可操作性

罪犯矫正教育活动的各方参与者根据自己在契约中的地位,履行自己的义务,享有可预见到的利益。矫正契约约定的内容是具体而明晰的,尤其是参与者应履行的义务,要求各方参与者通过自愿自觉执行来履行,如有违约,也可通过法律手段或行政手段强制履行,以确保公众重大利益不受损害。因此契约所约定的结果都可以通过参与各方的具体操作来达到目的,从而使公共利益得到保障。

5. 有秩序性

契约规制的活动除了实体内容之外,本身就存在着程序上的规范,程序

---

① 梁华:《契约治理——城市公共服务供给新模式》,东北大学 2006 年硕士论文,第 35-37 页。

规范是活动有序推进的保障。罪犯矫正契约化的秩序性主要表现在:一是依据矫正契约规范,罪犯、矫正机构、矫正者、其他参与者等参与各方必须按照规则参与矫正活动中。二是罪犯矫正契约化有一个内部关系结构,在结构内部不同的参与者不仅职责、权利和义务不同,而且所处的地位和发挥的作用也不同,因此,参与各方必须按照自己的职责,发挥自己的作用,这样才能使矫正教育活动有序协调推进。三是契约矫正活动本身有不同的步骤,每一个步骤都需要有不同的矫正资源的配置,使活动效益最优化。四是参与各方存在着利益冲突,需要以契约的形式进行协调和约定,使各方追求权益最大化。所以,罪犯契约矫正是一个契约制度协调的有序的过程。

四、罪犯矫正契约化模式的功能

罪犯矫正契约化模式的独特机制对罪犯矫正教育具有整合的功能,这种功能主要表现如下①:

1. 降低罪犯矫正教育成本

契约性整合机制相比较传统的罪犯矫正教育模式中的单一强制性整合机制,具有降低罪犯矫正教育成本的功能。因为在原有单一强制性机制中,作为矫正机构和接受矫正教育的罪犯,都要付出一定的成本,其中对矫正机构一方来说,体现为矫正管理所投入的成本,对被矫正者罪犯一方来说,则体现为合作成本。矫正机构的管理成本主要包括监狱建设成本、监狱日常管理成本、监狱刑罚执行成本、监狱人力资源成本、社区矫正机构的管理成本等。如果以权力为纽带来组织罪犯矫正教育资源,就得不到罪犯的配合与服从,从而增加罪犯的矫正教育成本。契约性整合机制的应用尽管也需要双方付出一定的合作成本,但与以权力为基础单一强制性整合机制的成本相比,其消耗则低得多。由于契约矫正是建立在罪犯、矫正机构、矫正者、其他参与者等相互间合意的基础之上的,并且通过契约方式对权力(权利)与义务做了明确的规定,同时契约的内容本身也是各方真实意志的表达,对契约的遵守符合其自身的愿望和利益要求。这样,在达成契约的过程中尽管也付出了缔约成本,但相对于强制服从成本而言,由于它获得了各方的认同、自愿服从,所以,罪犯矫正教育成本中监管成本与强制成本得到减少,同时对不履约与违约的补偿与处罚有利于罪犯矫正教育总成本的降低。在契约性整合机制下的罪犯矫正教育,可以使罪犯矫正教育活动更具效率性,能够减少或及时化解各种争议,从而避免时间与金钱、人力与物力的浪费,以

① 梁华:《契约治理——城市公共服务供给新模式》,东北大学2006年硕士论文,第37-39页。

最少的成本获取最佳的罪犯矫正教育效益。

2. 实现罪犯矫正教育资源配置最优化

契约矫正可以让罪犯矫正教育领域内的各方当事人最后达到能体现各自利益的一致意见,取得利益上的双赢与“帕累托最优”。科斯的谈判理论认为:①自愿合作是实现效率的最佳途径;②自愿合作实际上存在着诸多阻碍自愿使用的因素;③自愿合作需要克服阻碍谈判进行的因素以恢复效率;④在恢复效率的诸种途径中,又以能够促进当事人自愿合作的安排为最佳。契约性整合机制的联结点就是每一方主体追求利益最大化的结果,即合作就是谈判参与人之间利益最大化的均衡。[①] 契约意味着互动互助互惠,在内容上既有权利的享有,也有义务与责任的承有。契约一旦运用于罪犯矫正教育活动之中,它不仅有利于罪犯矫正教育成本的降低,而且还具有义务与责任上的要求,有助于罪犯矫正教育责任的确立。契约可以让各方当事人最后达到能体现其各自利益的一致意见,取得利益上的“双赢”和“帕累托最优”。

3. 维护罪犯矫正教育领域内的良好合作关系

契约是参与双方的事情,意味着至少必须在两个主体之间进行,参与方的意见在某种程度上具有一致性。没有意见的一致也就没有契约的成立,缺少了一方,就意味着体现双方意志的契约关系的消失。首先,契约关系是一种相互依赖、彼此合作的关系。罪犯矫正契约的应用,可以提升罪犯矫正教育过程中各方的互信度与可接受性,这样不仅可以避免许多潜在的冲突或纠纷,而且可以改善原有罪犯矫正教育中官僚作风与寻租腐败的产生,使罪犯矫正教育参与者之间能建立起彼此合作、相互信赖的良性互动关系。其次,契约性整合机制也使罪犯矫正教育过程中矫正者与被矫正者的关系得以稳定和持续。一旦缔约,一般来说,从达成协议一直到实现协议,都表明它们具有“契约关系”,双方将在契约的维系下保持持续、稳定的协作关系,从而有利于罪犯矫正教育秩序的稳固化。而且,罪犯矫正教育过程中矫正服务的提供者与被矫正者之间的关系,是一种长期性的关系,双方可通过契约建立更加牢固、稳定与持久的合作。总之,契约性整合机制中所蕴含的自由平等、互利互惠等一系列规则和精神,符合人们的利益追求和精神追求。契约性整合机制作为一种弹性化手段、一种制度、一种精神,契约理念具有可接受性与普适性,它完全应当融入现代罪犯矫正教育之中,用来提升罪犯矫正教育的品质,并进而促进罪犯矫正教育机制与制度的完善。

---

① 张钰:《论契约整合机制的历史生成及对公共行政的功能意义》,《学术交流》,2004 年第 3 期。

罪犯契约矫正的制度形态

罪犯矫正契约化必须以制度作为保障。这是因为:一是罪犯契约矫正制度是罪犯矫正制度安排赖以存在的基础。也就是说,监狱的任何制度安排都必须以契约制度为基础。因为没有契约制度的支撑,任何罪犯矫正制度都不可能存在和发挥作用。二是罪犯契约矫正制度是监狱矫正制度的主要形式。监狱矫正罪犯的所有制度安排,实际上最后都必须体现和反映契约原则。罪犯矫正契约化是监狱矫正制度的重要特征。三是罪犯契约矫正制度是监狱制度的重要组成部分,而罪犯矫正制度本身也是监狱制度的组成部分。罪犯契约矫正制度需要矫正机构进行设计和管理。一般说来,从监狱制度安排的角度讨论罪犯契约矫正制度,主要是讨论罪犯契约矫正制度的内容、具体形式、影响因素以及罪犯契约矫正制度的实现机制等。

一、罪犯契约矫正制度的基本概念

(一)制度

何为制度?这是一个争议颇大的老话题。美国制度主义经济学家凡勃伦认为,制度是指"大多数人共同的既定的思想习惯"①。这个概念是相当宽泛的。康芒斯认为,制度无非是集体行动控制个人行动②。经济学家沃尔顿·哈米尔顿将制度定义为:"制度意味着一些普遍的永久的思想行为方式,它渗透在一个团体的习惯中或一个民族的习俗中,……制度强制性地规定了人们行为的可行范围。"③霍奇森则认为,制度是通过传统、习惯或法律的

① 转引自张旭昆:《制度的定义与分类》,《浙江社会科学》,2002 年第 6 期。

② 张宇燕:《制度经济学:异端的见解》,商务印书馆,1996 年版,第 226-228 页。

③ 转引自张旭昆:《制度的定义与分类》,《浙江社会科学》,2002 年第 6 期。

约束所创造出来的持久的行为规范的社会组织①。美国新制度经济学家道格拉斯·诺斯认为:“制度提供框架,人们得以在里面相互影响。制度确立和合作的关系,这些关系构成一个社会,……制度是一整套规则,应遵循的要求和合乎伦理道德的行为规范,用以约束个人的行为。”②

(二)契约与制度

契约具有自愿的、固定的且临时性的特征;制度是普遍性的规则,具有社会性遗传、持续长久的特征。契约的制度化是一个转换的过程,契约向制度的转化是为了节约成本。“契约和制度都是对人际关系的描述和固化,……无论正式制度还是非正式制度,都可能是被选择的,或者是被建构的。制度的形成过程就是契约被格式化、规则化的过程。”③契约治理制度是以契约理论或契约方法论构建的制度体系。“契约方法论是一种有效的社会制度建构方式,可以用来组织公共生活,大到一个社会的民主建构,小到自治组织(企业、公司、学校、社团等)的公共生活都与契约理念密不可分。契约以个人主义为底蕴,隐含着主体性、平等、自由、互利和双向义务原则,构成宪政和民主的文化底蕴和制度模板,契约也是确立个人在共同体中的主体地位以及共同体得以有机存续的最佳途径。”④监狱是社会“公共生活”的一部分,罪犯契约矫正制度“隐含着主体性、平等、自由、互利和双向义务原则”,要确立罪犯在矫正教育中的“主体地位”,寻求罪犯矫正教育的“最佳途径”,因此,契约治理制度是构建罪犯契约矫正制度的“文化底蕴和制度模板”。

(三)契约制度

什么是契约制度?实际上就是指当事者之间建立在意愿性基础上的,而且必须要兑现的共同承诺,即当事者之间相互对对方有一种共同认可的承诺。这种承诺既有共同认可性,又有共同意愿性,而且还有必须的兑现性。其内涵包括:一是当事者事先都非常清楚地了解承诺的全部内容,承诺是通过当事者的共同协商和讨论而形成的,即多次博弈而形成的。承诺反映了当事者的共同愿望和要求。二是承诺是建立在当事者意愿的基础上

① 张宇燕:《制度经济学:异端的见解》,商务印书馆,1996年版,第226-228页。

② V.奥斯特罗姆等:《制度分析与发展的反思》,王诚等译,商务印书馆,1992年版,第134页。

③ 于立深:《公法哲学意义上的契约论》,2005年吉林大学博士学位论文,第114页。

④ 于立深:《公法哲学意义上的契约论》,2005年吉林大学博士学位论文,第111页。

的,即当事者无论是基于何种原因,或者是为了何种目的,迫于何种压力,但最终都是表示愿意信守承诺,因而承诺具有意愿性。三是当事者对承诺的实现具有内在的积极性。因为承诺具有意愿性,是建立在当事者认可的基础之上的,因而,当事者应该主动地实现承诺,也就是应当积极而主动地按承诺办事。四是承诺必须无条件地实现,因为承诺不是可兑现、可不兑现的一纸空文,而是要不折不扣地完全实现,因而承诺在实现中具有强制性,也就是承诺必须实现。五是承诺必须以各种各样的制度体现和反映出来,也就是承诺必须制度化,表现为各种各样的制度,以契约形式存在。

从契约制度的上述内在定义出发,我们实际上可以把契约制度分为狭义的契约制度和广义的契约制度。狭义的契约制度就是指各种各样的合同。广义的契约制度还有其他表现形式,其中主要有信用形式、法律形式、道德形式和制度形式。①信用形式,是指当事者对自身的承诺的兑现和负责,因而信用实际上就是当事者实践自己的承诺。②法律形式,是指对众多当事者的共同承诺的法制化,将共同承诺用法律的形式进行规范。③道德形式,道德的内容应该说是多方面的,但实际上道德的最基础性的内容是契约精神,即能否认真而全面地兑现自己的承诺。而且,界定一个人是否具有道德的临界点,也是契约的原则。④制度形式,各种制度实际上都是某种契约关系的具体体现,贯彻着契约原则。

(四)罪犯契约矫正制度及其内在要求

罪犯契约矫正制度是关于罪犯契约矫正参与者的行为规则和行为规范,是矫正参与主体的权利(权力)、义务和禁忌的规定的总称。罪犯矫正契约化是罪犯矫正的现代形态,要求在罪犯矫正的各个方面,反映和体现契约制度的内在要求,创制罪犯契约矫正制度是这一内在要求的具体体现。

1. 保障安全

契约矫正制度是规范罪犯和矫正参与者的具体规范,因此必须对契约矫正的安全保障进行反映。契约矫正制度的创制是罪犯矫正制度的新范式,是刑罚的革命性变革,所以,保障罪犯和矫正参与者的安全是首要条件。安全规则要求社会矫正系统(监狱、社区矫正机构及其他参与组织)必须为罪犯和矫正参与者提供克服意外事件的外部环境,在危机发生时有足够的保护预案和强制力,以及相应的救助措施。安全规则的安全保障是契约矫正制度创制的前提,否则,契约矫正制度都是制度之"恶",都不足以成为规制矫正行为的良性规范,就失去了契约矫正制度的合理性依据。

2. 意思自由

罪犯契约矫正制度和社会契约制度相比较,在自由形态上有很大的区别。社会契约制度在自由形态上以参与各方合意达成的协议为主导,法律规范和规则在社会契约形态中只是前置条件，合意的协议内容只要不与法律规范和规则相冲突，只要是参与各方的自由意思表示，即为符合自由规则。但是，罪犯契约矫正制度是特定社会条件下的制度形态，由于法律的规定性，在制度的自由形态上，主要以法律规范和规则为主导，矫正参与各方自由表达的意思表示被限定在一定的框架内。因此，遵守意思自由规则在制度规范中就显得更为重要。也就是说，罪犯矫正参与主体，包括罪犯、监狱警察、社区矫正工作者、社会其他人士等，在契约矫正的特定范围内，尤其是在监狱的环境中，具有“免受暴力和强制的自由”，享有自主权不受侵害的权利。

3. 主体平等

罪犯契约矫正制度中的平等，首先是参与矫正主体的平等，是罪犯在法律属性不平等基础上的平等，亦即“平等对待不平等的人”。因此，在矫正契约化范畴内，在罪犯契约矫正制度语境中，矫正参与各方在达致契约合意的过程中，主体是平等的。其次，契约矫正制度创立必须贯彻非歧视精神。也就是说，矫正参与各方，尤其是对于罪犯，不能因其法定的身份而受歧视。从某种意义上说，主体平等和非歧视是矫正契约化的内在精神实质。因此，在契约矫正制度所限定的空间范围内对契约矫正主体“给予正义、无差异的机会公平和身份平等待遇的保障”①。

4. 效率优先

契约矫正的效率优先，首先是在契约矫正制度创制时，以制度规范的形式，有利于罪犯矫正资源的整合和优化配置，“必须提供社会公众所期望的罪犯矫正的效率和契约矫正主体所得资源丰度的改善”。其次是矫正契约化所追求的效率价值的实现，即罪犯改造质量的提升和实现“社会秩序化的良性状态”。

5. 程序规范

程序规范是对罪犯契约矫正制度创制完整化和明晰化的要求。罪犯契约矫正制度不仅要规范契约矫正内容、契约矫正主体、契约矫正项目等实体内容，而且要对契约矫正的具体程序、操作规则和范畴等程序问题做出具休规范。只有这样，才能保证罪犯契约矫正制度的科学性。

二、罪犯契约矫正制度构建的价值取向

价值取向是罪犯契约矫正制度构建研究的基本问题。随着人类历史的

---

① 顾自安：《制度的分类》价值中国网，浏览时间：2015 年 1 月 11 日。浏览网址：http://www.chinavalue.net/Finance/Article/2005-12-13/16184.html。

演进,现代罪犯矫正制度已经形成了一个丰富的、多层次的价值体系。在此价值体系内,既有罪犯契约矫正制度的目的性价值——自由和平等,也有罪犯契约矫正制度的工具性价值——效率和秩序。罪犯契约矫正制度构建所体现的价值取向则是目的性价值和工具性价值的有机统一。

依据社会契约理论的观点,罪犯的矫正和教育总是框定在特定社会的既有制度之中,而任何特定制度的设计与运行,又总是传承和蕴含着特定时期的价值理念。罪犯契约矫正制度的设计与运行,其价值目标不可能是单一的,而是多方面的。罪犯契约矫正制度所追求的价值序列,既有基本价值,又有派生价值,既有目的性价值,又有工具性价值。处于价值序列中的价值又可划分为核心价值与次核心价值。罪犯契约矫正制度所诉求的核心价值居于支配地位,具有优先性,而次核心价值处于附属地位,但它对核心价值具有补偿和完善作用。核心价值既有可能是基本价值,也有可能是派生价值,既有可能是目的性价值,也有可能是工具性价值。各种价值之间可能存在着复杂的相互依赖性,有时又显出互补与综合的一面,即一种价值的实现往往会促进另一种或者多种价值的实现。但是在某些情况下,这些价值之间因为方向性不同,也会产生冲突,价值序列自身有时也存在着内在的冲突。[①] 然而,在罪犯矫正契约化体系中,为了维护和保障每一个罪犯个体的权益以及整个社会的稳定与延续,就必须具有化解和减小冲突的机制,包括价值理念上的中立、折中等。社会契约论在罪犯契约矫正制度构建中的价值取向表现在以下几个方面:

(一)契约精神的价值认同

罪犯契约矫正制度是以现代契约精神为依托而构建的具有多元文化特性的制度形态,在价值取向上需要和现代契约精神同步发展,凸显现代契约精神的实质内涵,尤其是现代契约精神人道、法治、民主、公正、平等、自由、效率等时代元素,融入罪犯契约矫正制度之中,成为价值追求。但是,这必然与传统监狱制度的基本理念产生价值冲突,出现罪犯矫正教育中的社会困境,如罪犯被隔离在大墙之内与回归社会的矛盾、罪犯人格监狱化与再社会化的矛盾、罪犯服刑过程与矫正教育效果的矛盾等。罪犯矫正的程序正义成为现代契约精神核心价值追求之一,也是现代罪犯矫正制度的重要标志。“罗尔斯建立在社会契约基础上的正义理论,就是一种正义的程序性展开,即将自愿接受的一系列规则作为道德原则,反过来也成为这些道德原则

① 冉小平:《社会契约与制度正义——正义论制度伦理思想的一种解读》,2007 年西北师范大学硕士论文,第 12-13 页。

合理性的依据所在。”①为此，创制罪犯契约矫正制度需要现代契约精神的价值认同，二者必须具有相容性。

（二）契约精神的价值支撑

契约精神既是法治精神，也是伦理精神。首先罪犯契约矫正制度体现的是罪犯矫正契约化的法治精神。罪犯契约矫正制度是以法律规范为特征的制度形态，必须对罪犯矫正教育的程序、组织形态等问题应用现代契约精神加以扶助和支持。但是，法律规范是宏观层面的，有一定的局限性，不可能对罪犯矫正教育的所有问题做出反应。其次，罪犯契约矫正制度必须贯穿现代契约的伦理精神。对于法律规范无法企及的伦理问题，需要由风尚、习俗、舆论等组成道德规范来加以调整。罪犯契约矫正制度既需要有法律规范“刚性”的一面，也需要有道德规范约定俗成性的“柔性”的一面，二者的有机结合，才能使罪犯契约矫正制度刚柔相济，使罪犯矫正契约化的外在权威内化为罪犯自我矫正的内在需求和自觉行动。因此，罪犯矫正契约化的现代契约精神是罪犯契约矫正制度的基本价值理念、社会文化基础和社会心理基础。

（三）契约精神的价值导向

罪犯矫正契约化是罪犯矫正教育的制度创新，是在现代社会形态下，社会公众依照伦理精神对罪犯犯罪行为的宽容，也是对罪犯回归社会需求的关照和关怀。“所谓伦理精神，就是指当下实践主体对自己所处的各种社会关系所做的‘应该如何’的价值判断和基本的价值取向，它是时代精神的核心部分，对制度的形成和安排起着重要的制约作用。”②具体体现在：一是罪犯契约矫正制度是在契约伦理精神指导下产生的，是罪犯契约矫正制度赖以存在的基本价值理念。可以说，没有现代契约精神作为价值牵引，就不可能产生罪犯契约矫正制度。二是契约伦理观念支配着、控制着罪犯契约矫正制度的具体设计和安排，罪犯契约矫正制度是契约伦理观念的实体化和具体化，是结构化、程序化了的契约伦理精神；罪犯契约矫正制度脱离了契约伦理精神，就是失去了灵魂的空壳。三是建立在契约伦理精神基础上的罪犯契约矫正制度受制于、依附于契约伦理精神的发展状况。因此，罪犯契约矫正制度的创新需要与之匹配的现代契约伦理精神。社会契约的自由、平等、合意与责任承担等契约伦理精神的核心要素，已成为罪犯契约矫正制

① 冉小平：《社会契约与制度正义——正义论制度伦理思想的一种解读》，2007年西北师范大学硕士论文，第23页。

② 冉小平：《社会契约与制度正义——正义论制度伦理思想的一种解读》，2007年西北师范大学硕士论文，第23页。

度的价值支撑，形成了现实的罪犯矫正契约化运行模式。在罪犯矫正契约化关系中，罪犯是主体，矫正机构是主导，罪犯个体是罪犯矫正契约的主导者和设计者，矫正者的权力是由罪犯矫正契约来确立的。在这里，特别强调罪犯的主体地位，因为只有这样，才能实现罪犯人格上的自由和平等，才能构建明晰的矫正机构与罪犯、矫正者与罪犯群体、矫正参与者与罪犯之间的契约伦理关系。因此，合理引介契约理论，积极吸收和借鉴契约精神，无疑将对罪犯契约矫正制度设计和制度创新产生巨大的推动作用。

（四）契约精神的价值契合

在罪犯矫正契约化意义上，罪犯契约矫正制度是契约精神的制度正义和个别正义两种价值的契合和优势互补。

首先，从制度正义的价值追求上，罪犯契约矫正制度是罪犯矫正教育的基本规范和规则。依据这些规范和规则，不仅持久有效地限制了矫正机构的权力在其运行中的随意性和自我膨胀的本性，而且确立了罪犯个体美德的主体内容和价值目标。正如亚当·斯密所说："良好的社会制度和政治制度将能够给那些既有益于个人完善又有益于他人幸福的品质提供培养和发挥作用的环境，同时，又能够有效地控制那些损人利己的恶劣品质和行径。"[①]罪犯契约矫正制度在矫正契约化过程中，真实地影响、制约、塑造着罪犯的物质生活方式和精神生活方式，是每个罪犯存在和发展必须面对的现实基础，具体可以概括为：一是罪犯契约矫正制度为罪犯矫正契约化提供了规则、标准和模式。罪犯与矫正机构之间存在着权利（权力）与义务关系，存在着利益的冲突和矛盾斗争，罪犯契约矫正制度不仅能够协调权利（权力）与义务关系，调整和化解矛盾冲突，而且使罪犯的矫正教育"导入可合理预期的轨道"，使矫正机构、矫正参与者和罪犯的行为限制在规范和规则的框架内，矫正教育活动的合法性和合理性有了界定的依据。二是罪犯契约矫正制度具有延伸效应。罪犯契约矫正制度所折射的是社会意识形态和契约伦理精神，是罪犯和矫正机构、矫正参与者遵守的行为准则，尤其对罪犯而言，旨在培育其应承担的社会责任和必须遵守的价值目标，通过矫正教育活动，使罪犯在道德观念、人格品质、思想情操等方面发生改变，使社会规范和规则内化为罪犯现实的符合社会所要求的个性和人格，成为自我矫正教育的内在动力。三是罪犯契约矫正制度的伦理精神具有提升罪犯道德境界的作用。罪犯对制度的遵守和敬畏，可以规范罪犯的行为习惯，养成相对固定的良好行为模式，为罪犯从思想层面的改变奠定基础，激发罪犯自我改变和

---

① 冉小平：《社会契约与制度正义——正义论制度伦理思想的一种解读》，2007 年西北师范大学硕士论文，第 27 页。

自我成长的潜能。

其次,从个别正义的价值追求上,罪犯改造是理性和德性的统一。"伦理学作为一种实践理性精神,反映了人们求善的欲望。道德不仅要为现实做辩护,更要以超越现实为己任。如果仅仅为现实做辩护,那么道德就完全没有必要存在。所以,与其说道德是一种肯定性的把握方式,不如说是一种否定之否定的辩证存在方式。"①现代契约精神无论从它的起源还是发展的脉络,都是基于以人为本的理性和德性为出发点的,既要尊重罪犯、宽容罪犯,满足罪犯的基本需要,又将罪犯置于教育矫正的主体地位,关注罪犯的未来发展和回归社会,挖掘罪犯的潜能。所以,罪犯契约矫正制度的构建也以培育罪犯的理性和德性为轴线,把罪犯的德性和理性教养作为罪犯本性的两个方面,既强调把罪犯置于人的核心地位,理性对待罪犯的犯罪行为,也强调在契约矫正中对罪犯道德良知的培育和健全人格的塑造;既要保持理性和德性的合理张力,又要使二者均衡发展,有机统一。

三、罪犯契约矫正制度的基本要素

对于每一具体制度而言,各自有其独特的内容和具体的规范对象,但是,就其制度的共性来说,罪犯契约矫正制度由以下基本要素构成。

1. 参与主体

开放性是罪犯矫正契约化的特征之一,因此,在参与主体的制度规范上也必须体现开放精神,广泛地吸纳具备条件的主体参与进来。从矫正契约化的制度设计所追求的效果来看,只要是愿意服务于罪犯矫正的社会组织都有参与矫正教育的权利,从而享有罪犯矫正契约的对话、协商、谈判、妥协和自治等的主体地位;从主体的层次上,基于罪犯自身法律地位的特殊性,罪犯契约矫正的主导主体是矫正机构,是矫正活动的策划、规划、组织、指导和协调者,包括监狱、社区矫正机构和审判机关;罪犯契约矫正的参与主体则十分广泛,包括了罪犯、受害人、监狱、社区矫正机构、监狱警察、社区矫正工作者、社会团体、社会组织、民间团体、公民个体、政府机关、罪犯家庭居住的社区等。虽然不同的参与主体法律地位不同,但是,在罪犯契约矫正活动中,各主体依照合意达致的契约,按照罪犯契约矫正制度的规范和规则,享有权利和履行义务。任何一方均有权获得他方的尊重,同时也不得为了单一的利益需要而损害其他参与者的利益。

---

① 冉小平:《社会契约与制度正义——正义论制度伦理思想的一种解读》,2007 年西北师范大学硕士论文,第 27 页。

2. 适用范围

罪犯矫正契约化追求的是个别正义和社会正义，以个人本位和社会本位为出发点，罪犯契约矫正制度的构建既要追求罪犯个体适应社会、回归社会的价值，也要追求保卫社会的价值。因此，在制度确立的适用范围上主要分为两大类别三个层次：两大类别是指在监狱矫正的罪犯和在社区矫正的罪犯；三个层次是指在监狱矫正的罪犯又分为限制适用契约矫正的罪犯和适用契约矫正的罪犯。限制适用契约矫正的罪犯是指罪犯不认罪服法或者不同意契约矫正，对这些罪犯原则上不适用契约矫正。一般说来，社区矫正的罪犯都属于契约矫正的范畴。

3. 启动条件

针对不同的罪犯，罪犯契约矫正制度所规制的启动条件的时间节点也不一样。从罪犯矫正的机构不同可以分为监狱矫正的罪犯的启动条件和社区矫正教育罪犯的启动条件。监狱矫正的罪犯在理论上只要被送进监狱服刑改造，就可以启动契约矫正，监狱警察遵循契约矫正的基本理念，按照契约矫正的程序，协商订立矫正契约。但是，由于罪犯存在着巨大差异，我们应该清醒地认识到，不是每一个罪犯都适宜适用契约矫正，也不是每一个罪犯都能够契约矫正。因此，契约矫正有基本的条件要求：一是罪犯必须承认自己的犯罪事实，认识到自己的犯罪造成了危害，愿意承担犯罪责任。二是罪犯同意和自愿。这既是契约矫正启动的前提条件，也是契约矫正的本质要求。罪犯的悔罪、道歉、赔偿、接受契约矫正、做出矫正承诺等举动，都必须出自罪犯的真实意思表示。对于社区矫正的罪犯，由于存在不同的步骤，因此启动条件也有区别：首先，罪犯进入社区矫正的启动条件，是由审判机关主导的，一般说来，包括案件事实清楚、定罪证据确实充分；情节较轻，符合判处缓刑、管制、暂予监外执行的条件；被告人承认自己的犯罪事实，愿意承担犯罪责任；赔偿已实际履行；被害人和被告人同意和自愿；被告人做出保证；社区调查完成等。其次，罪犯进入社区矫正后，由于有了前期的工作，社区矫正机关的契约矫正即可启动。主要以成立矫正小组、举行社区矫正宣告仪式、签订社区矫正协议等为标志。

4. 协商内容

协商过程实际上是一个抽象的概念。对于不同类型的罪犯，矫正契约的内容是有很大差别的，因此，协商的形式、参与人员和协商内容也有很大差别，基本上应包含：一是契约的具体事项；二是罪犯对于契约事项的承诺、权利和义务；三是矫正机关的责任和义务；四是违约的责任承担和践约的利益享有。有些矫正契约相对比较简单，比如对假释的罪犯，协商内容主要体现在接受社区矫正保证书中，包括自觉接受社区矫正的相关规定、履行法律

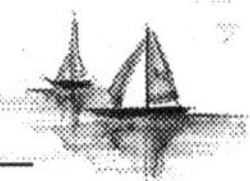

义务、服从社区矫正机构的管理和教育、按时到当地司法机关报到和办理登记手续、按时向司法所报告自己的活动情况、参加司法所组织的集体教育和公益劳动等活动。而在监狱所进行的对特定对象实施的恢复性司法活动，内容则相对比较复杂，包含了犯罪人主动承担个体责任，对自己的犯罪行为所造成的危害结果进行赔偿；受害人利益救济、补偿，既包括物质财产方面，也包括精神人格方面；受损的社会关系的修整、恢复；等等。总之，协商内容是针对罪犯的矫正教育、问题的解决、人格的培育、服刑改造方案、职业培训、社会救助、危机干预、心理咨询、法律援助、职业生涯设计和规划等开展的活动，是立足于罪犯矫正的现实情境和未来发展的潜力开发，原则上不包括监狱对罪犯的刑罚执行内容，但是在法律允许的范围内，也可涉及诸如罪犯刑期的变更、处遇的类别和等级等问题。

5. 绩效评估

绩效评估是契约矫正制度必然涉及的问题，它是对罪犯契约矫正的风险、需要、能力和效果等进行测量和评价，是一种将科学研究方法运用于罪犯契约矫正工作实务，并以有效推进罪犯契约矫正工作实践为目的的科学研究活动。在制度设计上，绩效评估的基本框架应包括评估主体、评估对象及项目、评估依据、评估标准、评估组织者、评估目标、评估方法、评估工作安排、评估结果等。同时，应设定由若干个相互联系的统计指标所组成的评估的指标体系，包括契约矫正项目的评估、契约矫正的风险评估、契约矫正的需要评估、契约矫正的效果评估、契约矫正的重犯率统计等。

6. 协作衔接

罪犯契约矫正制度是针对不同的参与主体、不同的工作阶段、不同的规范内容等而制定，因此，需要对不同主体、不同阶段的协作和衔接制定出规则。参与主体的多元化，必然带来利益追求的差异，就必须对不同主体所享有的权利义务和职责加以规定。同时，在不同的矫正教育阶段，由于主导契约矫正的主体不同、部门不同，就需要对彼此之间的无缝衔接加以规范。比如，对一个社区矫正对象的契约矫正，在不同阶段，就需要不同的主导部门完成相应的契约内容。在审判阶段，矫正对象是否适合社区矫正，法院就需要委托司法行政机关进行社区矫正前的调查，做出是否适宜社区矫正的调查报告。如果适宜社区矫正，矫正对象要做出接受社区矫正的承诺，写出接受社区矫正保证书；然后移交司法行政机关，进入社区矫正程序。社区矫正机构要查验法定文书，组成矫正小组，告知罪犯所享有的权利和义务，遵守的各项规定和纪律等。如果协作或衔接不畅，工作就无法有效推进。同样道理，监狱矫正的罪犯，在矫正契约中除了罪犯、监狱和监狱警察之外，还要涉及社会帮教的相关机构和社会协作部门。比如，对罪犯进行职业技术培训,就需要教育部门、职业资格认证部门等的协作;罪犯回归社会后,还需要安置帮教部门、公安机关、社区等的衔接帮教和关护。因此,协作和衔接是罪犯契约矫正制度的主体要素之一。

四、罪犯契约矫正制度的特征、内容和形式

1. 罪犯契约矫正制度的特征

(1)形式上的完整性。它是指罪犯契约矫正制度必须有一个用规范的文字所表述的合法的文本或者矫正参与者经协商达成共识的协议。主要包括参与主体的基本情况、矫正项目的主要内容,契约履行的期限、地点、方式,权利义务,违约责任、契约的变更、中止和终止,以及其他一些需要约定的事项。

(2)内容上的清晰性。它是指对罪犯矫正契约内容的表述必须清晰、不能含混,不能使用模棱两可的语言,也不得使用可以有多种解释的非标准语言,在涉及数量和质量问题时,必须做到定量和定性准确。对于专业术语或者特定含义的用语,应在附则中加以界定。

(3)参与主体的自愿性。它是指罪犯契约矫正制度必须建立在参与主体主观自愿的基础上,对于契约的形式及内容都完全予以认可或认同,以尊重参与者的意愿为前提。

(4)契约属性上的严肃性。它是指罪犯契约矫正制度一经建立,就必须实现,具有法治性的要求,不可随意变更、反悔和毁约。

(5)执行上的可操作性。它是指在现实执行中,罪犯契约矫正制度必须符合客观实际,符合技术规范,遵循基本规则,立足罪犯矫正的现有技术和技术力量,不得把不成熟的或不能实现的东西规定在罪犯矫正契约内容中。

(6)违约的严厉惩罚性。罪犯契约矫正制度对参与主体都有权利义务的明确规定,同时也都有违约的责任承担和处罚的约定,一旦有违约行为,必将受到惩罚。

2. 罪犯契约矫正制度的内容

(1)关于各种矫正要素的基本组合方式。罪犯契约矫正制度是由各种矫正要素构成的。各种矫正要素构成一种当事者所公认的意愿性的行为规则,用这些规则来规范各种矫正要素在罪犯契约矫正活动中的相互关系,从而实现各种矫正要素的有效组合。这些规范的行为规则就是罪犯契约矫正制度。

(2)矫正组织机构的运行规则和机制。罪犯矫正是一个相互关联的系统,系统内包含各种子系统或子因素,即各种组织机构,因此,罪犯矫正是由不同的组织机构构成的组合体。而各种组织机构实现组合的原则,就是契

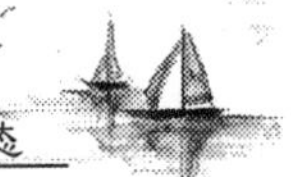

约原则，即各种组织机构遵循它们所共同认可的意愿性承诺并实现组合目的。

(3)矫正机构内部分工和协作原则。矫正机构是各种矫正要素的组合体，在运营过程中是通过矫正专业化和分工协作的方式而组合各种矫正要素的，使各种矫正要素在分工协作中形成现实生产力。

(4)矫正机构有序化的激励机制和约束机制。矫正机构充满活力的关键是调动各种矫正要素的积极性，同时又能够有效地约束各种矫正要素。而激励机制和约束机制的契约化，就成为罪犯契约矫正制度的重要内容。

(5)矫正机构制度安排的组织原则。矫正机构的各种矫正要素的组合实际上就是一种制度的安排，是通过制度的方式把各种矫正要素组合在一起。其中的组织原则和运行方式，是罪犯契约矫正制度不可或缺的内容。

(6)矫正机构人格化的内在规则。矫正机构是对各种矫正要素进行组合的组合体，在外在形态上最终都要被人格化，而人格化界定的规则就是契约原则，也就是矫正参与者共同意愿性地认可了某些承诺，并积极主动地加以认同和遵守。

(7)矫正机构调节自己同外部关系的基本方式。矫正机构是罪犯矫正契约化的主体，是矫正活动的主导者，它必然和相关联的外在部门发生各种关系，要对外部参与罪犯矫正的机构、组织、团体、个体等进行组织、协调，对出现的各种各样的问题、矛盾、纠纷进行处理。在罪犯契约矫正制度中必须对外部的这些利益主体的各种关系进行契约化。

3. 罪犯契约矫正制度的具体形式

(1)矫正机构与罪犯的契约制度。矫正机构要实现矫正教育的目的，首要的组合因素是对罪犯的组合，没有罪犯的参与，契约矫正就失去了最基本的依托关系。因此，罪犯与矫正机构的契约矫正制度是各种契约关系中最基本的也是最重要的契约制度。

(2)契约矫正参与主体之间的契约制度。罪犯矫正契约化的参与者，除了矫正机构和罪犯之外，还有诸多参与者，有社会组织、政府机构、社会团体、民间团体和组织、公民个体等，参与主体之间、参与主体和参与者之间需要就罪犯矫正活动的参与程序、权利义务、职责分工、风险承担方式等，订立契约制度进行规范。

(3)矫正机关内部组织机构的契约制度。这一契约制度是通过矫正机构内部的组织规则、职责分工等形式体现的。

(4)矫正机关和相关部门的契约制度。目前，我国的矫正机关主要是监狱和社区矫正机构，而与之相关的部门还有公安机关、法院、检察院、民政部门、人力资源与社会保障部门、医疗卫生部门、财政部门等。这些部门之间

的工作协作和衔接,也需要契约制度进行规范和约束。

五、罪犯契约矫正制度的分类

罪犯契约矫正制度是由相互连接的、不同层面的一系列具体制度构成的体系,用不同的标准,有不同的分类。笔者结合罪犯矫正的特定形态,对罪犯契约矫正制度做一简要分类。

1. 根据制度的层次性划分

以制度的层次性划分,契约矫正制度指称的对象可分为四个方面:一是普遍性立法规则的载体,如法律法规,行政规章和规则等。二是习惯和惯例,如政策、经验、传统、会议程序等。三是组织和机构。四是表征规则特征的公共产品,如监狱文化中的各种具有特定符号效应的标志,属于凝固的制度形态。[①] 这四种制度类型是相互连接的整体,共同构成了罪犯契约矫正制度体系。

2. 根据契约矫正制度的属性划分

以契约矫正制度的属性划分,可分为实体性制度和程序性制度。

实体性制度是指规定契约矫正制度的目的、基本要求和基本原则等内容,即规定契约矫正制度"做什么",所体现的是契约矫正制度的价值取向。

程序性制度是指规定契约矫正制度执行的流程、方法和措施等内容,即规定契约矫正制度"怎样做",是契约矫正制度操作规则的总和,即契约矫正制度的实施机制。

实体性制度和程序性制度的划分是相对的,罪犯契约矫正制度应该是实体性制度和程序性制度的有机统一,或者说是原则性规定和操作性规定的统一。任何制度都有目的,而且目的要通过一定的手段来实现,因此契约矫正制度是目的和手段的统一,实体性制度是目的,程序性制度是手段。契约矫正制度目的要通过契约矫正制度手段来实现。没有程序性制度,实体性制度所规定的制度目的是无法实现的。

从法治视角看,程序性制度是规范矫正主体在协商矫正契约、实施矫正行为等过程中的步骤、方式和时间、顺序,以及由这些因素所构成的行为流程。从民主视角看,程序性制度是规范矫正主体在罪犯契约矫正中的对话和沟通的动态机制,体现罪犯矫正契约的多元参与性和透明性。程序性制度的基本构成要素是:"正当过程、参加者的对立性和竞争性、信息与证据的

---

① 于立深:《公法哲学意义上的契约论》,2005 年吉林大学博士学位论文,第 114 页。

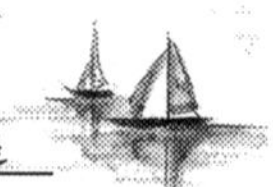

对峙与博弈、对话性和结果的确定性。”[①]程序性制度的基本价值是:“公平、平等、公开、非强制性和全体一致性。”[②]程序性制度“既吸纳了民主和人权的价值(主体性),也吸纳了法治的价值(形式性和工具性),既是一个统合了民主和法治价值的独立范畴,也是一种兼备实质正义和形式正义的实践工具”[③],无论程序性制度本身的合法性,还是程序性制度交换内容的合法性,都取决于矫正参与者的同意和认可。

3. 根据契约矫正制度的约束强度划分

以契约矫正制度的约束强度划分,将其分为指令性制度和禁令性制度。指令性制度,即精确地指示矫正参与者应当采取什么行动以实现特定的结果。禁令性制度,即禁止某些难以接受的行为类型。指令性制度靠“有形之手”和领导者计划来实现,属于强制性秩序状态;而禁令性制度则靠人们自愿和自发的行动,属于自发性秩序状态。[④]

4. 根据契约矫正制度指向的群体范围边界划分

以契约矫正制度的形态划分,可分为内在制度和外在制度。内在制度是指“为群体内随经验而演化的规则”。它包括习惯、内化规则(如心理代价)、习俗和礼貌、正式化内在规则(惯例)。外在制度是指由专门机构设计出来并靠政治行动自上而下地强加于社会的规则。内在制度不能防止机会主义行为,且服从渐进的演化过程。契约矫正制度框架必须以演化的内在规则为基础。有意识制定的、立法通过的规则,以及由政治过程决定的制度的整体架构,都必须以内在制度为基础。契约矫正制度的内在性和外在性的区别与制度的起源有关,制度的正式性和非正式性与实施惩罚的方式有关,即与惩罚究竟是自我实施还是第三方实施有关。[⑤]

5. 根据契约矫正制度的规范性程度划分

根据契约矫正制度的规范性程度划分,将制度分为正式制度和非正式制度。其中,正式制度是指立法机关、矫正机关有意识创造的一系列政策法

① 于立深:《公法哲学意义上的契约论》,2005 年吉林大学博士学位论文,第 126 页。

② 于立深:《公法哲学意义上的契约论》,2005 年吉林大学博士学位论文,第 126 页。

③ 于立深:《公法哲学意义上的契约论》,2005 年吉林大学博士学位论文,第 127 页。

④ 【德】柯武刚、史漫飞:《制度经济学》,韩朝华译,商务印书馆,2002 年版,第 119 页。

⑤ 【德】柯武刚、史漫飞:《制度经济学》,韩朝华译,商务印书馆,2002 年版,第 119 页。

则，包括法律、政治规则、经济制度、章程、合约等，白纸黑字，清清楚楚；非正式制度是矫正参与者在长期交往中无意识形成，并构成历代相传的文化的一部分，主要包括价值信念、伦理规范、风俗习惯、意识形态等，侧重于道德教化和宗教功能，无法用文字描述。诺斯指出，非正式制度来自社会所传达的信息，是我们称之为文化的一个部分。①

① North, Douglas (1990). Institution, Institutional Change and Economic Performance, p. 37.

罪犯矫正契约化的文化特质

罪犯矫正契约化的理念就是罪犯矫正契约化的内在精神，是罪犯矫正契约化原则和哲学的凝练，是罪犯矫正契约化思想和实践的结晶，是罪犯矫正契约化文化的积累。它具有丰富的思想内涵和博大精深的理论体系，对罪犯矫正起着基础的和根本的指导作用，其中包括提升地位、关注平等、突出合意、让渡权利。罪犯矫正契约化的基础是个别正义理念、权利保护理念和契约理念。罪犯矫正契约化的价值取向包括主体性、平等性、正义性、互惠性和效率性。其中，平等观尤为重要，要求“平等对待不平等的人”①。

一、确立罪犯矫正的主体性地位

随着社会的文明与进步，社会公众具有了宽容、正义、法治、权利、民主等现代理念，而这些理念也成为社会主义的核心价值。所以，社会公众对待犯罪的态度以及对待罪犯的态度是趋于理性、人道和人性的。因此，在人学理论中，任何人都是社会的主体，并且在社会发展和变迁中，担当着重要的使命和职责。从人学的视角来看待罪犯，矫正机构是对罪犯主体性的确认。这就意味着罪犯必须对其犯罪行为负责，在矫正教育中具有主体性地位；意味着对罪犯的矫正教育成为可能；意味着罪犯对自己的矫正负有重大责任，是矫正的主导者。这是对罪犯人的理性和良知恢复的基础，矫正罪犯必须关注罪犯的人性本质。张晶研究员认为：“这里的人学是马克思主义的人学，根本价值在于确认罪犯在改造活动中的主体性地位。”②在法治社会、公

① Jarnes M · Buchanan：《自由的界限——无政府与利维坦之间》，顾肃译，台北联经出版事业公司，2002 年版，第 16 页。

② 张晶：《深读矫正——现代监狱制度的理论逻辑》，江苏人民出版社，2013 年版，第 330 页。

民社会，矫正机构“应该在教育改造的原则下运行，并且应该将犯人看作公民而不是敌人”①。从这个意义上看，罪犯在整个矫正教育活动中居于主体性地位。

罪犯矫正契约化的主体性价值取向，表现在两个方面：一是标志着罪犯从预设的或传统的社会关系结构中解脱出来，即梅因所说的“从身份到契约”的范式转换，使罪犯不再是被动的被矫正的对象，不再处于矫正关系的客体地位，而成为矫正关系的主体，处在主体性地位，是矫正活动的主动参与者。二是罪犯矫正契约化使罪犯矫正活动和罪犯的人格完整性保持了平衡，罪犯矫正契约实际上是矫正机构与罪犯之间或者是矫正参与者之间求同存异的最好制度架构。从道德契约论的视角看，矫正契约化的主体性还体现在自主性和自律性的统一。罪犯矫正契约是罪犯自由意志的表达行为，是罪犯建立在自愿基础上的主观意志选择的结果，这是自主性的表现；矫正契约的缔约参与者必须服从契约规则，受其约束，这是自律性的表现，即规则是矫正契约协议的客体，缔约参与者则是自愿接受协议客体约束的主体。

1. 矫正契约化使罪犯回归矫正主体

在传统的罪犯矫正或改造关系中，罪犯的法律身份固定了罪犯在监狱服刑中的地位，永远是被惩罚、被强制、被专政、被改造的对象等，但是在矫正契约化语境下，罪犯的身份是通过互惠关系来定义的，可以通过协议或某种义务的假定，罪犯可以获得矫正活动中的某种自由。因而，罪犯矫正契约被设计用来居间调停自我利益和良心、物质方式和先验目标以及在监狱服刑中罪犯个体和罪犯群体的命运。罪犯矫正契约打破了罪犯法律身份的唯一性，以及罪犯处遇中的等级制，寻求以矫正契约为基础来置换所有的罪犯在服刑中的身份关系。

（1）确立罪犯矫正的主体性是法治文化的回归。改革开放以来，随着我国法治化建设的逐步完善，人们在思考罪犯在改造活动中的地位问题。由于传统罪犯矫正教育模式中政治因素的干扰和基础理论研究的缺陷，导致矫正教育活动中基本概念的混乱、罪犯在改造关系中定位的模糊。其根本原因在于没有厘清什么是矫正教育、其范畴都包括哪些。因为只有在不同的范畴中，才能确立罪犯是改造的主体、矫正的主体和惩罚的主体。“囚犯是监狱的主体，权利与义务构成了囚犯在监狱法律关系中的基本要素。”②罪

① 于爱荣主编：《矫正技术原论》，法律出版社，2007 年版，第 5–6 页。

② 张晶：《深读矫正——现代监狱制度的理论逻辑》，江苏人民出版社，2013 年版，第 29 页。

犯是人,是公民,因而具有法定的权利与义务。罪犯有权受到人权保护:无论是道德的权利、法律的权利,还是应然的权利、实然的权利,都是神圣的,表达的是对罪犯的关爱、尊重,体现的是社会的文明、进步,张扬的是人性的真、善、美,是现代社会追求的至高目标。

(2)确立罪犯矫正的主体性是人文文化的回归。在谈到罪犯在教育矫正中的地位时,张晶研究员认为:“罪犯,是监狱的元概念:没有罪犯,就没有监狱,没有监狱,就没有矫正工作者。显然在这样的逻辑中,罪犯居于特殊的核心地位。”①“囚犯在监狱的改造、教育、矫正、矫治活动中具有了人作为主体的活动形式的为我性、对象性和能动性,而且,囚犯自身的认识、观念、素质等在活动中起到重要的作用。或者说,如果没有囚犯的作用,监狱工作的目的是无法实现的。”②这是我国监狱改造罪犯活动中,对罪犯的重新定位,也是契约刑思想在罪犯矫正中的体现。罪犯是矫正自己的主人,是监狱工作的主体。一切体制、机制及其制度的设计必须遵从“以人为本”的思想,一切以矫正罪犯为中心,以构建社会主义和谐社会为目标。让罪犯参与自己的改造中来,让他们自己实现自我革命。

(3)确立罪犯矫正的主体性意味着责任的承担。正如张晶研究员所言,主体和责任具有同步性,确认罪犯的主体地位,意味着罪犯必须对其犯罪负责。罪犯之所以被追究刑事责任,是因为他们具有正常的理性和情感。由此,罪犯必须以理性的态度承认犯罪,认识到犯罪的危害,并树立改变自己的勇气,勇于面对矫正机构的矫正和教育,主动承担起犯罪的责任,培养认知和控制自己情感的能力。③

(5)确认罪犯的主体地位意味着矫正罪犯成为可能。罪犯的改造是一个内在的自我改变的过程,一般说来,都要经历服从、同化、内化三个阶段。而三个阶段的逐步推进,是以罪犯的自我成长和进步为基础的。也就是说,罪犯的改变是“内因”在起着决定性的作用,而矫正机构的外在因素只是影响因素,但绝对不能超越内因而起决定作用。只有使罪犯成为矫正教育的主体,居于主导地位,才能激发罪犯自我改变的欲望和内在需求,才能从本质上体现“人是可以改造的”的思想。否则,仅靠外力的作用,罪犯改造是无

---

① 张晶:《深读矫正——现代监狱制度的理论逻辑》,江苏人民出版社,2013 年版,第 169 页。

② 张晶:《深读矫正——现代监狱制度的理论逻辑》,江苏人民出版社,2013 年版,第 253 页。

③ 张晶:《深读矫正——现代监狱制度的理论逻辑》,江苏人民出版社,2013 年版,第 36-38 页。在张晶的其他著作中,都对这个问题进行了深刻、明确和详细的论述。下边是作者对张晶主要观点的归纳和概括。

法实现的。

(6)确认罪犯的主体地位,是对罪犯人的理性和良知恢复的基础。罪犯犯罪在一定程度上是非理性的结果。确认罪犯的主体地位,强调罪犯对犯罪行为的认知和其对法律责任的承担,有助于帮助罪犯的自我醒悟,强化罪犯的自我悔罪感。在罪犯矫正和教育中,使罪犯恢复社会道德与良知,不仅在服刑过程中,而且在罪犯回归社会后,能够以忏悔、感恩的心态面对社会,面对受害人,使自己不再犯罪,承担起公众安全的责任,有效地预防和控制犯罪。

(7)确认罪犯的主体性具有促进罪犯回归的价值。以罪犯为主体的矫正模式,就是强调罪犯在矫正教育中的主体地位,确认罪犯矫正教育的主体性,发挥罪犯矫正教育的自觉性,尤其是在罪犯服刑的中后期,可适当放松管理教育活动的外在强制,允许罪犯有一定的自由度和选择权,允许有一定程度的个性化表现,可由罪犯自主决定矫正教育的方式、自我选择矫正项目和矫正内容,自我决定学习内容,自觉完成矫正任务。这样做,其实就是一种特殊的、可控条件下的真实情景模拟测试,不仅有利于考察罪犯的真实心理、矫正教育的真实状态,而且为以后强化针对性管教措施提供依据,也是克服强制矫正必然带来的负面效应——“监狱化”倾向的需要,是提高罪犯对未来社会适应性的需要;从本质上讲,也是促进罪犯作为“人”的自由发展的需要,是以人为本理念在矫正教育工作中的具体体现。①

2. 矫正契约化保持了罪犯个人人格的完整性

罪犯矫正契约化从罪犯改造所面临的现实困境的角度解释矫正契约和罪犯改造中所产生的问题。因此,罪犯矫正契约化的主旨实际上是为了讨论罪犯矫正中所存在的共性问题,寻求问题解决的办法。“因此,至少在思辨意义上,契约这种装置或者手段,就成了人类最好的思维选择和制度选择,也是一种最简洁和最有效的制度选择。”②罪犯矫正契约化制度设计希望“所有的社会合作都经由契约来治理,而不是通过命令来治理的。个人是独立自由的,每个人决定有关自己的全部事务”③。

现代矫正理念中,罪犯是人格和发展意愿被高度关注的改造主体,是严格按照法律规定履行服刑义务并且人格受到尊重、权利受到保护、权益受到保障的权利主体,是在科学的矫正手段的修复下重新社会化的特殊公民。

---

① 张发昌:《理念发展与实践转型》,《河南司法警官职业学院学报》,2009 年 3 期。

② 于立深:《公法哲学意义上的契约论》,吉林大学 2005 年博士学位论文,第 92 页。

③ Anthong de Jasay. Social Contract. Free Ride,1989,p. 1.

矫正机构对罪犯矫正教育的价值在于矫正罪犯的不良品行,重塑罪犯健全的人格。这是科学改造的立足点,也是罪犯自然属性与刑罚属性的必然结果。发展和提升罪犯的社会属性,重构罪犯健康的社会人格,是罪犯科学改造论的改造目标。发展和提升罪犯社会人的社会属性主要包括:社会的价值行为、社会的公德行为、社会的交往行为、社会的技能行为、社会的生活行为和社会的发展行为。矫正机构要将罪犯改造成为社会守法之人,就应当在罪犯社会属性、健全人格和行为的重构上予以发展和提升。

为此,罪犯矫正契约化不是否定政府或代表政府执行刑罚的矫正机构的权威,也不是削弱法律在行刑中的至高无上的地位,恰恰相反,坚持执法者的权威缘于罪犯的个人利益并且为罪犯个人利益而存在,从而保卫或维护了罪犯人格价值。"国家是服务性的,它的目的是保护个人人格的完整发展。"①

简而言之,罪犯矫正契约化尊重人所具有的两种天性——合群性和和己性,使二者有机地统一起来,通过矫正契约保持了罪犯个人人格的完整性。但是,我们也必须看到,罪犯矫正契约化在我国尚缺乏得以制度化的正义原则的支配和公共力量的保证。

二、平等性:"平等对待不平等的人"

平等是人类文明最值得追求的崇高价值。"平等观念是社会契约理论的核心价值。一方面契约的成立是以对主体平等的充分肯定为前提的,平等是契约形成的前提条件。另一方面契约实现的过程和结果是对平等的有力保证和体现。"②

(一)关于平等

平等是人和人之间的一种关系、人对人的一种态度,是人类的终极理想之一。在这里,人和人之间的平等,不是指物质上的"相等"或"平均",而是在精神上互相理解、互相尊重,把对方当成和自己一样的人来看待。现代社会的进步,就是人和人之间从不平等走向平等的过程,是平等逐渐实现的过程。我们追求罪犯矫正契约化的平等性,就是要从文化特质的层面加以理解平等的深刻内涵,拓展平等的精神实质。我们只有更好地理解"平等",才能更好地在罪犯契约矫正中实践"平等"。

在政治哲学领域,平等是当代政治哲学的研究主题。按照平等的实践

---

① Gough, The Social Contract,第7页。

② 冉小平:《社会契约与制度正义——正义论制度伦理思想的一种解读》,2007年西北师范大学硕士论文,第8页。

历程和实践程度,平等分为形式平等和实质平等双重维度。形式平等体现为平等对待、程序正义和权利平等,它以政治平等为表征;实质平等体现为财富和收入的平等分配,它以经济平等为表征。形式平等为当代政治哲学家普遍接受,实质平等则是检验其对待平等真实态度的标准,在正义意味着平等的时代,社会不能简单停留于形式平等,而应该最大限度地实现实质平等,只有将平等的双重维度内在地统一起来,才能保证平等的政治价值和理想的实现。也有研究者将平等分为结果平等和原因平等。结果平等实际就是平均主义,要求共同地平均拥有,要求绝对平均;原因平等是指在开放社会中给予每个人以自由竞争的权利,让他得到充分的资源,完全发挥个人的潜力,而不必为环境所限。

平等的真谛在于:平等地对待平等是一种平等,不平等地对待不平等也是一种平等。平等不是结果上的平均主义,而是努力实现广泛的机会平等。

(二)关于罪犯的平等权利

平等权是中国公民的一项基本权利,它意指公民同等地依法享有权利和履行义务,不受任何差别对待,要求国家同等保护的权利。《宪法》对之最为经典性的表述就是:"公民在法律面前一律平等。"平等权是我国宪法规定的一项基本权利,是权利主体参与社会生活的前提和基本条件。公民的平等权有以下含义: ①所有公民平等地享有宪法和法律规定的权利;②所有公民都平等地履行宪法和法律规定的义务;③国家机关在适用法律时,对于所有公民的保护或者惩罚都是平等的,不得因人而异;④任何组织或者个人都不得有超越宪法和法律的特权。

罪犯的平等权,我们可从以下几方面进行理解:首先,罪犯所享有的平等权并不只是指在适用法律上的平等。严格地说,它由四部分组成:一是权利平等,即所有的罪犯平等地享有法律规定的权利;二是义务平等,即所有的罪犯平等地履行法律规定的义务;三是法律适用平等,即国家机关在适用法律时平等地对待所有的罪犯,在保护或惩罚上一视同仁,不可因人而异;四是法律界限平等,即任何组织或个人都没有超出宪法和法律的特权。这四部分是一个有机的整体,它们的统一构成了法律上的平等权。其次,平等权表达的是一种如何对待罪犯的原则和信念。它否定那种强调有差别的罪犯个体,且把监狱中由于累进处遇而出现的"罪犯分层"的存在视为社会正义的基础,依据各罪犯的身份或"处遇层级"有差别地分配权利义务。再次,平等权表达的是罪犯作为权利主体在法律所限定的范围内的平等。范围的限定决定了这种平等是绝对性和相对性的统一。绝对性主要表现在两个方面:一是罪犯作为权利主体享有和实施权利的可能性是绝对的。只要是法所规定的权利,一切符合该权利要件的主体,无论他是否已经拥有实现该权利的资源,或是否准备实现这一权利,他都享有这项法定权利且拥有将之变为现实的可能性,比如罪犯的探亲权、减刑权、假释权等;二是一般基本权利的享有是绝对的。对于那些在任何时候或任何条件下都不可剥夺的权利,如罪犯的尊严权、人格权和精神自由等一般基本权利,罪犯之间无条件地绝对平等。相对性也主要表现在两个方面:一是现实权利的平等是相对的。法所确定的平等权是一种形式表达上的平等,而不等于实际平等或权利实现结果上的公平。二是其他基本权利的享有是相对的。对那些可以在一定条件被限制或剥夺的权利,如人身自由、政治权利和政治自由、财产权等,罪犯之间的平等是相对的。因此,平等权的本质含义是依据合理的差别事由进行差别对待。

(三)罪犯平等权的实现

1. 树立法律平等的理念

我们要充分认识到平等是社会进步的体现,平等是人类长期追求的美好理想之一,而不平等是愚昧落后的表现。我们要构建法治化监狱,平等是重要的考量标准。一方面每一个矫正工作者要不分贫富、不分地域、不分职业、正确把握"严不过人、宽不过囚"的原则,平等地对待每一个罪犯,平等地保护他们的合法权益。同时,要消除歧视,平等对待每一个罪犯。要有发自内心地对罪犯人格的尊重,确实认清歧视罪犯的错误和危害性,努力消除歧视罪犯的观念。正如有学者所主张:"对于我们的监狱的未来发展应该有这样一个方向:在社会主义民主文明的价值基础上建立起来的能够保证罪犯得到正确行刑、平等对待并最终实现罪犯改造的监狱。"①另一方面,在矫正教育罪犯过程中,要培育罪犯"平等"思想。平等的矫正教育就是以矫正教育过程的平等,把平等理念植入罪犯心中,提倡平等,弘扬平等,追求平等,以平等来驱逐罪犯心中残存的罪恶意识、暴力倾向。从所有犯罪事实来看,任何犯罪都是不平等的,无论他们采取的是暴力手段还是经济手段,都是把个人意志强加于他人意志之上,以获取或谋求个人利益的实现。通过平等的矫正教育,使他们成为平等原则的受益者、体验者,进而成为平等原则的实践者。

2. 坚持平等原则

卢梭认为,通过人们一致同意的社会契约"并没有摧毁自然的平等,反而是以道德与法律的平等代替自然所造成的人与人之间的身体上的不平等,从而,人们尽管在力量和才智上不平等,但是由于约定并且根据权利,他

① 高文:《未来十年我们打造什么样的监狱?》,《犯罪与改造研究》,2003 年第 1 期。

们却是人人平等的”[①]。平等,是社会契约关系的重要的伦理价值。我们坚持平等原则是指对于罪犯监督管理中相同之事件应为相同之处理,不同之事件则应为不同之处理,除有合理正当之事由外,否则不得为差别待遇。这是平等的基本法律原则。法律必须眷顾每一罪犯,因为每一个罪犯都是平等的。认真对待罪犯权利,就是认真对待每一个罪犯个体的权利,一个公正的社会,应当是一视同仁地认真对待每一个个体权利的社会。

3. 平等地对待罪犯

随着我国法治化进程的快速发展,平等地对待罪犯的观点,成为社会共识,可以说这是中国社会法治文明的缩影。人们普遍认为,虽然罪犯的犯罪行为对社会造成了损害,但他们仍然是社会的一员,是公民,应当享有人所应该享有的最基本的权利,同时承担其应当承担的义务。有学者从权利义务相统一的角度,对平等地对待罪犯问题进行了阐述[②]:从权利的角度看,正如英国学者米尔恩所言,既然一个共同体是由其成员组成的,而作为一个成员的特别之处是享有权利,那么没有权利就没有共同体。“不仅仅是要有社会就要有权利,而且是若要遵从普遍的低度道德标准的要求,就必须让每个人类成员都享有权利。”[③]从义务的角度看,义务与权利本就是一对孪生兄弟,没有无义务的权利,也没有无权利的义务。罪犯享有一定的权利,他当然应该承担一定的义务。可以说,罪犯与普通公民一样都是权利义务的统一体。而且,如果不将权利与义务抽象为一个整体,而是将权利与义务具体化,我们也可以看到罪犯与普通公民权利义务平等的一面。例如,根据《宪法》和《监狱法》的规定,罪犯和普通公民平等地享有人格权;罪犯与公民享有平等的申诉权、控告权、检举权;罪犯的合法财产权利与普通公民一样平等地受法律的保护;对于未被依法剥夺或者限制的权利,罪犯与普通公民一样平等地享有,不受侵犯。所以,我们不能因为罪犯的特殊身份而无尽地剥夺其本应享有的权利,甚至不应为罪犯平等地行使这些权利而设置不应有的障碍。其次,罪犯与罪犯之间也是平等的。罪犯作为一个特殊的群体,在权利的享有方面均受到法律的一定程度的约束,在义务承担方面因法律的规定均承担普通公民可能并不承担的其他义务。所以,从法律地位上看,罪犯作为一个群体在法律上具有平等的地位。

“平等是个有争议的概念:赞扬或贬低它的人,对于赞扬或贬低的究竟

① 【法】卢梭:《社会契约论》,商务印书馆,1980 年版,第 34 页。

② 赖早兴:《论平等对待罪犯》,《犯罪与改造研究》,2005 年第 10 期。

③ A. J. M. 米尔恩:《人的权利与人的多样性》,夏勇、张志铭译,中国大百科全书出版社,1995 年版,第 154 页。

是什么,意见并不一致。准确地表述平等本身就是一个哲学难题。"①罪犯矫正契约化的平等是一种价值平等和形式平等,具有双重属性:价值性和事实性。在这里,平等的价值性,是指法律面前的、形式的平等;而平等的事实性,则主要指内容上的、实质上的平等。在理解罪犯矫正契约化的平等性时,"首先是一种价值,而不是一种事实状态的描述"②。

有学者认为:"从形式上看,平等对待与区别对待是一对难以调和的矛盾;但从实质上看,区别对待往往是平等对待的内在要求。这实际上体现的是形式平等与实质平等之间存在的冲突。形式平等与实质平等的矛盾一般又表现为机会平等与结果平等的矛盾。在形式平等中,'人'是一个抽象化的概念,完全没有因先天与后天的因素而导致的强弱之分,它强调的是人在自由竞争中的机会平等;实质上的平等则是从人生而不同出发,注重个体间的差异,并基于这种差异给予不同的待遇,强调结果平等。可以说,形式的平等不考虑个体间的差异而完全相同地对待,其结果可能导致实质上的不平等;实质上的平等将个体间的差异加以考虑,从形式上来看显然也是不平等。"③正如英国学者休·柯林斯教授所言:"平等对待原则与实质平等概念之间总是存在不协调之处。因为平等对待所确定的是程序而不是结果,平等对待总是被当作达到特定结果的障碍物。"④具体到罪犯矫正契约化活动中平等对待罪犯问题,更应当给予罪犯基本权利的平等,同时对特定的罪犯,以及对于罪犯矫正契约化的某些特殊情况可以区别对待。因此,平等地对待罪犯包括权利主体的事实平等和权利主义的价值平等抑或形式平等。要求我们平等地尊重罪犯的人格。罪犯矫正契约化必须树立这样的信念:一是每个罪犯都具有天赋平等的人格。人生而平等,最基本的平等就是人格的平等,人与人之间存在着许许多多的显著差异,但所有这些差异都不构成一部分人可以歧视另一部分人的充足理由,对待罪犯也应如此。二是尊重罪犯平等的人格。我国法律规定了"法律面前人人平等"原则,《宪法》第38条规定:"中华人民共和国公民的人格尊严不受侵犯。禁止用任何方法对公民进行侮辱、诽谤和诬告陷害。"罪犯虽然犯了罪,但仍是中华人民共和国公民,人格尊严不受侵犯。三是平等对待罪犯是现代人的基本素养。正如

---

① 【美】德沃金:《至上的美德——平等的理论与实践》,冯克利译,江苏人民出版社,2003年版,第2页。

② 于立深:《公法哲学意义上的契约论》,吉林大学2005年博士学位论文,第93页。

③ 赖早兴:《论平等对待罪犯》,《犯罪与改造研究》,2005年第10期。

④ Hugh Collins, Discrimination, Equality and Social Inclusion, 66. The Modern Law Review. 17(2003).

理查德·斯蒂尔:“对一个有优越才能的人来说,懂得平等待人,是最伟大、最正直的品质。”康有为也认为:“人人相亲,人人平等,天下为公,是谓大同。”平等对待罪犯不仅是现代人“人人平等”的理想追求,而且“是最伟大、最正直的品质”。四是正确认识现实中的差异和不平等。“人人生而平等,人人生而有别”。现代契约理论的代表人物罗尔斯在《正义论》中提出了两个著名的正义原则:自由平等原则和机会平等、差别原则,也强调在平等的原则下,承认存在着差异和不平等,也就是说,平等不是绝对的、无条件的,判断某种平等要求是否合理的标准就是看其是否有利于个人和社会的进步与发展。平等并不意味着“结果平等”,而只意味着“机会均等”。在现代法治下,任何罪犯都不应被剥夺追求正当利益和自身发展的权利。这也正是联合国《囚犯待遇基本原则》的要求:“本原则应适用于在任何一国领土内所有的人,不因其人种肤色、性别、语言、宗教或宗教信仰、政治或其他见解、国籍、种族或社会出身、财产、出生或其他身份而有任何区别。”

4. 平等地矫正教育罪犯

平等是一种最基本的人权。平等地矫正教育罪犯,是指在对罪犯实施矫正教育过程中,对所有罪犯一视同仁,机会均等,并满足罪犯的基本的物质文化需要。在这里,平等是前提,矫正教育是目的,平等是理念,矫正教育是行为,二者既相辅相成,又相互制约。在罪犯矫正契约化的约束之下,以平等矫正教育的理念,最大限度地激发罪犯接受矫正教育的能动性,进而调动罪犯主动自我矫正的活力,以实现改造人的目的。

(1)追求平等是人们共同的价值追求。平等是人类实践活动所追求的一种政治价值目标,也是现代社会赖以立足的基本原则。恰当地理解和运用平等原则,将使罪犯矫正教育更趋于人性化,更有助于促进社会各个层面的相互信任与合作,更符合社会发展的要求。特别是在罪犯矫正契约化的语境下,对罪犯的矫正教育不单是改造质量,深层次的要求是要十分重视具有民主、平等意识的契约矫正这个结果的过程。现代矫正教育的本真目标是“改造人”,即让罪犯在契约矫正过程中完成人性归真,道德重建,价值标准回归,使之更符合本能的人性,同时也就符合了社会发展的刚性要求。

(2)平等是罪犯改造的内在动力。罪犯首先是人,是作为主体的人参与社会活动,具有人应该具有的基本道德和意识判断,并随之产生相对应的情绪或反应。他们在契约矫正过程中,不但取决于他们自己的内省和反思直至悔悟,更强大的力量来自于“平等契约”给予他们的尊重。罪犯矫正契约化激活了罪犯自我改造的潜能,以内省方式实现自身意识和思想的净化,用道德和法律标准对自己的行为进行理性的批判,然后在符合道德和法律的范围内活动,“平等契约”在罪犯矫正契约化中是最主动、最具有效力的一种

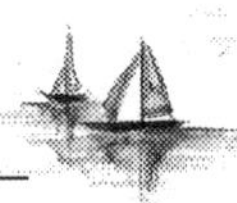

因素。

(3)平等是罪犯得以矫正教育的前提条件。人类的良知是一种最高尚的道德,它是人类价值链的核心和灵魂。物质决定意识,善和恶都存在于人性中,人性本恶是契约理论的一个基本的假设性前提。在一定条件下,环境是决定人性善还是人性恶的根本条件。而这个环境是人类和自然所共同创造的,人的力量可以使环境朝着更符合人性的善的方向改变,同时也可以使它朝泯灭人性的恶的方向发展,前者使人类走向文明与进步,而后者则毁灭人类。人需要在整体的社会环境中完善自己,实现自己的价值。因此,罪犯作为罪人,自身的改变更是环境的产物。罪犯能力的发展依靠环境和矫正教育。环境培养罪犯的适应能力,只有矫正教育才能使罪犯发生改变。在罪犯矫正契约化的正义法则下,罪犯潜在的正义感和创造力将会适应环境,最终由被动的强制矫正转化为主动的真正和谐平等的自我矫正和教育。只有平等的环境和矫正教育才能造就健全的、符合现代社会要求的人。

(四)平等的逻辑证明:"平等对待不平等的人"①

罪犯矫正契约化的前提是罪犯个体的差异性,罪犯矫正契约化中的平等,其要义是"平等对待不平等的人",不把罪犯的不相关的社会身份带入矫正契约关系。由法律确认的矫正者与罪犯之间的关系肯定是不平等的,平等对待可以不是法律事实上的要求,而只是要求在矫正活动中认同罪犯作为人的存在及其尊严。因此,形式上的平等判断有其现实意义。

"平等权是现代法治和民主社会的最基本内容,也是最基本的人权表现形式,是一种底线权利或生存权利。平等权的核心应该是平等对待和机会平等,前者是形式视角的,后者是实体视角的。"②在现代社会,价值观可以塑造和决定新的社会结构,罪犯矫正契约化的平等观念实际上颠覆了传统的监狱矫正观念或改造观念以及监狱的平衡结构体系,使罪犯以法律上的身份关系参与到矫正契约化的平等关系结构中来,成为矫正的主体,平等地和矫正参与者讨论矫正问题,制订矫正方案,确立矫正项目,探讨矫正绩效等,平等地享有监狱所提供的矫正服务。

在监狱行刑领域,罪犯作为被改造的对象,在事实力量上与作为国家刑罚执行机关的监狱相比存在着明显的差距,这是监狱、监狱警察和服刑罪犯之间在事实身份上的不平等,这是矫正参与者身份多样性和矫正契约关系

---

① Jarnes M. Buchanan:《自由的界限——无政府与利维坦之间》,顾肃译,台北联经出版事业公司,2002 年版,第 16 页。

② 于立深:《公法哲学意义上的契约论》,吉林大学 2005 年博士学位论文,第 97 页。

在这一层次上的表现，亦即在行刑层次上的表现，是事实身份所形成的具体契约关系。罪犯矫正契约化中的抽象关系体现为现代监狱矫正理念将监狱警察和罪犯双方视为平等的主体，并通过具体的法律制度使两者的力量和地位做到最大限度的平衡，即平等的人格假设。因此，监狱矫正领域的矫正契约化也应从具体关系和抽象关系两个层面上去分析关于平等性的问题。从抽象关系来看，法律面前人人平等，法律赋予服刑罪犯和监狱警察在矫正关系中的平等地位，使罪犯在这一层面上和监狱警察关于矫正问题经过协商与妥协达成合意，在外表上看符合平等主体协商的契约抽象关系的特征。从具体关系上来看，即由事实身份而形成的关系，无论是监狱与罪犯之间，还是监狱警察、其他矫正参与者与服刑罪犯之间，存在着法律关系上的不平等。无论如何，对于罪犯而言，他所享有的法定权利和所处的法定场所，都使他们处于弱势的地位，其在选择自己行为方式上，可回旋的余地是有限的，甚至在大多数情形下不得不做出同意的意思表示，表现为监狱单方主导罪犯矫正契约化的形式。正如罪犯被关押监狱中的某一监区，面对强大的监狱，罪犯即使不同意也要被强制关押，监狱无论将罪犯关押在哪一所监狱或者哪一个监区都具有合法性，都能找到合理性的依据。因此，罪犯矫正契约化所存在的关系包括了抽象契约关系和具体契约关系，只有将二者结合起来分析，才能使罪犯矫正契约化的平等性特质得出合理性的解释。

三、实现个别正义

“复杂的社会必然是靠正义原则支配才能存在的社会，正义的社会是一个由个人经由契约的理性选择的合作社会。”[①]罪犯矫正契约化所涉及的正义包括实质正义、程序正义和制度正义。其中，主要是通过矫正教育使罪犯回归社会的个人正义。古典契约论认为，同意是判断或者决定正义的尺度。因为正义起源于契约，正义的本质是趋利避害人们之间的折中协议。[②]“正义取决于事先存在的契约。”“一切立约议价的东西其价值是由立约者的欲求来测量的，因之其公正的价值便是他们满意付与的价值。”[③]新契约论所讲的程序正义和制度正义都有一个基本点，即“程序比结果重要，正义的结果

---

① 于立深:《公法哲学意义上的契约论》，吉林大学 2005 年博士学位论文，第 16 页。

② 【古希腊】柏拉图:《理想国》，郭斌和、张竹明译，商务印书馆，1986 年版，第 46-47 页。

③ 【英】霍布斯:《利维坦》，黎思复、黎延弼译，商务印书馆，1985 年版，第 114-115 页。

是由正义的程序建立的”①。在这一点上,古典契约论和新契约论的观点实质上是相通的,因为古典契约论的同意、默契实际上也是程序性和形式性的,协议达成的结果也可能事实上不公平,但是,同意和自由选择决定了义务的合法性以及制度存续的合法性。

(一)关于正义

在汉语里,正义即指公正的、正当的道理,与公平、公道、正直、正当等相联系,是伦理学、政治学的基本范畴。在伦理学中,通常指人们按一定道德标准所应当做的事,也指一种道德评价,即公正。柏拉图认为,各尽其职就是正义。在柏拉图的《理想国》里,苏格拉底认为正义的要义是:正义起源于人们的审慎思考,为了正义人们开始订立契约,“把守法践约叫合法的、正义的。这就是正义的本质和起源”②。乌尔比安认为:“正义就是给每个人以应有权利的稳定的永恒的意义。”黑格尔认为:“正义为了自由而存在,有了正义自由才成为可能。”凯尔森认为:“正义是一种主观的价值判断。”在我们的概念中,正义即公平、公正。正义是法源之一,更是法的追求与归宿。正义作为一种主观的价值判断,涉及三个要素:人、社会和与人直接相关的事物。人是正义反映的主体,也是评价正义的主体;社会的形成归于人的产生和结合,社会对人的分工、分配起着重要作用,个人得不到与他人平等的地位、待遇,往往归结于社会的不正义(公平);而与人直接相关的事物,如地位、资格、自由等,其多寡优劣主导着人们的评价。法律层面的正义是人类社会普遍认为的崇高的价值,是指具有公正性、合理性的观点、行为、活动、思想和制度等。③ 因此,在正义的类别上,依据不同的标准也有不同的分类。从公民参与经济、政治和社会其他生活的机会公平、过程公平和结果分配公平来看,正义可分为社会正义、政治正义和法律正义等。根据正义涉及的不同领域的标准,可以把正义分为制度正义、形式正义和程序正义。制度正义指社会制度的正义,具体是指社会财富、资源、责任、义务分配是否公平和正当。形式正义是对法律制度的公正一致的执行,它不管法律制度本身是否符合正义,它强调法律制度始终如一地得到实现。程序正义是指保证实现制度正义和形式正义的具体步骤和方法。④ 在《正义论》中,罗尔斯开宗明义地指

① 姚大志:《罗尔斯正义理论的道德基础》,《江海学刊》,2002 年第 2 期,第 40 页。

② 【古希腊】柏拉图:《理想国》,郭斌和、张竹明译,商务印书馆,1986 年版,第 46 页。

③ 好搜百科,浏览时间:2015 年 1 月 31 日。浏览网址:http://baike. haosou. com/doc/4813261-7564609. html。

④ 好搜百科,浏览时间:2015 年 1 月 31 日。浏览网址:http://baike. haosou. com/doc/4813261-7564609. html。

出:“正义是社会制度的首要价值,正像真理是思想体系的首要价值一样。”① 罗尔斯正义理论给我们提供了这样的思路,正义包含着两层基本的含义。一是指社会个人、集团的行为是否符合社会发展的要求和人民的利益,即个体公正;二是指社会是否合理地对待某个集团或个人的社会公正。所以,正义具有历史性、具体性和相对性。正义是人们追求的一个崇高的价值、理想和目标。正如罗马法学家查士丁尼在其《法学总论》中所言:“正义是给予每个人他应得的部分这种坚定而恒久的愿望。”②但是,“正义具有一张普洛秀斯似的面孔,变幻无常、随时可呈不同形状,并具有极不相同的面貌”③,“正义是人类集体生活中的永恒烦恼和永恒追求”④。我们这里所探讨的罪犯矫正契约化的正义的文化特质是指所实现的个别正义。

(二)实现个别正义上的文化特质

罪犯矫正契约化与正义是相互联系、相互促进的,正义对罪犯矫正契约化的发展起了一定的推动作用。正义作为罪犯矫正契约化追求的最高目标,是区别矫正教育活动的标准,始终是罪犯矫正契约化进化的精神驱动力。同时,罪犯矫正契约化也是实现正义的重要手段,罪犯矫正契约化运用国家强制性,保护罪犯的合法利益,使罪犯在矫正教育的基础上回归社会后融入正常的社会生活,以实现个别正义。

1. 权利的公平

罪犯矫正契约化中的公平,首先是个别公平。它意味着罪犯在享有法定权利上的公平,它承认并保证法律赋予罪犯拥有平等的生存权、发展权、劳动权、受教育权、休息权、检举揭发控告权、申诉权等权利。这些权利是由宪法和法律所规定的。也就要求契约矫正制度安排和非制度安排给每个罪犯享有这些权利的机会是平等的,特别是在罪犯回归社会之后,劳动的权利、受教育的机会、职业的选择等不能受刑罚背景、家庭状况等因素的限制和影响。

2. 机会的平等

在罪犯矫正契约化中,平等问题是由社会发展的经济、政治、文化的不平等而引起的。宏观上看,平等只能是社会意义上的平等,主要是权利平等。但是,机会平等是矫正教育中罪犯普遍获得发展、带来利益的一个重要

① 【美】罗尔斯:《正义论》,何怀宏等译,中国社会科学版社,1988 年版,第 3 页。

② 查士丁尼:《法学总论》,商务印书馆,1989 年版,第 5 页。

③ 博登海默:《法理学——法哲学及其方法》,华夏出版社,1987 年版,第 238 页。

④ 于立深:《公法哲学意义上的契约论》,吉林大学 2005 年博士学位论文,第 101 页。

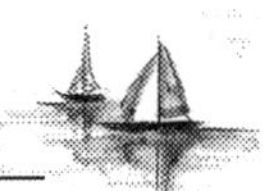

保障。罪犯参与矫正教育活动,要求矫正机构确保机会均等,这是实现权利公平的前提。从有利于挖掘、发挥罪犯的潜能的要求来看,机会公平意味着要满足罪犯在矫正契约化中的不同层次需要和在不同矫正项目中的需要,是一种立体状网络式的公平。一方面要求矫正机构为罪犯多提供机会,另一方面契约矫正制度安排要保证所有机会是均等的。与此同时,我们也必须看到,罪犯接受矫正教育的发展机会不可能完全相等,在承认权利平等、机会平等的前提下还应进一步承认罪犯个体之间差别的存在。

3. 规则的公平

罪犯矫正契约化的多方参与主体在罪犯矫正契约化活动中要求规则必须是公平的,只有在规则公平的前提下,才能实现机会公平、权利公平,才能保证效率的提高。即矫正机构不仅要保证在契约矫正制度和规则面前所有矫正参与主体一律平等,还要保证矫正参与主体享有平等的规则。

4. 分配的公平

分配关系是生产关系的一个重要组成部分,是一种由现存生产力水平决定的、客观存在的经济关系。在罪犯矫正契约化中,公平正义首先体现在分配关系上,这是因为可为罪犯提供矫正教育的资源是有限的,因此,矫正教育资源分配是否合理就成为评判个别公平程度的直接依据,所以,矫正教育的分配公平是罪犯矫正契约化公平的根本内涵和最高层次。矫正教育资源分配是否公平,不仅关系矫正教育效率的高低,对契约矫正制度的变革和罪犯矫正契约化秩序的维护与稳定也起着决定性作用。公正的矫正教育资源分配制度,是罪犯矫正教育的催化剂。实现矫正教育资源分配公平,有赖于合理的矫正教育资源分配机制的建立,其中矫正教育资源分配制度和分配政策起着极为重要的、直接的作用。

5. 效率的公平

在矫正契约化条件下,公平要以效率为前提和基础。也就是说,公平观念首先要以罪犯个体的发展为出发点和目的,即必须与效率联在一起求公平。抛开效率而言的罪犯个体发展和个别公平,有失偏颇,也没有意义。一方面,效率决定公平,效率的水平决定公平的程度。没有效率,充其量只是低水平的公平。另一方面,效率又来源于公平,没有公平就难以有效率。这样,就形成了罪犯矫正契约化的新的公平观念——效率公平。

6. 社会保障公平

在现代法治观念里,罪犯的生存权、发展权必须得到尊重和保护,为此,要建立健全覆盖全社会的保障体系。特别是对罪犯这一弱势群体,政府和社会有必要提供社会保障,为其回归社会的生存、发展提供基本的物质生活条件。这是政府的责任和社会的义务,同时也有利于社会的和谐发展。

(三)矫正契约化的个别正义价值

罪犯矫正契约化作为一种矫正模式,也需要体现矫正的个别正义价值。在目的性层面上,罪犯矫正契约化是伴随行刑合理化运动出现而产生的。行刑合理化运动成为当代刑事思潮中发展的主流和指导西方监狱改革的理论基础。在过程性层面上,罪犯矫正契约化体现对罪犯权利的尊重与保障。当代西方监狱学理论,强调罪犯的法律地位,认为应将罪犯视为具有权利义务和责任的人,而不是消极接受矫正的被动客体。罪犯矫正契约化强调对于罪犯处遇条件的改善与保护,从而有力地保障了刑罚个别正义的实现。罪犯矫正契约化与行刑合理化、刑罚执行的教育化、行刑人道化、行刑个别化、行刑民主化、行刑的目的性、行刑的合法性等行刑原则和趋势相互融通、相互促动,一方面这些原则和趋势基于同一历史缘起,以新派教育刑罚哲学为基础,以矫正教育为基本目的。另一方面体现上述原则和趋势的各个具体制度之间相互交叉、重叠、包含和吸收。

罪犯矫正契约化也涉及实质正义与程序正义的关系问题。对于追求个别正义来说,罪犯矫正契约化实质正义的价值高于程序正义,前者通常是目的,后者是手段。在法治监狱语境中,法治显然不是为法而法、为程序而程序,法治的目的是人的公平正义、自由、平等、幸福等,即实质正义。罪犯矫正契约化在重视程序正义的同时,一定要高度关注对罪犯的实质正义,要通过运用罪犯矫正契约化的原则、精神和法律赋予的裁量权,尽量消除或弥补某些程序可能对实质正义的损害,实现罪犯矫正契约化程序正义与实质正义的统一。我们通常都把监狱执法视为社会正义的最后一道防线。作为监狱警察,必须具有良好的道德品质,建立良好的职业道德规范,否则正义便难以实现。正因为监狱警察在矫正契约化活动中的特殊性,使得社会公众对监狱警察职业道德的要求期望之高,远远超出普通的道德标准。

实践证明,失去了正义依托的罪犯矫正契约化,其效益价值最终也无从体现。从根本上讲,矫正的正义价值和效益价值是统一而不可分割的关系,正义就是最大的效益,罪犯矫正契约化的效益价值,既是“体现社会正义的效益”,更是体现个别正义的效益。

四、互惠性:各方从契约中获得利益

罪犯矫正契约化追求的价值,除了平等性、公正性之外,更重要的在于在行为结果上追求罪犯与矫正参与各方的互利共赢和互相成长,即罪犯矫正契约化的互惠性的文化品质。

互惠性是指罪犯矫正契约化可以给不同的缔约的罪犯带来实惠、利益,即契约是双向或者多向互为权利和义务的,在这里,主要是缔约的罪犯和矫正者。由此,矫正契约被视为一种缔约罪犯和矫正者互利的工具,一种罪犯矫正教育中的“交易行为”。“互惠”理想要求矫正契约的缔结和履行应该使缔约罪犯和矫正者在交换中达到互利,不应该产生任何对当事人不利的结果。[①] 换句话说,互惠就是“收益的相互性”,它是缔约的罪犯和矫正者达成意见一致的前提,也是证明意见一致的标志,反过来说,意见一致也证明了“收益的相互性”的存在。[②] 所以,互惠性既是罪犯矫正契约化的文化特征,也是矫正契约化追求的终极结果。如果罪犯矫正契约化缺失了互惠性价值,也就失去了契约矫正的意义。

1. 互惠原理及其意义

互惠原理认为,一方受到了另一方所给予的利益,应该尽量以相同的方式回报另一方。概括起来就是对一种行为应该用一种类似的行为来回报。因此,互惠是利益或特权的相互或相应让与。罪犯矫正契约化的互惠是矫正者和罪犯之间确立起矫正教育关系的一个基础。在罪犯矫正契约化中,互惠是指矫正者和罪犯互相给予对方的利益,具有以下意义:

(1)互惠互利是矫正者和罪犯共同达成矫正契约的基础。在罪犯矫正契约化中,矫正者和罪犯的共同目的是非常明确的。双方共同的利益和好处是矫正契约化的支撑点,只有在双方都感受到这种利益时,才有可能自觉地去实现矫正契约所达成的合意。

(2)互惠互利能增强罪犯的自我矫正教育的信心。因为社会的成见,罪犯会受到社会的歧视,罪犯被视为社会的败类,致使罪犯或多或少地有一种共同的心理障碍,就是失去自我改造、重新做人的信心。即使回归社会后,也总是担心社会公众对他们有排斥心理,不愿意接纳他们,被贴上罪犯的标签。产生这种心态的重要原因,在于罪犯缺乏对矫正契约化基本知识的了解,没有认识到矫正契约化的互利互惠性。一旦罪犯认识到了矫正契约化给自己带来的利益时,就会悦纳矫正契约化的矫正教育形态,和矫正者达成实质的矫正契约,或者是心理矫正契约,提高矫正契约化的效率。

(3)互惠互利能形成良好的矫正教育气氛。由于矫正者和罪犯双方各自的立场和利益不同,在一定意义上,甚至存在着难以相容的对立情绪。其实,罪犯对矫正者的敌对情绪,是由于法律的规定性和罪犯受到法律惩罚的法律地位决定的。所以,矫正者要以稳定、乐观的情绪,耐心、细致的态度,讲清楚矫正契约化能为罪犯带来的利益,以利益为纽带,确立矫正者和罪犯

---

① 姚大志:《罗尔斯正义理论的道德基础》,《江海学刊》,2002 年第 2 期,第 41 页。

② 布坎南、塔洛克:《同意的计算——立宪民主的逻辑基础》,中国社会科学出版社,2000 年版,第 276 页。

矫正教育关系。

(4)互惠互利有利于罪犯矫正契约化的深化和发展。互利互惠的罪犯矫正契约化模式,不但能使罪犯居于主体的地位,还会使罪犯在服刑中的权利得到充分的保障,而且还能营造和谐的矫正教育氛围,使罪犯的改造发生质的改变。

(5)互惠互利是矫正契约化的一项基本原则,但在具体执行中没有明确的利益分割点。双方利益的分配,是以法定的或约定的权利义务为约束的。因而矫正者和罪犯的利益并不是互相矛盾、互相对立的,而是相互关联的利益共同体。

(二)罪犯矫正契约化互惠逻辑

(1)罪犯矫正契约化具有互惠的属性。由于社会关系的基础是互惠,互惠自发地在正常的人类关系中产生。① "契约论的互惠性价值取向主要指称的对象是私人之间的交易契约、宗教契约、封建君主与臣民之间的统治契约、政府与私人之间为提供公共产品或者服务而缔结的规制契约以及道德契约论。"②很明显,罪犯矫正契约化中的契约包含了矫正者和罪犯之间所缔结的"规制契约和道德契约"以及在矫正契约履行中的双方契合的"心理契约"。所以,罪犯矫正契约是行刑过程中的高级形态。从一定意义上来说,这是罪犯矫正中的"服从契约",其核心在于:服刑罪犯与以监狱和社区矫正机构为主体的矫正者签订矫正契约,在契约中承诺服从管理者的规制和管理,履行自己的义务,参与矫正项目等,矫正参与者和管理者承诺保障罪犯的合法权益,并为服刑罪犯提供矫正教育服务。在这里,矫正者或者管理者承担矫正教育的契约之责,如果违约,将会承受矫正契约"破局"的风险。

(2)道德契约对罪犯矫正契约化具有支撑作用。"道德契约论有两个代表人物——罗尔斯和高塞尔,均认为一个正义的社会必须建立在平等的个人为了相互利益而进行合作的基础之上。按照罗尔斯的结论,一个正义的社会应该被视为一个'自愿安排',正义的社会应该以互惠原则为基础,以'互利平等主体间的合作'为基础。"③互惠的契约理念意味着社会成员有资格要求他人为全体提供益处,没有免费骑手,在互利合作安排的社会里每个

---

① 【美】V. 奥斯特罗姆等:《制度分析与发展的反思——问题与抉择》,王诚等译,商务印书馆,1992 年版,第 119 页。

② 于立深:《公法哲学意义上的契约论》,吉林大学 2005 年博士学位论文,第 102 页。

③ 于立深:《公法哲学意义上的契约论》,吉林大学 2005 年博士学位论文,第 104 页。

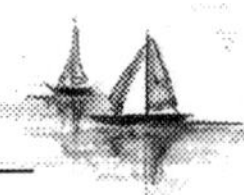

人都从中受惠。[①]

总之，罪犯矫正契约化有其内在的互惠逻辑。“互惠理论的逻辑是：每个人必定从协议中获利——契约才是可接受的或者同意的，因为有利是对所有当事人的（自我利益的理性）。”[②]但是，对每个缔约参与者来说，遵守契约的行为并不都是理性的选择，尤其对于罪犯而言，“工具理性”总是占有主导地位。由此，“高塞尔主张道德原则是工具理性的，为了追求每个人的利己主义。高塞尔关于相对让步最小化原则的理性和公平的核心主张是：它映射了真实的讨价过程，在那里，人们寻求最小化的让步，即为了达成协议而不得不做出的让步。在高塞尔看来，一个平等的让步是理性的假设，即假设双方当事人是平等理性的”[③]。在罪犯矫正契约化中，矫正者和罪犯不得不做出与彼此利益相应的让步，实现双方所追求的公平合作。

“契约论还主张：一个正当社会是建立在其成员同意基础之上的社会，当契约论的自律性与互惠性发生冲突时，互惠性必须服从于自律性，因为自愿契约的自律性是至高无上的，自愿进入社会合作体系中的成员，‘他们所接受的责任是自我给予的’。”[④]罪犯矫正契约化也必然遵循这样的规则。比如社区矫正的罪犯，在被社区矫正之前，罪犯都要对社区矫正应遵守的规则做出承诺，一旦进入社区矫正过程，在本质上就属于政府和罪犯之间的行政规制契约，社区矫正的刑罚属性就成为罪犯“承诺”的必要强制，也成为“悬在罪犯头上的一把利剑”，罪犯必须对自己的行为予以自律，如果违背社区矫正的承诺，就将面临被收监服刑的风险，因此，“通常，行政契约被否认的理由有两个：一是私法上的契约源于平等主体间的合意，而在行政法领域，政府和行政相对人之间的关系属于权力支配关系，没有对等自由和合意的可能；二是作为私法基本原则的契约自由和行政法上的依法行政原则在本质上不可调和”[⑤]。这是在罪犯矫正契约化中，监狱和社区矫正机关“基于正

---

① 【美】罗尔斯：《正义论》，何怀宏、何包钢、廖申白译，中国社会科学出版社，1988年版，第11-12页。

② 于立深：《公法哲学意义上的契约论》，吉林大学2005年博士学位论文，第104-105页。

③ 于立深：《公法哲学意义上的契约论》，吉林大学2005年博士学位论文，第105页。

④ 【美】罗尔斯：《正义论》，何怀宏、何包钢、廖申白译，中国社会科学出版社，1988年版，第146-147页。转引自于立深：《公法哲学意义上的契约论》，吉林大学2005年博士学位论文，第105页。

⑤ 余凌云：《行政契约论》，《行政法论丛》第1卷，法律出版社，1998年版，第189页。转引自于立深：《公法哲学意义上的契约论》，吉林大学2005年博士学位论文，第134页。

当行政目的考虑而选择适当的契约手段来治理社会”①。

五、提高罪犯矫正的效率

效率是指事物过程的经济性、节省性。在这里，是指罪犯矫正契约化的工作效率，一般指工作投入与产出之比，通俗地讲就是在进行某任务时，取得的成绩与所用时间、精力、金钱等的比值。产出大于投入，就是正效率；产出小于投入，就是负效率。工作效率是评定工作能力的重要指标。提高工作效率就是要求正效率值不断增大。罪犯矫正契约化的效率如何，在很大程度上看工作效率的高低。

效率性是从功利的视角来研究罪犯矫正契约化的。矫正契约的效率性主要是从国家和监狱、矫正机构等角度来讲的。一般说来，在罪犯矫正契约缔结之后，它们都是法律上具有人格的拟制人，自身也有效率追求。罪犯矫正契约化的“效率价值取向主要是安全、秩序、便捷和成本节约”②。

效率是罪犯矫正契约化价值结构体系中的又一个组成部分。效率与效益密切相关，它是对监狱低效能的否定。监狱效率包含两个方面的基本意义：一是实现刑罚对罪犯的惩罚和改造，提高“改好率”，减少重新犯罪的比例，充分地发挥刑罚控制和减少犯罪的效能；二是监狱应当建立良好的内部运行机制，使刑罚能够得到准确、合法、有效的执行。在刑罚经济意义上，监狱效率的价值蕴含是：“反对把单纯的惩罚作为行刑的目的，反对旨在增加犯人痛苦的行刑措施，坚决制止一切法外用刑，反对并尽量减少非必需的使犯人感受痛苦和不快的处遇措施，等等。”③换句话说，“监狱行刑效率问题，可以说是针对罪犯个体如何以较短的有效刑期和较低的成本投入取得预期的行刑效果的问题”。“由此可见，当行刑目的一定时，行刑功能越强，则行刑效果越好。但从行刑效率分析，假如行刑效果很好，但投入的有效刑期很长，行刑成本很高，则行刑效率依然是不理想的”④。

罪犯矫正契约化的契约方法论可以导致效率的实现。一方面罪犯矫正契约所预制的规则是矫正者和罪犯一致同意的，是具有道德共识效果的义务，调动了矫正参与者的潜能，所以便于履行；另一方面矫正内容、矫正项

---

① 于立深：《公法哲学意义上的契约论》，吉林大学 2005 年博士学位论文，第 134 页。

② 于立深：《公法哲学意义上的契约论》，吉林大学 2005 年博士学位论文，第 105 页。

③ 张绍彦：《价值理性与工具理性——21 世纪中国监狱的观念定位》，《中国刑事法杂志》，1998 年第 5 期。

④ 郭明：《新世纪中国监狱定位问题初探》，《犯罪与改造研究》，1999 年第 5 期。

目、矫正规则和规范制度是“协议的客体”，是为提高罪犯的矫正教育质量，解决罪犯矫正中所存在的问题而设置的，是以罪犯的改造效果和效率为目的的。可以说，罪犯矫正契约化是出于利弊选择的博弈结果，是功利主义的产物。

成本投入是效率产生的前提和基础，没有投入就没有效益，罪犯矫正契约化也不例外。“任何效率追求本身都需要支付一定的成本，只是这种成本必须是必需的且以一种正当的程序来进行。”[①]在这里，需要我们高度关注的问题是，罪犯矫正契约化追求的效率必须最大化，否则，就失去了矫正契约化的内在价值。为此，在罪犯矫正契约化的制度建构上，必须将效率置于核心的地位，这是因为“如果缔约的程序是正当的，经由契约建构的制度就会变得有效率”[②]。一般说来，罪犯矫正契约化的效率包含两个方面的内容：一是契约矫正的成本资源投入的最小化。它要求执行尽量少的刑罚量，控制不必要的代价，控制行刑的保障经费。二是契约矫正效率最大限度地实现。它表现在实现惩罚目的、矫正教育罪犯，以及预防和减少犯罪等方面。[③]

① 于立深：《公法哲学意义上的契约论》，吉林大学2005年博士学位论文，第106页。

② 于立深：《公法哲学意义上的契约论》，吉林大学2005年博士学位论文，第106页。

③ 史殿国、陆立新：《监狱行刑效益论》，《中国监狱学刊》，2000年第3期。

罪犯矫正契约化推进中的障碍分析

罪犯矫正契约化是罪犯矫正教育制度的变革，要求从罪犯矫正教育的理念，到罪犯矫正教育的体制机制、矫正队伍的构建等，都要按照契约化的内在要求进行顶层的制度设计。因此，罪犯矫正契约化的顶层制度设置，并不是由矫正机构或者矫正者决定的，而是受到诸多因素的制约。从宏观上看，罪犯矫正契约化是一个系统的工程，涉及基础理论体系的构建、契约化理念的确立、契约矫正参与者的培育、罪犯矫正体制机制的更新、契约矫正方案的制订、契约矫正内容的设计、契约矫正项目的选择等，任何一个环节或者体系的偏差、缺失，都会导致罪犯契约矫正的失败。在目前情形下，我国罪犯矫正契约化尚处在初始阶段，无论在理论界还是在实务界，均没有达成共识，只有部分学者意识到了这一问题，还没有为以监狱为主导的罪犯矫正教育主体所接纳，因此，罪犯矫正契约化推进中还存在诸多障碍因素。

一、社会认知障碍

社会认知是个人对他人的心理状态、行为动机和意向做出推测与判断的过程。社会公众对罪犯矫正契约化的社会认知是指社会公众在罪犯矫正教育活动中根据矫正契约化的外在特征，推测与判断其内在属性，同时考察自己在罪犯矫正契约化问题上的心理特质、社会印象、情感意向、行为动机等因素，从而显示自我价值取向的心理活动。社会认知是个体参与罪犯矫正契约化行为的基础，个体的社会行为是社会认知过程中对罪犯矫正契约化价值判断和选择的结果。

不同的社会公众在社会生活中形成了自己所固有的认知结构。同样的社会刺激，由于各人的社会认知结构不同，也必然使其社会认知表现出种种特点。就罪犯矫正契约化而言，首先，社会认知具有选择性。由于罪犯矫正契约化本身对社会公众的社会意义的性质及其价值大小不同，社会公众对

于这一刑罚变革活动可能认知也可能不予认知。也就是说,不同的社会公众从自己的认知结构、生活经验出发,对罪犯矫正契约化做出反应。如果估计或预测罪犯矫正契约化将给自己带来益处,就会选择它作为认知对象。如果估计或预测罪犯矫正契约化将给自己带来不利,就会采取置之不理或逃避行为,不以它为认知对象。因此,当罪犯矫正契约化得不到社会公众的认同,引不起社会公众的兴趣或是不符合社会公众的利益需求时,社会公众就可能对罪犯矫正契约化置之不理,不予认知甚至产生排斥或阻抗心理。其次,社会认知反应具有显著性。这主要是指在一定的社会刺激下个人心理状态(情感,动机)所发生的某些变化,这种变化将随着个人社会刺激的意义所理解的程度而转移。社会公众对罪犯矫正契约化的认知总是伴随着一定的情绪体验的,当理解罪犯矫正契约化对自身有很大利害关系时,社会认知的反应是十分显著的,亦即其情感及动机等心理状态反应强烈。如果认为罪犯矫正契约化与己无关或关系不大,则心情很少变化,或无动于衷。再次,社会认知行为具有自我控制性。这是自我意识发挥作用的结果,使个人对罪犯矫正契约化的认知体验不为他人所觉察,从而使个体与外界环境保持平衡。

纵观我国社会发展的历史,契约思想没有成为社会的主流意识形态,只是局限于民间的部分经济活动中,没有渗透到政治、经济、文化、道德等领域,没有成为社会公众共同信奉的伦理观念、行为规则和价值体系,也就是说我国社会缺乏契约认知的社会基础。

按照梅因的观点,西方社会"是一个'从身份到契约'的运动"①。从中世纪开始,经历了契约理论的长期熏陶,社会契约思想已深入人心,已为社会公众所认知,不仅成为社会制度合理性设计的依据,而且成为支配人们社会生活的价值取向。社会公众所达成的普遍共识:契约社会是一个法治的社会,国家主权的正当性和合理性在于社会关系的契约化,在于公民权利的让渡。而中国社会是一个传统的以农耕文化为主导的社会,无论是奴隶制社会,还是长达两千多年的封建统治,在自给自足的小农经济形态下,社会成员只有"身份社会"的演进,而没有契约社会的进化,信奉家国一体化,家族是缩小的国家,而国家则是家庭的扩大。封建皇权高度集中,公民是义务的主体,对国家负有义务的职责,而没有权利的享有,整个社会认知结构缺乏应有的权利观念。尽管随着我国的改革开放,中国社会开始向现代转型,重视并强调法治社会建设,中国学者也开始关注并传授社会契约理论的法律国家说,社会契约思想被广泛传播,并逐步为社会公众所接受。但是,由

---

① 【英】梅因:《古代法》,商务印书馆,1959 年版,第 97 页。

于传统价值观念的惯性作用，契约思想并没有成为中国社会的主流思想和价值理念，并没有渗透和应用于中国社会基本制度的构建。在社会管理层面，对于社会的制度设计和运行管理，还是信奉“国家统治”“政府管理”，没有形成“民主治理”的观念。在这样的社会背景下，罪犯矫正机构，特别是监狱作为社会矛盾的集中地，历来信奉“治乱世用重典”，迷信刑罚的惩罚作用。对于罪犯的管理、教育和矫正，奉行义务本位思想，强调罪犯是义务的主体，可以说，从观念层面缺乏对罪犯矫正契约化的基本认知。因此，推行罪犯矫正契约化，让罪犯由传统的“义务本位”走向平等的“权利本位”，无异于罪犯矫正教育价值理念的一场大变革。同样道理，如果不培育或者提高罪犯矫正契约化的社会认知水平，势必影响罪犯矫正契约化的进程和质量。

二、地位因素障碍

地位因素是指矫正参与者的地位决定了罪犯契约矫正的制度设计、机制构建、内容拓展、范畴延伸、外显形态等。在这里，主要是指矫正参与者的社会地位、法律地位和功能地位等影响因素。其中，功能地位是主要因素。

从社会地位的角度来看，罪犯既是社会规则的破坏者，也是社会安全的潜在威胁者，因此，罪犯是被社会否定的对象，居于社会舆论所谴责的地位。从社会公众的心理反应看，对罪犯实施契约化矫正是基于社会和法律的“恩惠”，是社会宽容性的体现，是社会平等教育权在罪犯矫正教育上的拓展和延伸。在这里，罪犯矫正和教育被置于社会平等教育的宏观范畴内。我国经过近四十年的改革开放，社会发育日趋成熟，对罪犯社会地位的界定已基本形成共识，趋向于公民化状态，外显形态不是特别明显。但是，社会公众在思想观念上还存在心理上的排斥。对于罪犯而言，由于对犯罪行为的社会排斥，使之产生“自我贬损心理”而成为“低人一等的”社会成员。所有这些，都成为罪犯矫正契约化的内在心理障碍。

在法律地位上，罪犯是刑罚惩罚的对象，是行刑的承担者，是受惩罚的“符号”，由于罪犯被剥夺了人身自由或者限制了人身自由，是被强制、被改造的对象，在法律地位上和社会公众具有不平等性。由此，当罪犯矫正契约化追求在平等基础上的矫正教育时，法律地位会成为阻却平等性的法定依据，并由此而否定罪犯矫正契约化的平等价值。所以，法律地位的差异是罪犯矫正契约化的显性障碍。

功能地位是罪犯矫正契约化操作层面的要素。在这里，功能指事物或方法所发挥的有利作用、效能，是对象能够满足某种需求的一种属性。在罪犯矫正契约化的语境里，凡是满足矫正参与者需求的契约矫正的任何一种属性都属于罪犯矫正契约化功能的范畴。满足矫正参与者现实需求的属性

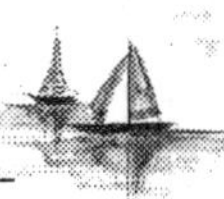

是罪犯矫正契约化的功能，而满足矫正参与者潜在需求的属性也是矫正契约化的功能。在对罪犯的认知上，由于社会地位和法律地位的障碍，罪犯矫正契约化的功能地位缺陷，最显著的就是缺乏罪犯矫正教育平等性的人文情怀。

我国是个重刑主义国家，迷信严刑峻法对社会的治理作用和对犯罪行为的威慑作用。报应主义的刑罚观是我国传统的刑法观念，认为防卫社会最有力的武器就是将罪犯关押在监狱里，通过对其与社会的隔离和惩罚来预防犯罪，警戒潜在的犯罪者。尤其是中国古代社会的法制史，无不充斥着残酷的刑法和刑罚，试图以刑罚的威慑和剥夺功能，使罪犯感到严厉和痛苦，达到不敢犯罪和不再犯罪的目的。在刑罚理论方面，主张报复刑和威慑刑。比如，商鞅认为："去奸之本，莫深如严刑。"①"行刑，重其轻者，轻者不生，则重者无从至矣。此谓治之于其治也；行刑重其重者，轻其轻者，轻者不止，则重者无从止也。"②"禁奸止过，莫如重刑，刑重而必得，则民不敢试，故国无刑民，国无刑民。故曰明刑不戮。"③韩非子提出："明主之治国也……重其刑罚以禁奸邪……"④"正明法、陈严刑，将以救群生之乱，去天下之祸。""夫严刑者，民之所畏也；重罚者，民之所恶也。故圣人陈其所畏以禁其邪，设其所恶以防其奸，是以国安而暴乱不起。吾是以明仁义爱惠之不足用，而严刑重罚之可以治国也。"⑤"且夫重刑者，非为罪人也，明主之法揆也。治贼，非治所揆也，所揆也者，是治死人也；刑盗，非治所刑也，治所刑也者，是治胥靡也。故曰：重一奸之罪，而止境内之邪，此所以为治也。重罚者盗贼也，而悼惧者良民也，欲治者奚疑于重刑。""所谓重刑者，奸之所利者细，而上之所加焉者大也；民不以小利蒙大罪，故奸必止者也。所谓轻刑者，奸之所利者大，上之所加焉者小也；民慕其利而傲其罪，故奸不止也。"⑥这些都是我国古代法家"比轻以明重"思想的经典表述。因此，几千年来所形成的重刑主义思想形成了相当完整的体系，认为轻罪重刑、酷刑威慑、原心论罪等为治理国家和消灭犯罪的最好方法。直至目前，也仍然是我国社会的主流意识，有形或无形地支配着我国矫正机构的行刑活动。

在我国传统监狱的理念里，罪犯是社会的罪人，是惩罚和改造的对象，

---

① 《商君书·开塞》
② 《商君书·说民》
③ 《商君书·赏刑》
④ 《韩非子·六反》
⑤ 《韩非子·奸劫弑臣》
⑥ 《韩非子·六反》

监狱和监狱警察是刑罚执行者,是矫正教育活动的主导者,处于绝对的支配地位。这种思想观念不仅支配了对罪犯的矫正教育活动,而且又衍化、类推到罪犯矫正活动的其他领域。主要表现如下:由监狱警察和罪犯之间法律地位的不平等,类推到矫正教育活动的不平等;认为罪犯是被惩罚、被改造的被动客体,漠视或不承认罪犯在矫正教育中的主体地位;在矫正教育的指导思想上,强调监狱对罪犯的惩罚性,而忽略罪犯也是人,也需要人文关怀;突出监狱对罪犯的监管安全和监管秩序,而忽略罪犯矫正教育中主观能动性的发挥;强调罪犯应履行的法定义务,而忽略罪犯所享有的法定权利;强调监狱的本质属性,而忽略罪犯改造需要有良好的人文环境和人文支持。特别是在罪犯矫正契约化制度规范中,要求监狱警察和服刑罪犯之间的平等性,要为罪犯提供平等的矫正服务,这就与传统的监狱观念相冲突。因此,人文情怀是社会公众基于文化传统而形成的社会文化现象。罪犯矫正契约化首先需要培育一个社会的良好品质,即社会对待犯罪的宽容,社会公众对待犯罪人的宽容;关注社会犯罪现象,关心罪犯的矫正和发展,将罪犯置于人的核心地位来看待。这既是一个社会所应具有的优秀品质,也是现代法治社会所应具有的人文情怀。罪犯矫正契约化的实现是和这种人文情怀密切相关的,是罪犯矫正契约化制度设计的前提和基础。

三、观念因素障碍

观念是方法论的基础,是人们在长期的生活和生产实践当中形成的对事物的总体的综合的认识。它一方面反映了客观事物的不同属性,另一方面又加上了主观化的理解色彩。所以,观念是人们对事物主观与客观认识的系统化之集合体。由于人们自身认识的历史性和阶段局限性,决定了人们的认识会因时间的变迁而出现与时代不符合的意念。罪犯矫正契约化表现在观念因素上的障碍主要是缺乏罪犯矫正教育的主体性观念。

纵观新中国的罪犯改造工作,无论是单向主导的政治教化模式,还是非均衡的法制强化形态,所强调和突出的都是将罪犯矫正教育置于国家行刑权的公权力范畴,由监狱主导罪犯矫正教育的自始至终,而罪犯作为矫正教育的相对方和改变者,在整个活动中始终处于被动的地位,并不被承认为矫正教育活动的主体。具体表现如下:一是强调监狱改造罪犯的政治属性。在新中国成立之后,曾把罪犯作为阶级敌人,是阶级斗争的对象。在这样的政治氛围下,罪犯只是进行阶级塑造的“道具”,而不可能将其置于主体性的地位。在对罪犯管理中,突出的是政治立场,强调的是罪犯“只允许老老实实地改造,绝不允许乱说乱动”。这样,政治需要成为监狱工作的核心,监狱的指导思想和制度设计都被赋予浓厚的政治斗争色彩,监狱改造罪犯成为阶级斗争、维护社会安全和秩序的工具。二是强调刑罚惩罚的功能，认为唯有监狱刑罚惩罚的报应性、严厉性，才能威慑犯罪和改造罪犯，才能保卫社会。在这样的价值定位基础上，矫正教育被异化为强制的“命令—服从”关系，监管安全和监管秩序高于一切。在实际工作中，行刑权具有不容置疑的至高无上的绝对化特性，监狱不仅拥有对罪犯监禁、剥夺人身自由、强制参加劳动和学习等绝对权力，而且还对罪犯的生活方式、生活内容、生活环境等拥有最终的决定权。罪犯在监狱内的活动只能按照监狱所制定的行为规范和指定的范围进行。与此相适应的是，罪犯的服刑过程的程序规范和制度设计，完全是围绕“义务本位”而设定的。三是缺乏对罪犯主体性的认知。在传统监狱理念中，罪犯是矫正行为的客体，只能被动地服从和执行监狱的活动规则，根本没有将罪犯作为矫正教育的参与主体，更不用说树立罪犯的主体意识。四是迷信以政治思想为主导的政治教化功能，认为政治思想的转变是罪犯改造的核心，只要思想意识改造好了，其他一切问题都可以解决。对导致罪犯产生犯罪行为的犯因性问题的多样性缺乏足够的认识。其实，多样性的犯因性问题需要多样性的矫正理论、方法和技术，特别是罪犯矫正技术的应用。正是基于上述因素，导致了监狱把监狱警察和罪犯之间的法律地位的不平等简单地替代为矫正教育关系的不平等，这既是在罪犯矫正教育上主体性认知的缺失，也是和罪犯矫正契约化具有的特质相悖谬的。

四、利益障碍

利益因素是指矫正参与者在确定具体契约内容的时候，都会围绕自身的利益进行考量和选择，也就是从自身的现实利益出发，经过利害关系权衡后再做出承诺或者认可，和相关各方达成共识。罪犯矫正契约化中的利益因素，不仅涉及矫正参与者的利益考量，而且直接关系矫正机构实施罪犯矫正契约化对自身利益的影响。在目前情况下，罪犯矫正契约化的最大障碍是矫正机构在经济利益的驱使下，罪犯矫正教育工作呈现“空壳化”状态。

在监狱体制改革之前，我国监狱为了求生存，出现了轻罪犯改造、重追逐经济利益的现象，使监狱改造工作失去了本真，出现了许多问题。从 2003 年开始，为克服监狱体制出现的问题，在全国范围内初步开展了以监狱经济体制为重点的监狱改革，按照中央的部署，遵循“全额保障，监企分开，收支分开，规范运行”的总体思路，力求回归监狱的职能，纯化监狱对罪犯的教育改造功能。历经十多年的努力，虽然已基本完成了监狱体制改革的任务，但是由于长期以来所形成的经济上的功利主义思想，即使在监企已分开的情况下，也并没有使监狱的功能得到纯化，可以说，监狱和企业只是“形分而神未分”。具体表现如下:一是在经济利益的驱动下,重生产经营效益的局面并未得到明显改善,监狱为了实现经济效益最大化,出现了罪犯劳动超时间、超定额、超体力的“三超”现象,导致罪犯生产劳动和矫正教育本末倒置,背离了监狱体制改革的初衷。二是监狱为了完成生产任务,出现了新型的“妥协执法”问题①。所谓的新型的“妥协执法”,是指监狱警察为了完成监狱下达的生产任务,对罪犯的违法违纪行为予以放纵、妥协、退让,从而影响公正执法的现象。三是在监狱干警中出现了“矫正教育无用论”和“矫正教育虚无论”的思想,在工作中主要出现了“三化”现象:矫正教育工作“替代化”,即按照规定本应是从事矫正教育的时间,以生产劳动的形式替代,美其名曰“劳动教育”;矫正教育工作“娱乐化”,即把矫正教育的时间用来开展各种娱乐活动,变相地挤占矫正教育时间;矫正教育工作“虚脱化”,即在矫正教育时间内对罪犯的教育没有具体的教育内容和形式,让罪犯自由开展活动,实质上等于放任不管。四是在监狱的顶层制度设计上出现了偏差,也在无形中助长了重生产经营、轻视矫正教育思想的泛滥。主要是为了监狱安全和效益,一方面制定了要求监狱零脱逃、零事故、零发案等违反科学规律的政策,另一方面司法部又倡导“5+1+1”改造模式,即罪犯每周要参加生产劳动5天,矫正教育1天,休息1天。且不说这一制度设计本身缺乏科学依据和正当性、合理性,仅从时间分布就足以说明监狱在罪犯矫正教育和追求经济效益上的倾向性。正是由于这些问题的存在,使罪犯矫正教育工作举步维艰,只是喊在口头上、列在工作计划中、制定在制度里,而不能真正落实在工作中,出现了罪犯矫正教育“空壳化”现象。在这样的大环境下,要想做到罪犯矫正契约化,提升罪犯矫正教育的品质,显然是困难重重。

五、预期障碍

预期因素是指罪犯矫正参与者在签订或认可契约矫正的具体内容、程序、权利、义务等事项时,往往受未来预期收益的影响。也就是说,预期决定了罪犯矫正契约化的动力、内容、结构和实现的状态。

预期因素是罪犯矫正契约化的内在动力因素,潜藏于矫正参与者的内心世界。一般说来,对罪犯矫正契约化的预期收益越大,期望值越高,参与的动力越大,积极性越高,主观能动性的发挥越充分,在活动中对罪犯矫正契约化的内容设计越全面,内在结构联结越紧密、越合理,罪犯矫正契约化

① 所谓“妥协执法”,是指执法者为了获得执法活动得以正常运转的经费供应,而在执法方面对被执法者做出的种种退让从而影响公正执法的行为。这里,“妥协”既是取让步之意,又是取原则等的放弃之意。

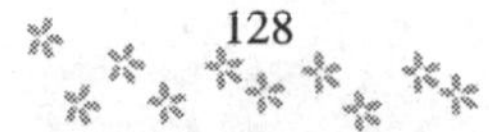

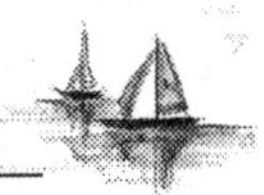

目标实现的可能性越大。反之,如果对罪犯矫正契约化的预期收益越差,期望值越低,参与罪犯矫正契约化的积极性就不高,即使迫于外在压力参与进来,也会被动地消极应对,不能充分发挥出主观能动性,矫正契约化目标就很难实现。

六、能力障碍

能力是一个人成功地完成某种活动所必须具备的心理特征。罪犯矫正契约化是对罪犯矫正和转化的一种新型模式,无论对于罪犯,还是其他矫正教育参与者,其自身所具备的能力大小,直接影响着罪犯矫正契约化的成功与否。因此,能力因素决定着罪犯矫正契约化的发展水平和发展方向。能力要素主要包括:一是矫正参与者对罪犯矫正契约化精神实质的领悟能力和把握能力。这一能力是影响罪犯契约矫正的前提条件,如果对罪犯契约矫正的精神实质领悟不透,把握不准,就无法正确地贯彻执行,就会背离罪犯矫正契约化的内在要求。二是罪犯契约矫正方案的设计能力。这一能力直接关系罪犯契约矫正内容的选择以及矫正方案的科学性。一般说来,罪犯契约矫正的内容选择适当,矫正方案设计具有科学性,就能有效保障矫正契约化的实现。三是罪犯契约矫正项目的选择能力。罪犯契约矫正项目是依据罪犯矫正的需要和罪犯自身存在的犯因性问题而设置的,不同的矫正对象不仅要求与之匹配的矫正项目,而且要求矫正项目的最优化;不仅要求矫正项目切合罪犯的犯因性问题,而且要求有个性化的矫正内容。所以,矫正项目的选择直接影响罪犯契约矫正的效果。四是罪犯契约矫正的操作能力和协调能力。这一能力是罪犯契约矫正过程管理水平的综合体现。因为科学的矫正方案和矫正项目需要严谨的操作规程来完成。如果操作出现偏差,或者操作不当,再好的矫正方案或矫正项目也不会取得成效。同时,罪犯矫正契约化是多方参与的活动,矫正方案或矫正项目是依托矫正参与的共同协作来完成的,矫正参与者只有形成合力,才能完成矫正任务,取得良好效果。五是罪犯契约矫正绩效的评估能力。绩效评估是对罪犯契约矫正的效果检验,是矫正工作者专业能力的综合体现。其中,评估方法的选择、评估常模的设定、评估内容的确立、评估结论的检测、评估意见的反馈等,都对罪犯矫正契约化产生重大影响。六是罪犯契约矫正信息的沟通能力和反馈能力。罪犯契约矫正是建立在矫正参与者平等基础上以互惠为目的的矫正活动,因此,整个过程自始至终需要参与者相互沟通和包容,只有具备高超的沟通能力和反馈能力,才能推进矫正活动的顺利进行,否则,如果信息沟通不畅,或者信息反馈不及时、不到位,就会导致罪犯契约矫正的失败。总之,上述能力的匮乏或者缺失,都会成为罪犯矫正契约化顺利实施的障碍。

七、稀缺因素障碍

稀缺因素是指矫正要素的稀缺程度直接影响罪犯矫正契约化宏观制度设计和内部结构。在这里,稀缺因素主要包括:一是契约化矫正专业人员的稀缺。如前所述,契约理念在我国应用的领域非常狭窄,人们对罪犯矫正契约化问题还十分陌生,在罪犯矫正领域更是一个新的命题,真正把握契约理论的人员十分稀缺。因此,契约化矫正专业人员的匮乏,成为罪犯矫正契约化的直接障碍。二是罪犯契约矫正资源的稀缺。罪犯契约矫正需要丰厚的资源作为支撑,除了罪犯契约矫正所需的专业人员之外,更重要的还要建立专业的资源库为罪犯契约矫正服务。资源库包括专家库、资料库、个案库、项目库等,将罪犯契约矫正中的实践个案、矫正方案、矫正项目等纳入其中,以备罪犯契约矫正实践所需。但是,就目前情况下,所有这些矫正资源储备还都是空白,无形中成为罪犯契约矫正的巨大障碍。三是宏观环境上缺乏契约矫正的人文基础。罪犯契约矫正需要建立广泛的社会支持系统,需要全社会的理解和支持,需要契约化的社会认知和人文情怀,需要培育积极参与罪犯契约矫正的社会志愿者,但是,所有这些基础性的工作,并没有在罪犯契约矫正领域展开,因此,社会文化障碍成为罪犯矫正契约化的宏观问题。

八、信息因素障碍

信息因素是指罪犯矫正参与各方对信息的把握数量和程度,会影响罪犯矫正契约化的发展状态和质量。信息因素主要包括:一是信息资源的持有水平。在罪犯矫正契约化活动中,对于相关信息的掌握水平是罪犯契约矫正的前提。一般来说,矫正参与者把握的信息越充分,罪犯矫正契约化的宏观设计越具有科学性。二是罪犯契约矫正参与者的信息对称状况。在现实中,矫正工作者和罪犯之间常常在信息资源的占有上呈现不对称情况。一般说来,基于矫正机构的环境条件限制,特别是监狱环境条件的限制,矫正工作者往往是信息资源的占有者。矫正工作者可以充分利用自身“自由”的优势,在更为广阔的空间内获取更多的信息。而作为被矫正者的罪犯,特别是在监狱服刑的罪犯,由于处在监狱环境状态下所获得的契约矫正的信息往往十分有限,所享有的有限的信息也大多来源于矫正工作者。这种信息的不对称性,往往造成罪犯对矫正工作者的不信任,对契约矫正活动的不理解,由此产生对矫正契约化的抵触心理。三是矫正过程中的信息交流、沟通和反馈。从一定意义上来说,罪犯矫正契约化过程就是信息交流、沟通和反馈的过程。其一,通过信息交流、沟通和反馈,了解矫正参与者各方的真实意图和内心预期,在相互妥协和退让的基础上,达成双方合意的矫正契约。其二,加深矫正参与者相互之间的理解,协调各方的行为方式,共同完成契约所约定的矫正内容,尊重矫正参与者的权利,督促完成矫正参与者应履行的义务。其三,督促矫正者对矫正活动进行归纳、概括和总结,从中发现矫正项目、矫正方案,以及矫正操作过程中所存在的问题,及时地进行修正。其四,引领矫正者及时吸纳新的契约矫正理念、规则、内容和项目,借鉴成功的矫正个案,使罪犯矫正契约化日趋完善。

罪犯矫正社会困境的契约化路径

契约理论所具有的特质使其走进罪犯矫正领域成为必然,在契约理论的指导下,应用其基本原理和原则建构契约矫正制度和罪犯矫正模式,是我国罪犯矫正工作抑或刑罚范式的变革。郭明教授提出了契约刑理论和"刑事范式转换"的重要命题,认为中国的刑罚制度变革要走向刑事法治正义的道路,必须变换"刑罚范式"。目前"国家 VS 罪犯"的刑罚范式,存在着刑事当事人的权利义务对等性和国家的刑事司法居间性之间内在不可调和的特性,不可能使刑罚真正步入刑事法治的境界,法治正义、个别正义就无法实现,当然,最低限度的刑事正义、社会所追求的公平正义也不可能实现。所以,中国的刑罚制度,从刑罚范式革命的意义上看,可以选择从"改造刑"到"契约刑"的变革路径。将契约论思想引入行刑领域,其目的是在继承古典刑事正义遗产的基础之上,通过发展"契约刑"这一刑事契约法治的制度构架,更好地保障刑事一般与个别正义的实现。① 罪犯矫正契约化正是在郭明教授的契约刑理论启发下进一步拓展和深化,目的也在于探索解决中国罪犯矫正所面临的各种各样的社会困境。

一、我国罪犯矫正所面临的主要社会困境

改革开放以来,我国社会形态发生了重大转变,为适应社会的变革,我国监狱也进行了大规模的体制改革。但是,就目前来看,监狱体制改革并未解决罪犯矫正所面临的社会困境。主要表现如下:

---

① 郭明教授在《刑事契约论》《从"改造刑"到"契约刑":中国刑罚制度变革之路》《"契约刑"论》等论文,以及 2013 年在河南司法警官职业学院的专题讲座中,提出了"刑事范式转换"的重要命题以及"刑事契约""契约刑"的新思想、新概念,发表了上述观点。

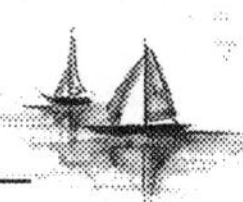

1."监企分开"困境

从宏观上,自 2003 年开始的监狱体制改革,试图构建现代监狱体制,但是,改革的结果并没有完全达到人们所期望的目的,尤其是在"全额保障,监企分开,收支分开,规范运行"的改革总体思路中,由于对于"监企分开"只是进行了功能性改革,导致监狱和监狱企业形成了"形分而神不分"的局面。改革后的监企从形式上是"两块牌子",即监狱和公司,从领导架构上"形似"两套人马,而实质上,在监狱企业中,监狱长是监狱企业的董事长,主导监狱企业的整体工作。在整个监狱领导班子中,一般的排序是监狱长、监狱政委、企业总经理(正处级副监狱长),监狱企业的管理者和罪犯改造的监狱警察是融为一体的,实质上监企仍然是一家,只是名义上的"分开"。从监狱企业的定位来看,监狱企业是改造罪犯工作的组成部分,是改造罪犯的三大手段之一,主要任务是为监狱改造罪犯提供劳动岗位,为改造罪犯服务,不同于以营利为目的的社会企业,但也要讲效益。很明显,监狱企业是罪犯习艺的场所。"监企分开"的初衷,本质上是要回归监狱改造罪犯的职能,弱化或者剔除监狱办企业对经济利益的追求。但是,由于监企并没有实现结构性分离,导致"规范运行"难以真正实现。与此同时,出现了新的矛盾,包括"监狱企业追求经济利益的最大化与监狱追求罪犯劳动改造功能的矛盾;监狱企业劳动组织管理模式与监狱劳动军事管制模式的矛盾;监狱企业对罪犯劳动评价的单向性与监狱对罪犯劳动评价的复杂性的矛盾"等①。为此,"监企分开"怎么分?监狱和监狱企业的关系怎么定位?如果彻底分开,监狱企业的管理人员如何定性?监狱企业产生的利益如何分配?监狱企业在监狱生产中扮演什么角色?监狱企业对罪犯生产劳动风险承担什么责任?等等,这些问题成为监狱体制改革所遇到的最大利益纠结点和难点。

2.现代化文明监狱建设困境

1995 年,司法部提出了创建现代化文明监狱的目标,并在全国监狱系统迅速掀起创建热潮,促使了我国监狱的规范化和文明化建设。但是,在现代化文明监狱建设中,虽然制定了具体的现代化监狱的标准,但是这些标准大多只是硬件要求,对于软件的要求,特别是现代化监狱理念的构建、监狱警察队伍的建设等规定得比较笼统,还缺乏比较完善的考核指标体系。由此,人们对现代化文明监狱的标准提出了越来越多的质疑:什么是现代化文明监狱?现代化文明监狱提出的理论依据是什么?现代化文明监狱的指标体系的正当性由何而来?现代化文明监狱的内涵究竟有哪些指标构成?等

① 周雨臣:《监狱体制改革背景下罪犯劳动改造科学实现问题探索》,《中国监狱学刊》,2009 年第 5 期。

等。尤其是随着我国社会转型的基本完成，监狱在押犯构成的变化，对罪犯管理和教育提出了新的挑战，现实的监狱物质条件、管理教育制度、监狱文化建设、监狱管理理念等远不能达到现代化文明监狱的真正要求。

3. 监狱的功能和角色定位困境

监狱体制改革的核心问题就是要“监企分开，收支分开”，打破原有的“监企不分，收支不分”的格局，内在蕴含的意义是要监狱回归本身所具有的职能，那就是惩罚和改造罪犯，在此基础上，实现监狱所派生的教育功能、康复功能、预防功能等，但是，由于监狱体制改革不到位，致使监狱的功能不仅定位不明晰，而且监狱扮演的角色混乱，并没有真正实现监狱功能的纯化和监狱角色的回归，监狱的生产劳动仍然在监狱整体工作中占据着主导地位。

4. 监狱的封闭性与回归社会的困境

监狱要维护社会安全和监狱安全，必须体现其自身所固有的刑罚惩罚性，必须对罪犯的犯罪行为做出回应，进行报应性打击，使罪犯为自己的犯罪行为付出代价，承担责任。为实现这一目标，就必须使罪犯与社会尽可能地隔离开来，以防卫社会。监狱的封闭性是监狱的本质属性的体现，也是监狱作为公共部门的价值所在。但是，刑罚的最终目的是要罪犯回归社会，适应社会，融入社会生活。尤其是现代监狱的价值追求，并不单单局限于对于罪犯的报应性打击，而是在教育刑思想支配下，有了更加崇高的价值追求，那就是矫正教育罪犯，使罪犯回归社会。罪犯回归社会需要有开放的社会环境作为支持，也只有在开放的环境下罪犯才能避免形成监狱人格。这样就使罪犯监禁的封闭性和罪犯回归社会之间形成了悖论，陷入了困境。正如美国伊利诺伊州矫正署署长查尔斯所言：“将一个人数年之久关押在高度警戒监狱里，告诉他每天睡觉、起床的时间和每日每分钟应做的事，然后再将其抛向街头并指望他成为一名模范公民，这是不可思议的！”①

5. 关于罪犯改造的悖论

新中国成立以来，我国的罪犯改造工作一直坚持“罪犯是可以改造的”理论，其基本内涵是：罪犯是可以改造的，罪犯具有矫正的可能性，但罪犯矫正是有条件的。这就要求在行刑过程中，不仅坚持对罪犯的惩罚，而且更强调在一定条件下对罪犯的改造，改造罪犯的目标是罪犯回归社会后“成为守法公民”。在这一原理支配下，“以改造人为宗旨”成为我国《监狱法》法定的监狱工作的宗旨。“罪犯改造论”的实质表述应该是“有条件的可改造论”。但是，经过几十年的演化，这一理论被无限泛化为“罪犯都是可以改造的”，

---

① 克莱门斯·巴特勒斯：《矫正导论》，中国人民公安大学出版社，1991 年版，第 130 页。

误导了社会公众对于罪犯改造的科学认知。为此，罪犯刑满出狱后，不论经过了多长时间，一旦重新犯罪，就会把责任归咎于监狱，责备监狱没有把罪犯改造成为“守法公民”，以至于在发生扰乱社会的重大、恶性案件时，媒体常用“一些主要成员都是刑满释放人员”来加以表述，除了以此吸引眼球外，更重要的是转移责任归因方式，把“黑锅”扣在监狱身上。如果我们对罪犯改造的内在机理深入剖析，就会发现现实情况是：罪犯中有的是可以矫正的，有的则是不可能矫正的。我们所坚信的所有罪犯是可以改造或矫正的理念，是把附条件的矫正视为无条件的矫正，把理论上可以达到的矫正目标视为现实矫正活动中必须达到的目标，把监狱警察的职责当作必备能力，过分强调甚至夸大了监狱警察的职责和能力，而忽略了罪犯中存在的“不可改造”因素和罪犯刑满释放后导致犯罪的监狱不可控因素。这就使得我们在矫正活动中，由于理念的偏差遇到了诸多无法解释、无法克服的问题，甚至面对特定的罪犯、特定的问题，矫正方法和手段显得无所作为。①

6. 强制矫正和抗拒矫正的困境

“以改造人为宗旨”是监狱工作的核心目标，为了实现这一目标，监狱必须采取一切措施对罪犯实施改造。但是，罪犯是受到刑罚惩罚的对象，对监狱具有本能的抗拒心理，在现实中，大多罪犯对监狱的改造或矫正产生反感，甚至产生抗拒心理。在这种情况下，监狱的强制改造或矫正与罪犯的抗拒改造或矫正就产生了矛盾和冲突，而且这一矛盾和冲突在一定意义上是不可调和的。我们知道，罪犯的改变和成长来自于罪犯的主观意愿，只有罪犯自己才是自我改变的主导者，如果违背罪犯的主观意愿，任何外在因素都无法使罪犯真正发生改变。所以，在强制状态下，监狱的改造工作就失去了效率基础，实现改造目标也只能是一厢情愿。

7. 罪犯的法律地位问题

监狱对罪犯负有怎样的责任和义务？《监狱法》虽然对罪犯的权利和义务进行了规定，但是，大多是粗线条的，可操作性相对较差。而与之相对的是监狱的职责和义务并没有明晰化，这就使得监狱在法治背景下的罪犯矫正活动缺失了法律支撑。尤其是监狱对于罪犯应负有怎样的责任和义务问题，长期以来一直在困扰着监狱和监狱警察。《监狱法》颁布 20 多年来，监狱一直期盼实施细则的出台，从而解决这一问题，可惜的是直至今天毫无希望。因此，在矫正工作中出现了法律规定不明晰或者根本就没有规定情况，监狱对此就无所适从。比如罪犯自杀、非正常死亡的处理问题、监狱暴力事

---

① 连春亮：《关于罪犯矫正的逻辑阐释》，《河南司法警官职业学院学报》，2013 年 3 期。

件的处理问题、罪犯脱逃的责任认定问题、罪犯在劳动中的伤亡事故处理问题等。

8. 刑罚权力的运行困境

党的十八届四中全会做出了《中共中央关于全面推进依法治国若干重大问题的决定》,强力助推依法治国体系,坚持依法治国、依法执政、依法行政共同推进,坚持法治国家、法治政府、法治社会一体建设,实现科学立法、严格执法、公正司法、全民守法,促进国家治理体系和治理能力现代化。监狱作为国家的刑罚执行机关,必须和社会的法治化建设相适应,成为法治化建设的典范,规范权力运行机制,对目前的监狱运行机制进行结构性改革。但是,如何实现行刑法治亦即如何实现刑罚权力的规范运行问题?我们在依法治国背景下要建设法治监狱,法治监狱如何建设?它的构成要素都有哪些?监狱刑罚权力的运行规则是什么?权利边界怎么界定?等等,诸多问题尚未在理论上加以解决,在实践上就更加困难。

9. 罪犯矫正技术应用的法律和道德困境

如何科学地改造罪犯?科学地改造罪犯或者是科学地矫正罪犯,最关键的问题在于两个方面:一方面科学地矫正教育罪犯的理念或思想观念的确立,这是科学矫正罪犯的基础和条件。另一方面现代科学技术的广泛应用,尤其是罪犯矫正技术的应用。具备这两方面的条件,才能真正对罪犯进行科学矫正。但是由于法律法规的滞后性,在现代科学技术应用上,就出现了法律和道德困境。比如在罪犯心理矫治中,对一些患有严重心理疾病的罪犯是否能够使用强制性的心理矫治措施?罪犯不同意心理治疗或者放弃治疗怎么办?心理治疗过程中出现了事故怎么处理?再比如,罪犯在矫正过程中装病对抗改造,也就是我们常说的伪病现象。那么,对罪犯伪病行为如何定性?伪病治疗的医学道德问题如何解决?从法律意义上,伪病的法律困境包括:伪病该不该鉴定?鉴定的目的是什么?鉴定风险如何承担?伪病的罪犯是否享有病人的权利?对伪病能否强制治疗?

总之,在矫正教育罪犯的实践中,所遭遇的无法用现有法律法规和规章制度解决的问题还很多,这些都对罪犯矫正造成了障碍,成为罪犯矫正工作难以解决的“瓶颈”。对于罪犯矫正教育所面临的社会困境,我国学者也从不同的层面进行过研究和探讨,归纳起来看,主要是从监狱行刑的目标与手段、过程与效果、罪犯与国家行刑的对立与合作、罪犯监狱化人格与再社会化、封闭监狱与开放的社会、剥夺自由与追求自由等方面的矛盾与冲突进行研究,比如,有学者认为,我国监狱所面临的社会困境可归纳为四大矛盾,即“改造与生产之间的矛盾、惩罚与矫正之间的矛盾、封闭的监狱与开放的社

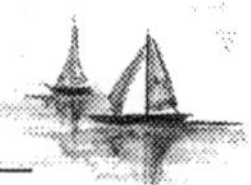

会之间的矛盾、服刑人员监狱化与服刑人员再社会化之间的矛盾”①。在研究的基础上,也试图寻求罪犯矫正教育的新的路径,但是,还没有发现有“革命性”的突破。笔者认为,罪犯矫正教育是全方位的,法律法规和规章制度永远也不可能对每一个问题都进行规范。在这样的状态下,寻求矫正者和罪犯之间在平等、自愿、民主协商基础上的协议约定,就成为罪犯矫正的必然选择。

二、罪犯契约矫正制度产生的动力

罪犯契约矫正范式是探索解决中国罪犯矫正所面临的各种各样社会困境的最佳途径,其原因在于:一是外部行刑环境对监狱内部改造罪犯的影响。世界行刑的发展趋势是轻刑化、非监禁化和社会化,迫使以重刑主义思想主导的中国的罪犯矫正不得不进行深刻的革命,否则,监狱对罪犯的改造不论投入多大的资本,都是无效益和无效率的,也无法实现监狱对罪犯的矫正功能。监狱的现代化水平将严重滞后于中国社会的经济政治发展水平,成为中国现代社会的“洼地”。“外部环境严重压迫了内生秩序,基于实践和空间的限制,建构式制度变迁不得不被选择。”②在我国改革开放的进程中,不断吸纳世界先进的监狱管理经验和管理制度,就是世界“外部环境”对我国监狱“内部环境”影响的直接结果。二是我国监狱对罪犯的改造、矫正和教育的原有模式已经不适应监狱改造罪犯的需要,必须寻求新的、适应于罪犯需要的矫正教育模式。“内生秩序已经严重紊乱或者其路径依赖根本没有可资利用的资源”③。我国的矫正教育罪犯模式是新中国成立后在实践中的经验总结,受制于当时的政治生态环境,在内容上具有典型的政治教化性和法律强制性;在形式上具有单一性和教条性。虽然随着我国改革开放的进程,罪犯的矫正教育在内容和形式上进行过一些探索和改革,取得过一些成效,但是,这些改革只是功能性改革,并未触及原有矫正教育模式的根基,并不能和现代监狱矫正教育罪犯的要求相适应,并且已成为监狱矫正教育罪犯的障碍。也就是说,现在的矫正教育罪犯模式是在改造新中国第一代罪犯基础上创立的,这一代罪犯是以政治犯为主导的。进入 20 世纪 80 年

---

① 季忠芳:《监狱制度变迁研究——一个理性的分析框架》,浙江大学 2005 年公共管理硕士(MPA)专业学位论文,第 1 页。

② 于立深:《公法哲学意义上的契约论》,2005 年吉林大学博士学位论文,第 119 页。

③ 于立深:《公法哲学意义上的契约论》,2005 年吉林大学博士学位论文,第 119 页。

代,中国出现了以“三多三少”为特征的第二代罪犯①,为适应第二代罪犯矫正教育的需求,曾对监狱矫正教育罪犯的模式进行过调整,最为典型的是2003年司法部明确提出了监狱工作“法制化、科学化、社会化”建设的具体目标和任务,使罪犯矫正教育进入了法制化阶段,并使社会力量得以进入罪犯矫正教育领域。目前我国社会转型已基本完成,罪犯的构成呈现新的特征,主要表现为:犯罪形态多元化,以财产型犯罪为主体;罪犯的文化知识水平普遍提高,高学历犯罪大幅度增多;职务犯罪增多;现代性的高科技犯罪、黑社会犯罪、涉毒犯罪持续增长。笔者将其称之为和现代社会相适应的第三代罪犯。面对第三代罪犯的特性,对监狱矫正教育罪犯进行结构性改革,寻求新的路径,创建新的矫正教育罪犯模式已成为当务之急。三是契约理论逐步进入人们的视野,成为中国社会政治经济生活中产生约束力量的重要思想。从某种意义上说,社会主义市场经济就是契约经济,社会形态也进入全体社会公众“参与性治理”时期,主体平等、意思自治、互惠和合意性、效率和效益等成为行动的基点。“有一种新的制度力量和知识可以推动这种建构式的制度变迁”。“契约治理”的理念成为探索监狱矫正教育罪犯新模式的主导力量。

三、罪犯契约矫正制度的合理性

1.契约治理制度是建设法治国家监狱的必由之路

我国要全面推进依法治国,“法治乃契约之治,刑事法治即刑事契约之治”②,法律制度本身就是契约治理演化的结果。法治国家的监狱必然是法治监狱,而法治监狱的突出表征必然是契约治理。“契约方法论可以用来矫正国家权力与公民权利的错位关系。强制性并不是权力的本质特征,国家和政府在制度建构时只有经由受约束主体的程序性参加和同意才能获得正当性,只有契约方法论才真正承认和尊重了公民的主体性。”③我国监狱单纯只是依靠强制性的刑罚惩罚和改造罪犯,并不是监狱制度建构的最佳选择。恰恰相反的是,在监狱体制改革中,尤其是在罪犯矫正制度构建时,融入法治的理念,将监狱定位于社会的公共服务部门,应该倡导的是契约精神,让尊重、平等、公正、互惠、效率等理念来支配罪犯的矫正教育,使罪犯“走上前

---

① “三多三少”是指:普通刑事犯多,反革命犯少;罪犯出生于劳动人民家庭的多,出身于剥削阶级家庭的少;青少年罪犯多,中老年罪犯少。

② 郭明:《“契约刑”论—探求刑事正义问题的法治解决之道》,《中国监狱学刊》,2009年第5期。

③ 于立深:《公法哲学意义上的契约论》,2005年吉林大学博士学位论文,第115页。

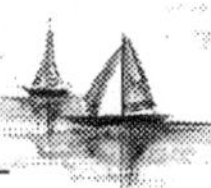

台”,由被动改造变为主动自我改造,成为矫正教育的主体,要使更多的社会主体参与监狱管理中,共同承担罪犯矫正教育的责任,只有这样才符合现代社会综合治理的理念,所以,“一个国家在治理社会、调整社会关系时不能只是应用强制模式,如果否定了正当程序的价值共识过程和意义,就会制造人际交往紧张关系”①。我们可以断定,罪犯契约矫正制度和决策形成方式将是21世纪中国监狱改革的最佳选择。

2. 契约矫正制度是公平与效率之间最好的制度安排

传统意义上的罪犯矫正教育模式,是由矫正者单一主导的,包揽了罪犯矫正教育的方方面面,必然出现技术力量不足、专业化不够、效率低下以及不能使罪犯得到公平的矫正服务的问题。“制度和组织在替代契约的同时,其实也在吞噬着个人意志自由。因此,可以说,组织和制度在节约交易成本、提高效率的时候,它也带来了我们今天无法绕开的问题,即效率和公平的矛盾关系问题。公平主要是个体的自我主观判断,它源于人的意志,而效率主要是共同体的判断,它可能与某个人的意志自由完全相左,很可能是共同体对个人的专政、多数对少数的暴政。契约的协商成本和遵守问题要求制度化和组织化;组织和制度的服从成本和代理成本又迫使人们诉求契约的自由意志。因此,人类生活实际上是在自由与效率、契约与制度之间不断寻找平衡点,契约范式一直是制度运行的参照系和模板,而作为契约性安排的制度这一定义,是对契约与制度的关系的最好描述。”②创制罪犯矫正契约化模式的目的是打破矫正机构对罪犯矫正教育的垄断,社会力量广泛参与罪犯矫正教育活动中,改变矫正机构单一地直接开展罪犯矫正教育的机制,达到既减少财政投入又提高罪犯矫正教育质量与矫正教育效率的目的。同时,罪犯矫正契约化模式也能避免由于罪犯矫正教育领域内专业化技术力量不足所带来的问题,其原因在于罪犯矫正契约化模式与矫正机构单一化实施矫正教育是不同的。根本来讲,罪犯矫正契约化模式是让来自社会的多方参与者对罪犯矫正教育需求做出及时的反应,以契约的方式使来自社会的各种参与主体得到整合,使社会的多方参与者通过自己内在的机制为矫正机构和罪犯提供矫正教育服务,进而根据各种社会力量所能实现的罪犯矫正教育合作的方式与规模,进行最优契约化安排,以实现社会各方参与主体对罪犯矫正教育的有效合作。在这里,罪犯矫正社会化充当的是这一

---

① 于立深:《公法哲学意义上的契约论》,2005年吉林大学博士学位论文,第115页。

② 于立深:《公法哲学意义上的契约论》,2005年吉林大学博士学位论文,第116页。

过程实现的主要平台，这是因为一方面矫正机构充分利用具有专业特色的罪犯矫正教育的社会资源，通过契约化的安排，把社会力量优化配置，向罪犯提供具有专业化的各种矫正服务；另一方面通过准许罪犯矫正教育的多方参与以及替代的罪犯矫正教育服务合作者存在，使得罪犯矫正教育的收益更加广泛，使罪犯矫正教育活动获得高效率。同时，“因为效率和公正的考虑，国家主权必然介入契约过程，导致契约形态不断标准化，其直接后果是契约法律制度的形成，那些经过政府规制的法律制度实际上也改变了传统的契约化关系。例如，出于交易安全的法律制度会使许多涉及消费者安全的私人契约无效。国家主权及其法律制度竭尽全力来降低交易的外部化风险，努力使其内部化”①。罪犯矫正教育中的主导者、组织者主要是矫正机构，大量的契约内容包含着体现公平性质的政策目标，并且通过一定契约的制度安排，确保罪犯矫正教育各方参与者按要求为罪犯提供矫正教育服务，确保罪犯矫正教育的公平的实现，最终克服罪犯矫正教育过程中投入大、效率低，罪犯需要矫正的项目多而专业化的力量不足等问题，实现罪犯矫正教育领域内公平与效率的统一。

3. 罪犯契约矫正制度具备“公共选择”特性

“民主”是罪犯契约矫正制度最突出的价值之一，契约矫正主体在订立矫正契约过程中充分体现了多方的参与性和透明性，使罪犯契约矫正制度成为普遍共识和参与者“公共选择”的结果。突出表现在以下三点：一是罪犯契约矫正制度建构的全员参与或者间接参与。对于矫正者和罪犯而言，是制度建构的全员参与者，对于社会公众、社会团体等参与者来说，是制度建构的间接参与者。二是罪犯契约矫正制度的制定过程和涉及的内容，具有开放性特征，是公平地广泛征求意见、多方对话和沟通之后的普遍共识，是吸收了参与者的智慧的产物，也是参与者中大多数人的意志体现。三是在罪犯契约矫正制度的制定过程中，参与者具有话语论证性，“在谈判、磋商和妥协的过程中能够有意见的共识和行动的共识”，“在公共选择中解决共识问题”。②

4. 罪犯契约矫正制度和现代监狱的本质相契合

“制度可分为内在制度和外在制度两类：前者被定义为群体内随经验而演化的规则，后者则被定义为外在地设计出来并靠政治行动由上面强加于

① 于立深：《公法哲学意义上的契约论》，2005 年吉林大学博士学位论文，第 115 页。

② 于立深：《公法哲学意义上的契约论》，2005 年吉林大学博士学位论文，第 119 页。

社会的规则。"[①]我国传统的监狱制度是监狱管理工作中经验的总结和概括，是典型的"群体内随经验而演化的规则"。由于监狱自身的封闭性，传统的监狱制度存在的弊端日益凸显，和现代监狱的内在要求不相适应，有些甚至已经成为阻碍监狱现代化建设的因素。为此，构建具有"外在制度"特性的罪犯契约矫正制度，既是现代化监狱建设的需求，也是现代监狱的本质属性。"由政府建立的外在制度也存在着众多可以接受和验证的理由：①内在制度的标准模糊性、执行任意性；②非正式惩罚的非法性，因此需要政府垄断暴力的使用；③外在制度具有政府信用和向所有进入者的开放性、公正性。"[②]罪犯契约矫正制度秉承了契约治理制度的文化特质，是我国罪犯矫正教育走向"开放性、公正性"的历史选择。

总之，罪犯矫正教育的社会困境，充分说明了需要开拓新的更加开放的罪犯矫正路径。"自愿和互惠的契约是制度的模板，高度形式化的制度是契约的替代物，这是一种制度演进主义的思路"，"制度是契约演化的结果，而正义的社会制度也将保留契约的自由意志特色"。[③] 罪犯矫正契约化的形态选择和制度创制，正是罪犯矫正教育"制度契约演进"的结果。这一契约制度安排和形态，也必然内蕴自愿、互惠、正义、自由、效率等特质。所以，罪犯矫正契约化路径既是世界行刑发展趋势，也是罪犯矫正教育制度契约化重构的必然选择。

---

① 【德】柯武刚、史漫飞：《制度经济学》，韩朝华译，商务印书馆，2002 年版，第 119 页。

② 于立深：《公法哲学意义上的契约论》，2005 年吉林大学博士学位论文，第 123 页。

③ 于立深：《公法哲学意义上的契约论》，2005 年吉林大学博士学位论文，第 115 页。

循证矫正的契约化品性

循证矫正是循证医学的理念和思想在罪犯矫正领域的引申和拓展，是“循证运动”跨领域的横向蔓延，并非纵向的“血缘”遗传，为此，关于循证矫正的谱系渊源，学界一直存在争议。笔者借助“循证”的科学性和有效性的证据优势，为循证矫正的谱系渊源寻求最佳证据。

循证矫正是中文翻译名词，有人也将循证译为“实证”“求证”等。要理解循证矫正，应看其原始的名称，直接翻译成中文是“以证据为基础的矫正”。对循证矫正比较早的一个解释是：循证矫正是指矫正工作者在矫正罪犯时，依据罪犯的具体情况，以获取的罪犯可以矫正的证据为基础，结合可能实施的方法和罪犯可能改变的情形，以获取最佳结果来实施矫正的矫正活动的总称。由此，循证矫正强调依据现有最好的证据做出科学的决策。其核心是遵循研究证据进行矫正实践，保证罪犯矫正教育的科学性和有效性，从而把研究者的科研成果与矫正工作者的矫正实践结合起来，实现矫正实践的效益最大化。很明显，这是现代科学精神对罪犯矫正实践领域的渗透，为罪犯矫正教育工作带来了一场方法论革命。

一、关于循证矫正的定位

正是循证矫正的革命性变革，使得在循证矫正的实践中，存在着诸多有待厘清的基本理论问题，为此，笔者结合循证医学的研究，对于循证矫正的实质属性予以探讨，以阐明循证矫正的谱系渊源。综合起来看，关于循证矫正的定位主要有以下观点：

一是学科说。认为循证之所以能够成为一场运动，为社会公众所认可、所推崇，是由其自身所具有的特质所决定的，从循证医学到循证管理，再到循证教育、循证社会、循证方法、循证研究、循证数据、循证政府、循证决策、循证策略、循证政策、循证社会工作、循证矫正等，有人更是将其延伸到“循

证教育学、循证犯罪学、循证管理学、循证图书馆学等学科领域”①,说明“循证”已在世界范围内形成了自己的庞大的“家族体系”,应是一门以“循证”为研究对象的独立学科体系,当然,循证矫正是这一学科体系的一门分支学科。这一观点听起来自然有其合理的成分,但是,仔细考究就会发现,循证矫正并不具有作为一门学科的必备要件。我们知道,任何一门学科都由以下要件所构成:一是必须具有自己独特的理论框架体系作为自身存在的依据,这是一门学科确立的前提和保证;二是必须具有自己独特的研究对象,这是一门学科确立的核心要素,如果没有自己的研究对象,就不能称其为一门学科;三是和本学科相适应的研究方法和研究范围,这是学科研究的“权力边界”,也是学科独立性的“外显要件”。循证矫正虽然渗透于诸多学科领域,但只是“多个学科实践领域共同关注的方法论与指导思想,成为一种‘遵循证据’进行实践的时代精神与文化信仰”②。但并不具有一门学科所必备的前述要件,这也就失去了它作为一门独立学科的合理性。

二是方法说。认为循证矫正是一种方法,其中的元分析、科伦芬国际合作等是具体方法的运用,应是方法学的范畴。但是,这种观点只是看到了循证矫正的表面现象,而没有看到它的实质,仔细分析就会发现:其一,元分析、科伦芬国际合作等工作,是对大量文献的二次评价,严格分类的话,是属于计量学的范畴,在循证矫正产生以前不仅已经存在,而且已经是相对成熟的学科,它不可能也不会成为循证矫正的根基,而是循证矫正在罪犯矫正领域的具体应用。其二,从方法和技术的角度分析,方法学应该具备独特的解决问题的基本原理和基本技术,并能有效地推进相关学科在方法论基础上的深化和具体研究方法上的变革、丰富与完善。从循证矫正的整个构成体系看,没有发现这样的特质、因素和价值内涵。

三是思想说。认为“循证矫正是一种思想,是‘唯物主义’‘实事求是’思想”③在罪犯矫正实践中的具体体现,是科学精神在罪犯矫正领域的渗透。“思想具有改变社会发展的进程和方向的能力。同样,在学科发展的过程中,在方法学发展的过程中,新思想的出现也可以对学科的发展、方法学发展产生重大的影响,循证矫正具有这样的特征。”④我们应当承认,循证矫正是对相关罪犯矫正理论流派和方法进行整合并超越的一种罪犯矫正理念,其中蕴含着丰富的矫正思想,它博采众长,从理论研究中寻求最佳证据,追

① 杨文登:《循证心理治疗》,商务印书馆,2012 年版,第 35 页。

② 杨文登:《循证心理治疗》,商务印书馆,2012 年版,第 36 页。

③ 赵一鸣:《循证医学如何定位?》,《中华医学杂志》,2004 年第 22 期。

④ 赵一鸣:《循证医学如何定位?》,《中华医学杂志》,2004 年第 22 期。

求罪犯矫正的最佳效果,循证矫正的理念和思想对于指导循证决策、循证方案制订以及循证实践是非常重要的,但是,循证矫正并不单是一种思想,更是一种技术、方法步骤和实务操作的过程等;思想只是循证矫正在理论层面的样态,并未揭示出在操作层面的具体的实践框架结构。因此,思想说并不能涵盖循证矫正的全部内容和精神实质。

四是实践形态说。认为循证是一种实践形态,产生之后成为"多个学科领域'遵循证据进行实践'的一个共同的名字,被人们称为实践领域的一种全新的范式、一场声势浩大的运动或一种深入人心的'文化'"[①]。循证矫正的核心在于循证实践,是罪犯矫正活动的实践过程和实践形态。但是,正如思想说一样,循证矫正不只是一种可操作的实践框架体系,还是罪犯矫正的思想理念,还代表着协作、民主、高效、求实的时代精神和文化信仰。

五是模式说。"循证矫正是一项复合性的技术'范',也可以认为是一种矫正模式。这个模式的内容包括:矫正的理念、方法、技术以及关联的监狱体制、机制和矫正者群体建设。"[②]模式指的是某种事物的标准形式或可以照着做的标准样式。它是对客观事物的内外部机制的直观而简洁的描述,可以向人们提供客观事物的整体内容。其隐藏了事物内部的规律,既可以使用图像、图案,也可以使用数字、抽象的关系来描述事物发展的模式,它强调的是形式上的规律。不同的矫正模式代表着不同的理论基点,有着不同的价值追求,同样,对罪犯所产生的矫正效果也有巨大差异。因此,研究矫正模式,主要是揭示其内含的矫正思想,寻求在当代刑罚制度下选择最优矫正模式,追求最佳矫正效果,以实现罪犯矫正效益最大化。因此,笔者认为,循证矫正的兴起,不是在罪犯矫正领域增添了新的理论或方法,而是为综合和最优利用现有的各种矫正方法提供了理论框架和实践方案,只是一种在契约规制下可资实践的标准样式。将循证矫正界定于以契约为基础的一种新型矫正模式是较为科学的一种观点,由此就可以契约矫正的视角纵向寻求到循证矫正的谱系渊源。

二、循证矫正的理论基础

循证矫正的理论基础主要来源于社会契约论、公共选择理论、委托代理

---

① 杨文登:《循证实践:一种新的实践形态?》,《自然辩证法研究》,2010 年第 4 期。

② 张晶:《循证矫正本土化问题》。2013 年 3 月 30 日在黄山举办的"循证矫正与罪犯矫正工作实务专题培训班"讲课内容。

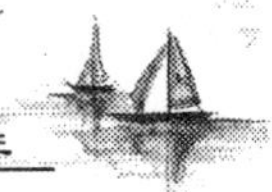

理论、治理理论、人本主义思想和实证主义思想。[①] 人本主义思想是循证矫正的内在动因，而实证主义思想则是循证矫正的价值追求和外显形态。

1. 循证矫正的人本主义思想

循证矫正最核心的、深层次的理论支撑是人本主义思想。这是因为，首先，人本主义思想以人为核心，强调人的重要性，维护人的尊严和价值，关注人的发展，将人置于一切实践活动的中心地位。我们知道，循证矫正有三大核心要素：最佳证据、矫正技能和罪犯的意愿。其中，罪犯的意愿是契约矫正活动的内在动因，是矫正实践最活跃的因素，是“罪犯”作为人的价值而居于契约矫正实践的中心地位。罪犯的意愿包括了罪犯个体的生理差异、客观的文化因素及个体的价值因素等方面，主要体现在罪犯的个体特征、偏好、信仰、文化、人格、价值取向等因素，循证矫正关注罪犯在矫正契约化活动中的主动参与。在这里，罪犯的主动参与包含了两层含义：其一，罪犯通过主动参与，使之成为契约矫正实践的主体，权利得到充分的保障。在传统矫正模式中，罪犯是处于被动的地位，在矫正中的应有权利并未得到足够的尊重，往往成为矫正“实验的对象”，并不注重罪犯主观能动性的发挥。随着人本主义思想的兴起，矫正者改变了一直拥有的强势地位，除了对罪犯进行无条件的积极关注，还完全接受罪犯的情感与行为，相信罪犯拥有自我成长的力量，罪犯应该而且也可以合适地参与矫正决策，积极地参与矫正过程。其二，罪犯是自我矫正者和自我问题的解决者。罪犯主动性的发挥表现在：一是会创造性地解释矫正者的干预措施，消化、转换或者重新赋予矫正实践对于罪犯自身的意义；二是罪犯使用自己的逻辑思维能力，自己对存在的问题进行思考并寻求对策；三是罪犯的主动性和希望解决问题的期望会加速矫正契约化活动的进程，强化矫正效果；四是主动体验矫正过程，并从中获取知识。由此，可以看出，只有罪犯充分发挥自身的潜能，才能使自身的问题得以解决。所以，人本主义思想强调罪犯矫正的实践活动必须建立于维护罪犯的尊严，培养罪犯适应现代社会需要的健全人格这一层面上，充分发挥罪犯在契约矫正中的自我创造能力，这是循证矫正人文性的关键所在。其次，人本主义思想强调个人的发展，契约矫正实践的终极目的是促进罪犯的成长和发展，从罪犯的个性特征、人格状况和价值取向出发，以罪犯自我的内在的主动性和选择能力，克服自己的人生问题，改变自己的心理生存环境，培养罪犯的社会个性。再次，人本主义关注人的知、情、意的有机统一，认为人的发展是知、情、意的统一整体。因此，罪犯的契约矫正是以罪犯作

---

① 关于社会契约论、公共选择理论、委托代理理论、治理理论在其他章节中已做了介绍，在此不再赘述。

为完整的人为载体，以内部的发展动机为基础，罪犯的矫正是一个集罪犯的智力、情感、自尊、意志、需要、性格等人格特征为一体的集合体，不是单一的、孤立的人格因素的活动过程。

综上所述，人本主义思想在循证矫正中的应用，一是确立了循证矫正以罪犯为中心的矫正观念，尊重罪犯的人格，重视罪犯在矫正实践中的价值和愿望，关注罪犯服刑环境条件下的特殊利益，并在此基础上制订罪犯矫正方案，这也是“生物—心理—社会矫正模式”遵循的基本原则和对矫正工作者的实质要求。二是确立了循证矫正以罪犯为主体的实践原则。矫正工作者在循证矫正过程中，要充分考虑自己的专业背景、理论专长和罪犯所存在问题的关系，理论特征与问题实质的关联度及适应状况，只有这样，才能提高循证矫正的针对性和对罪犯矫正的质量。

2. 循证矫正的实证主义思想

实证主义思想是循证矫正的生命线。实证主义的创始者是19世纪中叶法国哲学家孔德，他竭力“倡导‘以被观察到的事实为基础’的实证精神”，后来成为独具一格的科学哲学。

“科学即是实证科学。这就是科学的实证精神。科学的实证精神使科学有别于其他知识体系或观念形态。科学的实证精神的真谛是：实验是检验真理的唯一标准，科学在结局和起源上都是实证的，基于事实是科学方法的特征。”[①]实证主义思想的实证精神就是实事求是，实验是检验真理的唯一标准，一切真理基于实证而产生。实证精神包含了实在、确定和实证三大要素，坚持“经验是知识的唯一来源，一切科学知识都必须建立在来自观察和实验的经验事实的基础上。这是各种形态的实证主义哲学都必须遵守的实证原则”[②]。由此，有学者指出，实证精神倡导一种客观的态度，即在思考和研究中尽量避免主观因素的影响，尽可能地呈现事物的本来面目；鼓励探险与冒险精神；倡导务实的、宽容的和建设性的态度。[③] 循证矫正是“基于证据的矫正”或“遵循证据的矫正”，遵循的是研究者的最佳证据，这是循证矫正的核心要素之一。强调矫之有据、正之有本。而证据有效力大小和证明资格的高低之分，是按照严格的证据来源标准来分类、分级的。在证据体系研

① 李醒民：《实证精神和理性精神是科学精神的两大支柱》，人民网，2010年5月4日。

② 郭本禹，郭德侠：《实证主义与心理学方法论》，《西北师大学报（社会科学版）》，1998年第4期。

③ 谢瑜、李幼平：《循证医学：从范式到文化》，《医学与哲学（人文社会医学版）》，2010年第6期。

究中,文献综述、元分析、系统评价、随机对照试验、单一个案设计、相关研究、质化研究、专家意见、个人经验等,都具有不同的证据等级和证据强度,同时,证据的地位不是固定不变的,在不同的罪犯矫正实践中,每一种证据都有自己的价值定位。这是实证主义的研究方法在罪犯循证矫正中的应用,也是循证矫正的实证精神在文化特质上的充分体现。

归纳起来看,实证精神在循证矫正中的文化样态,之于矫正研究者而言,是研究中的实证心态,即实证的心智框架、实证的研究习惯和实证的思维方式;之于矫正研究者和矫正实践者而言,所体现出的是实证的自主意识、价值取向、精神风貌、认知模式、道德规范和行为准则;之于矫正方案而言,是在实证研究基础上建立起来的,是实证研究的结晶;之于罪犯矫正实践和矫正过程而言,矫正产生的效果和得出的科学结论是能够重复实践和反复检验的。总之,把实证精神贯穿于罪犯循证矫正实践的自始至终,作为追求真理的起点。循证矫正是"基于证据的矫正",突出证据的价值定位,可以说,追求证据的实在是循证矫正的核心价值,实证是循证矫正的依托和灵魂。

三、循证矫正的契约机理

在罪犯矫正教育的发展进程中,先后经历了独居制模式、沉默制模式、不定期刑模式、罪犯分类模式、教育刑模式、医疗康复模式、复归社会模式、开放处遇模式、行刑公正模式、新古典主义的惩罚模式、综合效益模式等,应该说,对各种模式的探索,有成功的经验,也有失败的教训。实践反复证明,符合科学规律的、以科学证据为基础的矫正模式,才是罪犯矫正的科学模式。如果说,我们以往所探求的传统的罪犯矫正模式是以经验主义占据主导地位的话,那么,今天以"循证"为主导的循证矫正模式则是以科学证据为主导地位的,是科学的技术化在罪犯矫正领域的应用、深化和拓展,是罪犯矫正实践艺术化和技术化的有机结合。因此,循证矫正功能的科学定位,关系着罪犯矫正的科学决策,关系着罪犯对犯因性问题的认识,也关系着罪犯契约矫正方案的科学制订和有效执行。

1. 循证决策遵循科学原则

对于整个矫正工作而言,罪犯矫正决策具有引领性、战略性和基础性的作用,因为罪犯矫正的实践来源于罪犯矫正的决策,而决策一旦失误,就会导致整个矫正工作根本性的失败,因此,科学的决策是实现罪犯矫正目的的关键环节,要想实现罪犯矫正工作的科学发展,首要任务就是要进行科学的决策。

循证决策因应时代的需要,以科学精神作为支撑,强调罪犯矫正方案制订过程中科学证据的主导作用，突出运用证据的规范化和程序化，将最好的、可获得的证据与罪犯矫正最迫切的需求紧密结合，通过科学证据的应用，使罪犯矫正方案建立在科学证据之上，为罪犯矫正提供科学有效的决策服务。这样就保证了罪犯矫正方案的有效性和科学化，克服了传统罪犯矫正模式中罪犯矫正方案的随意性和主观性。在这里，无论是提出需要矫正的问题，还是寻求证据、筛选证据和评估应用证据，“循证”成为循证矫正的核心要素，是循证矫正的前提和保证。

2. 契约矫正方案界定循证矫正参与者的“权力边界”

在罪犯矫正的发展过程中，由于过分强调矫正对罪犯的塑造作用，因此，在一些矫正模式下，矫正工作者在制订矫正方案时，由于缺乏规范的步骤和要求，没有置于有效的监管之下，使之跨越了“权力边界”。传统矫正模式较为常见的是矫正工作者所使用的矫正技术、矫正方法等侵犯罪犯的人权、隐私权、知情权，甚至对罪犯造成人身或精神方面的伤害的情况。一些个案显示，无限超越“权力边界”的矫正方案，不仅没有对罪犯起到矫正作用，反而使罪犯存在的问题进一步恶化，特别是在心理治疗中，无监管的、探索性的或实验性的治疗方案甚至导致罪犯心理疾病加重或人格的异化。

循证矫正的框架体系则有效地界定了契约矫正方案的“权力边界”，这主要体现在：一是循证矫正来源于循证医疗，在其“遗传基因”中继承了界定“权力边界”的特质。我们知道，循证医疗的产生在很大程度上是保险公司出于自身利益的考虑，运用科学的医疗方案对医生医疗行为进行合理规制，使医生的治疗过程严格限定在治疗方案的“权力边界”内，防止逾越边界而损害病人或保险公司的利益。循证矫正的这一“遗传基因”同样以契约矫正方案的形式发挥作用，使矫正行为受到有效监管。二是循证矫正强调制订契约矫正方案的规范化和程序化，突出科学证据的主导作用，要求矫之有据，唯证据为真，每一步骤都要遵循科学的原则，都要综合研究者、矫正者、罪犯和管理者等各方的意见，确保矫正方案和证据之间的良性互动，这就克服了矫正工作者凭借传统经验或主观臆断对契约矫正方案的干扰，以及在矫正方案制订中的主观性和随意性。三是在契约矫正方案框架内，不同角色扮演者均有自己的“权力边界”，研究者提供最佳证据；矫正者按照契约矫正方案约定的内容和程序开展矫正实践；罪犯充分了解矫正方案并主动参与矫正实践；管理者依据矫正方案设定的规范对矫正实践进行过程管理，任何一方都必须在契约矫正方案的框架内规范而有序地操作。

3. 循证矫正以矫正效果为价值取向

循证矫正遵循实事求是的原则，努力掌握关于罪犯的最全面的材料，最新和最佳的证据，严格按照证据的等级标准，对获得的证据进行甄别、分析、取舍和评价,在最佳证据基础上制订罪犯矫正方案,确保证据获得和使用的客观真实性,这样就保证了矫正方案对罪犯犯因性问题的针对性,提高了矫正的有效性,提升了罪犯矫正的效率和效益,这些都是循证矫正的价值追求。研究表明,对不同危险性的罪犯,应施以不同的干预次数和干预措施,对于高危险性的罪犯进行密集的干预,能够抑制罪犯再犯罪的概率;而对于低危险性的罪犯如果进行高密度的干预,可能会适得其反,增加再犯罪的概率。这就证明在矫正中不是对罪犯干预的次数越多效果越好。循证矫正就是要遵循科学干预原则,合理配置有效的矫正人力资源,追求契约矫正的最佳效果。

4. 循证矫正把科学精神作为文化特质

任何一种矫正模式,都内涵或彰显着一定的文化特质。易中天教授2012年4月10日在《文摘报》上发表了《教育的终极目标是什么》一文。在文中他认为,科学方法和科学精神非常重要,科学精神就是怀疑精神、批判精神、分析精神和实证精神。基于科学主义的循证矫正所体现的文化特质与科学精神不谋而合,因此,笔者认为,循证矫正模式的文化特质集中体现在科学精神的实践样态,同时也是循证矫正谱系传承的"基因"。

(1)提出问题的怀疑精神。《现代汉语词典》中对"怀疑"有两个解释:一是猜疑,一是不相信。在此,怀疑精神的"怀疑"指的是不相信。它是指在尊重科学和事实的基础上大胆而谨慎地审视所给予的对象,发现所存在的问题并对审视对象产生怀疑的过程。所以说,怀疑精神是社会创造力的活性因子,是循证矫正的内在品质。没有怀疑,循证矫正就失去了存在的合理性。

循证矫正的怀疑精神集中体现在提出问题,是建立在对循证矫正的理论、体制、技术、实践等的完美性、权威性、正确性、合理性的理性思考之上所提出的质疑,通过对这种质疑的深入思考,寻求解决问题的途径。因此,循证矫正的怀疑精神是理性化的产物,而不是情绪化的派生;是研究的出发点,而不是最终目的;是勇气、知识、智慧和想象等有机结合的体现。正如巴甫洛夫所言:"怀疑,是发现的设想,是探索的动力,是创新的前提。"循证矫正所具有的怀疑精神在本质上是一种平等精神、探索精神、超越精神和自由精神,鼓励怀疑,敢于怀疑,参与者平等地讨论问题,发表观点,才会激发探索的动力,才会产生超越权威的欲望和勇气,才会将循证矫正推向更为科学、合理、完美的层次。

(2)对证据进行去伪存真的批判精神。批判精神中的"批判",就是站在更高的视角,对历史或现实所进行的考察、分析、甄别和审视,对人或事进行分析和解剖,以期发现问题和解决问题。而批判精神的原意为:一是评论人或事物是非的一种意识、思维活动和一般心理状态;二是对某种思想言行(多指错误的)进行系统分析后所坚持的一种原则和立场。我们所讲的批判精神,是对原意的进一步拓展和升华,“就是对既有的学说和权威不是简单地接受与信奉,而是在继承的基础上,经过思考、判断,有根据地做出肯定或否定质疑的精神”①。因此,在循证矫正的文化特质中,怀疑只是循证矫正的初始诉求,而批判的着眼点是广阔的未来,是以完善的契约矫正方案、最佳的矫正效果为追求的最终目的。

循证矫正的最大文化特质就是对纷繁复杂的众多证据以批判的精神去伪存真,把提出一个好的问题作为循证实践的起点。当代西方著名的科学哲学家波普尔认为,“科学问题是认知的起点,证伪是知识增长的动力”②。因此,从问题出发是波普尔批判哲学的精髓,也是其科学认识模式的起点。循证矫正的批判精神主要体现如下:

一是怀疑精神的延续和超越。循证矫正通过深入研究,明确判断,分析求证等,在诸多证据中明晰不合理的、落后的、不正确的、无效的、效力低的等证据,使之居于制订契约矫正方案的次要地位,避免对矫正方案制订的干扰和破坏作用。将有效的、最佳的、最新的、科学的证据,应用于循证矫正方案的制订,使之有效的资源达到最佳的配置状态和水平,确保了循证矫正的科学性。因此,循证矫正的批判精神是怀疑精神的延续和超越,是怀疑精神寻求真理的进一步升华。

二是求真精神的实践。循证矫正的过程会产生各种理论、思想、方法、技术,甚至证据的矛盾、对立和冲突,要想求真去伪,只有在论证和反驳的辩论中,才能使最佳证据、矫正方案和矫正过程的不断深化;才能去伪存真、去粗取精、由表及里地使矫正证据和矫正方案不断优化、进化和更新。因此,批判是循证矫正的“清道夫”,及时清除过时的、无效的、陈旧的、落后的证据,为最佳证据、科学证据和有效证据的适用扫清障碍。

三是平等交流和富有创造精神的互动。在循证过程中,是多人参与的平等对话和交流,每个人都有平等探索“证据真理”的权利,每个人都有不惧权威、挑战权威的资格,遵循的唯一标准是科学诚实。因此,批判是对证据、对矫正方案的研究过程,是彼此之间平等的、富有创造性的和富有建设性的讨论,是对循证矫正的思想、方法、理念的批判,是“证据真理”的互补和互

---

① 张立华:《浅谈教学中批判精神与创新能力的培养》,《山西高等学校社会科学学报》,2003 年第 5 期。

② 谢瑜、李幼平:《循证医学:从范式到文化》,《医学与哲学(人文社会医学版)》,2010 年第 6 期。

动,是契约矫正方案科学化的进一步提升。

四是对“证据真理”的理性探索精神。批判是一种甄别,是把怀疑上升为理性判断。在这一过程中深厚的知识背景、严谨而科学的态度、智力水平等都是重要的支撑因素,也只有这样,才会把最佳证据和其他证据厘清开来,才能打破传统的罪犯矫正技术对既有理论、体制、机制的习惯性依赖,打破对于权威和所谓真理的迷信性崇拜,在比较中对循证矫正的各种证据做出理性和价值的判断,推动循证矫正的发展。

(3)追求最佳证据的实证精神。19世纪中叶法国哲学家孔德首创了“实证主义”科学哲学,倡导“以被观察到的事实为基础”的实证精神。简单地说,实证精神就是实事求是,实验是检验真理的唯一标准,一切真理基于实证而产生。遵循事实是科学方法的特征。实证精神有三大支撑要素,即实在、确定和实证。由此,有学者指出,实证精神倡导一种客观的态度,即在思考和研究中尽量避免主观因素的影响,尽可能地呈现事物的本来面目;鼓励探险与冒险精神;倡导务实的、宽容的和建设性的态度。① 循证矫正是“基于证据的矫正”或“遵循证据的矫正”,遵循的是研究者的最佳证据,这是循证矫正的核心要素之一。强调矫之有据、正之有本。而证据有效力大小和证明资格的高低之分,是按照严格的证据来源标准来分类、分级的。在证据体系研究中,文献综述、元分析、系统评价、随机对照试验、单一个案设计、相关研究、质化研究、专家意见、个人经验等,都具有不同的证据等级和证据强度,同时,证据的地位不是固定不变的,在不同的罪犯矫正实践中,每一种证据都有自己的价值定位。这是实证主义的研究方法在罪犯循证矫正中的应用,也是循证矫正的实证精神在文化特质上的充分体现。

(4)应用最佳证据的分析精神。对于一个人的分析精神,可以从两方面进行理解,从能力层面表现为分析问题的能力;从态度层面表现为对事物进行分析的习惯、态度、倾向性和热情。在这里所研究的循证矫正文化层面上的分析精神,是指在循证矫正实践中,矫正研究者、矫正实践者对于矫正问题的思维过程和思维形式,以及所制订的矫正方案所体现出来的分析与综合的科学精神。这主要体现在以下三点:

一是对于问题的分析。在循证矫正中,首先要对提出的问题全面分析,主要包括:提出问题的根据是什么?是罪犯的实际需求,还是针对需要解决的实际问题形成定义清晰的提问,如:循证矫正的问题模型是什么?罪犯的犯因性问题都包括哪些?有什么依据?计划采取什么样的干预措施?对照

---

① 谢瑜、李幼平:《循证医学:从范式到文化》,《医学与哲学(人文社会医学版)》,2010年第6期。

干预措施的证据有哪些？矫正效果评估指标是什么？如何制定？证据是什么？等等。

二是对证据的分析和综合。主要是对罪犯矫正的证据进行的分析，寻求真知、排除谬误的过程，包括了“从提出问题、检索证据、评价证据和结合背景做出处理和效果评价的五个步骤，都清晰地给出标准，并强调对未知问题的积极探索，这是科学分析精神的集中体现”①。

三是对罪犯契约矫正方案中子项目或子指标体系的关联分析。依据有效的、科学的、最佳的证据制订矫正方案时，需要对证据进行分类适用，对于不同的指标体系适用相应的最佳证据；对于不同的矫正子项目或子指标体系，适用的证据所具有的强度和质量也有所区别。同时，还要分析证据与证据之间、要素与要素之间、子项目与子项目之间等的内在联系和区别，构建出对矫正过程具有解释功能和对矫正效果具有预言功能的理论框架或者理论模型。

四、循证矫正的契约化思想

循证矫正将最佳研究证据、矫正技能和罪犯的愿望整合起来，从而使罪犯的矫正实践达到最为理想的境界，因此，循证矫正的契约化思想实质体现在以下几个方面：

1. 矫正决策基于真正的事实：实事求是

循证矫正在制订契约矫正方案时，是建立在大量可靠的、有效的信息基础上，克服了传统罪犯矫正模式不顾客观事实，单纯依赖政治信仰、遵循意识形态、信奉经验主义的矫正观念。循证矫正在矫正决策时，首先要确立“证据是什么”，并在证据中寻求最佳证据，根据客观存在的事实证据，深思熟虑，制订契约矫正方案，使罪犯矫正达到最佳状态。

循证矫正的核心思想就是实事求是地根据最佳的研究证据进行矫正决策。在这里，最佳证据就是“派生于科学方法，关于因果关系的普适性知识”②。这些证据往往是基于同类问题大量研究的随机抽样实验、元分析等，它按照严格的科学规范而得出，是最接近事实的真相。

2. 契约矫正实践基于严格的执行：执行力

何为执行力？执行力就是在既定的罪犯矫正方案的前提下，循证矫正

---

① 谢瑜、李幼平：《循证医学：从范式到文化》，《医学与哲学（人文社会医学版）》，2010年第6期。

② 曹素璋：《循证管理——西方管理科学化新思潮》，《外国经济与管理》，2008年第11期。

的参加者对内、外部可利用的资源进行综合协调，通过有效的执行措施从而最终实现罪犯矫正目标的一种力量。

执行是目标与结果之间的桥梁，是契约矫正方案实施中不可或缺的关键一环，是循证矫正参与者操作能力和实践能力的综合体现。

执行力是一个变量，是循证矫正中的动态因素，无论多么科学的矫正决策，多么周密而严谨的契约矫正方案，都要依赖矫正参与者的有效的贯彻执行。

执行力不但因人而异，而且还会因时而变。不同的执行者在执行同一件事情的时候也会得到不同的结果。所以，矫正实践的关键是按照科学的决策和预设的方案严格地执行。

执行力是循证矫正的灵魂。在矫正实践中，严格地按照矫正决策贯彻执行和做出科学的战略决策同样重要。“循证”之所以能成为一场声势浩大的运动，除了追求科学证据之外，关键问题还在于管理者将社会科学和组织学的有关强化执行的研究成果作为参照物，以指导科学决策的有效执行，因此，关注执行过程和提高执行力就成为循证矫正的又一思想实质。突出表现在以下几个方面：一是矫正参与者严谨的工作态度和责任意识，严格按照契约矫正方案和工作规范，把矫正工作做到最佳；二是矫正参与者实事求是，着眼于事实真相，追求实证，体现严谨务实的工作作风；三是讲求时间观念和效率意识，弘扬时间管理的工作理念；四是开拓创新，培育改革精神和创新能力，充分发挥参与者的主观能动性，创造性地改进工作方法。

3. 循证矫正关注学习：终身教育

目前，终身教育已成为世界性的教育思潮，它的基本观点是：在现代科技、现代生产、现代社会条件下，既有必要也有可能打破人一生中仅限于少儿青年时期的正规学校教育这种传统观念，教育应贯穿人的整个一生。这样，对每个人来说，是终身学习的一生，对整个社会来说，是全民学习化社会。在循证矫正的框架体系中，最佳证据的研究者、矫正实践者、被矫正的罪犯及对矫正过程进行管理的管理者，都不能置身循证矫正之外，研究者只有不断学习，才能提供高质量的、最佳的研究证据，成为矫正决策的有力支撑；矫正工作者只有不断学习，才能针对罪犯的特点，结合自身的经验与技能，充分应用最佳证据，制订最佳矫正方案，对罪犯实施有效矫正；作为被矫正的罪犯，学习的过程就是提高自我认知能力的过程，才能充分剖析自己的犯因性问题，在了解最佳证据的基础上，主动参与契约矫正实践中，发挥矫正的内在动力；而矫正管理者也只有充分学习，才能提高管理者的管理能力，制定切实可行的政策，提供研究者、矫正者和罪犯三者良性互动的平台，协调循证实践的进程。

4. 循证矫正的价值追求:效率

传统罪犯矫正模式中,矫正工作者在矫正决策时,往往遵循个体所积累的"片面经验",尽管这些经验是矫正实践的归纳和总结,具有一定的正确性,曾在罪犯矫正工作中产生过良好的效果,但是,就总体而言,这些经验仅仅是片面的经验验证,不具有普适性,因此,在矫正实践中,不仅使用的效度差,而且存在着各自为政、缺乏监管、资源浪费严重等问题。而循证矫正主张矫正者应根据最佳证据进行矫正,要求制定具有科学性的罪犯矫正指南与标准,建立大型的数据库、专家库、个案库等,应用相关的法律、行为规则、矫正规范等来管理矫正过程,注重成本、效益和矫正资源的优化配置,从而降低矫正成本,提高矫正效率,节省资源,减少浪费,实现矫正资源的高效益。

循证矫正意味着将罪犯矫正视作尚未完善的矫正模型,进而不断地试验与学习,不断地归纳和总结,研究出更多的最佳证据。所以,循证矫正"主要就是培养一种正确的心智模式,一种学习与探询的心智模式。"①

五、循证矫正的契约化品质

"作为方兴未艾的世界循证实践的一部分,既是一种科学矫正罪犯的理论体系,也是一种科学矫正罪犯的实践框架,更是一种全新的矫正罪犯的理念。"②循证矫正是现代科学精神和契约精神在罪犯矫正实践领域的践行,为罪犯矫正工作带来了"一场方法论革命",已经成为西方发达国家普遍认可的罪犯改造新趋向。2012 年循证矫正被引入我国罪犯矫正实践领域,并在一些监狱开展试点,目前已逐步推广到全国的许多监狱。

循证矫正是"基于证据的矫正",因此,在罪犯矫正实践中,它不仅要满足社会公众对矫正品质、效率和效益的诉求,而且要体现公平正义、公共安全和责任。在循证矫正的三大要素——最佳证据、矫正技能和罪犯的意愿(包括罪犯的人格、文化与价值取向)中,强调"罪犯意愿"的介入和参与,要求从循证决策、循证方案的制订、循证实践过程、循证效果的反馈等,都要遵循"罪犯意愿",充分昭示了罪犯在矫正中的主体性和平等性,足以证明循证矫正中重视罪犯的主动、自觉参与性,强调罪犯内在的自我改变的需要和动机。它是建立在尊重罪犯和罪犯充分协商基础上的矫正实践,体现的是一

① 曹素璋:《循证管理——西方管理科学化新思潮》,《外国经济与管理》,2008 年第 11 期。

② 夏苏平、狄小华:《循证矫正中国化研究》,江苏人民出版社,2013 年版,序第 3 页。

种现代“民主治理”的契约理念，是研究者、矫正者、罪犯与管理者共同参与决策、平等地表达自己的意见，共同制订矫正方案，共同推进矫正过程，共同监督管理的矫正契约化活动。

（1）循证矫正是矫正契约化“民主品质”的体现。在循证矫正框架体系中，“民主化”是其最具特色的品性。研究者提供最佳证据，作为循证矫正的支撑；矫正者针对罪犯的特点，广泛收集证据，遵循最佳证据原则，对证据进行评价、筛选，在和管理者充分协商的基础上，征求罪犯的意愿和价值取向，结合自己的经验与技能，共同做出决策，共同制订矫正方案，共同进行矫正实践；罪犯在了解最佳证据的基础上，充分发表自己对矫正活动的看法，对矫正方案发表自己的意见，并与矫正者一道主动参与矫正过程；管理者制定相关政策，提供三者良性互动的平台，协调矫正参与者共同进行矫正。这样，就使整个矫正活动形成了民主协作、各得其所、各行其职的完整契约协作体系。

（2）循证矫正是矫正契约化的“公正品质”的体现。循证矫正的公正性体现在：一是依据罪犯的不同情况，每个罪犯都能公正地得到与自己的“犯因性问题”相适应的契约矫正服务；二是矫正者必须遵守证据原则，公正地对待每一证据，并据此对证据进行评价和取舍；三是确立了罪犯的主体地位，使罪犯有机会参与矫正决策过程，充分体现了矫正契约化的“平等的权利义务关系”的特性，彻底打破了罪犯矫正决策过程的传统模式，即矫正者矫正过程的绝对权威和主宰地位；四是管理者公正地协调各方，依据参与各方合意的矫正方案实施监管，同时制订涉及矫正决策、矫正过程和矫正绩效的评价机制，使罪犯矫正的整个过程有了相互交流与评判的标准，从而大大增加了罪犯矫正过程的透明性。总之，循证矫正的本质是矫正决策过程、最佳证据筛选过程、矫正方案制订过程、矫正方案实施过程、矫正绩效评估过程等都是外显的、清晰的。因此，循证矫正的“透明性”决定了不仅能保证罪犯的合法权益，而且为解决矫正者与罪犯之间的矛盾纠纷等提供了指南，甚至法律的依据。

（3）在矫正契约化语境中，刑罚止于自由，狱政管理、罪犯教育、生产劳动等是监狱对罪犯的行政管理，矫正者和被矫正者以契约的形态规定下来，作为促进罪犯矫正的合约依据。特别是罪犯的“生产劳动”将成为罪犯的权利。监狱和罪犯订立服刑契约，监狱警察代表国家执行矫正方案；罪犯在改造中是改造或矫正的主体，在改造或矫正中处于主体地位。因此，循证矫正是建立在契约矫正关系基础上的矫正，是一种对矫正对象的矫正服务。

（4）循证矫正是一种契约矫正实践形态，产生之后，“成为多个学科领域‘遵循证据进行实践’的一个共同的名字，被人们称为实践领域的一种全新的范式、一场声势浩大的运动或一种深入人心的‘文化’”①。循证矫正的核心在于循证实践，是罪犯契约矫正活动的实践过程和实践形态。但是，循证矫正不只是一种可操作的、契约矫正的实践框架体系，还是罪犯矫正契约化的思想理念，还代表着协作、民主、高效、求实的时代精神和文化信仰。

循证矫正一经进入罪犯矫正领域，就掀起了思想理念、方法技术和矫正行为规范的“革命”，专家、学者在探索中充分肯定了这一新型矫正模式所具有的合理性、正当性和科学性，以及给罪犯矫正所带来的冲击和活力，从而使之成为罪犯矫正领域的“新家族”。但是，人们在对循证矫正寄予厚望的同时，它自身所存在的“天生”缺陷也暴露无遗，比如循证矫正的属性和定位问题、证据分级的标准问题、罪犯矫正艺术的技术化问题、循证矫正的本土化问题等，都需要进一步研究和探索，否则，盲目照搬照抄国外的理论，或者是循证医学的技术、模式，必然给循证矫正带来毁灭性的灾难。

六、循证矫正的契约化规制

循证矫正的契约品性建立在原有的罪犯矫正模式的基础上，并不能与传统罪犯矫正领域彻底决裂，反过来，是对传统罪犯矫正模式的优秀特质的继承、发展和整合，更区别于传统罪犯矫正模式的重新探索和华丽蜕变，把契约理念、实践框架、行为规则、思维模式与技术规范注入传统罪犯矫正模式，使之具有新的活力因子，整个矫正样态呈现出不同于以往的文化特质，是对传统罪犯矫正模式的质的超越。

（一）契约化理念规制

1. 循证矫正是一种契约规制下的复合式的技术矫正

技术矫正是指从技术的层面来研究对罪犯的矫正程序、规则、技巧、技艺、设施等具体的规范和要求。在近几年的著作中，大都运用“矫正技术”一词，而矫正技术是自然、社会和思维技术构成的内在整体。“罪犯矫正技术可定义为是人类利用、控制和教育罪犯的有关方法论的知识体系。”②在循证矫正中，契约是对矫正行为规制的前提，技术矫正是具体的规范和要求，是技术应用，是“用技术来矫正”，是如何使用技术来矫正；矫正技术是矫正形态，是“关于矫正的技术”，是矫正中如何使用技术。因此，循证矫正是“技术矫正”，是矫正技术的升华，既强调循证理念和方法的应用，也强调契约矫正方案制订中循证方法使用上的一种制度化、常规化和规范化。

从广义上看，监狱所采取的用于罪犯矫正的方法、手段、措施等，都蕴含

① 杨文登：《循证实践：一种新的实践形态？》，《自然辩证法研究》，2010 年第 4 期。

② 于爱荣等：《矫正技术原论》，法律出版社，2007 年版，第 146 页。

了丰富的矫正技术，比如罪犯的分类、监狱的分类、罪犯的管理、罪犯的教育、罪犯的劳动、罪犯的技能培训、罪犯的职业生涯设计和指导、罪犯的心理健康教育、心理咨询、心理治疗、个案矫正、危险性评估等，都属于矫正技术涉及的范畴。同时，我国经过多年的探索，目前监狱正在运用的、较为成熟的主要矫正技术有：罪犯劳动矫正技术、罪犯心理咨询技术、罪犯心理测验技术、监狱分类技术、罪犯分类技术、罪犯分类处遇技术、罪犯职业教育技术、罪犯心理治疗技术等。正在探索阶段的矫正技术主要有：罪犯个案矫正技术、罪犯刑期管理技术、罪犯权利保障技术、罪犯矫正信息化技术、罪犯改造质量评估技术、罪犯危险干预技术、罪犯危机管理技术等，这些都为循证矫正奠定了坚实的基础。从循证矫正的形态和性质上来看，对罪犯矫正技术具有高度依赖性，各种罪犯矫正技术，都是循证矫正的"证据"来源，循证矫正实践应建立在这些证据的基础之上，根据最佳证据制订罪犯矫正方案；从罪犯矫正实践看，我们要针对不同的罪犯，运用不同的"技术"；即使对同一个罪犯，在不同的最佳证据支撑下，也要用不同的"技术"制订矫正方案；甚至对同一个罪犯，即使在同一时间段，也要综合运用多种矫正"技术"。为此，循证矫正是一种契约规制下的复合式的技术矫正，我们有必要在遵循最佳证据的基础上，借鉴、吸收其他国家的矫正技术或其他学科的理论、知识和经验，以获取最佳的矫正效果，确保对罪犯刑罚执行和矫正契约化目标的实现。

2. 循证矫正是一套"合意"规范的操作方法和步骤

循证矫正在操作方法上，要求以科学研究证据和参与各方达成的合意为基础，为此，循证矫正的核心是在合意之下建立一个证据体系，是多种研究证据的整合。循证矫正依据证据的效力高低，将随机抽样试验、元分析、生态效果研究、矫正过程研究、单一个案设计研究、质化研究和个案研究等研究所得出的证据，依次分为：最高层是内部效度最佳的随机抽样试验、元分析所得结论，其次是生态效果研究，之后依次是矫正过程研究、单一个案设计研究、质化研究和个案研究，证据级别最低的是矫正者的经验、专家意见、各种理论知识、教科书等。

循证矫正在操作步骤上，要求在遵循科学证据基础上的严谨性、规范性和程序化，追求在罪犯矫正的实践框架内操作上的相对固定和技术化。比如有学者将其总结为"五个 A"。第一，提出问题（ask）。根据罪犯的情况和表现，全面收集信息，提出合适的问题，并将该问题进行 PICO 格式化，以适合检索的方式呈现出来。第二，获取证据（access）。查找是否已经有解决该问题的指南或手册，如果没有，则登录相关数据库，检索可以回答上述问题的所有研究证据。第三，评价证据（appraisal）。评价检索到的证据的正确性、有用性，从中找出最佳证据。第四，应用证据（apply）。决定最佳证据是否应用于罪犯契约矫正情境中，使用最佳证据制订矫正方案。第五，评估反馈（assess）。评估是为了检验最终的矫正效果是否达到了预设目的，反馈是为了有效解决矫正方案实施中的问题，及时调整和修正矫正方案，使矫正效果最佳化，成为下一阶段制订循证矫正方案的最佳证据。① 由此，循证矫正是一个由参与各方达成的、有诸多步骤构成的、环环相扣的一整套操作体系。

3. 循证矫正是一个契约化矫正过程

循证矫正从提出问题，到通过元分析、随机抽样试验、文献综述、系统评价等方法筛选最佳证据，再到罪犯矫正方案的制订和矫正实践，最后对矫正效果的评估，整个矫正实践是由诸多环节所构成，每一环节都要基于一定的方法论基础，依照矫正契约的约定，遵循操作程序和操作规范，完成了整个环节的要求，就是一个过程的结束。但是，一个过程结束了，并不等于矫正实践的终结，而是对契约矫正过程的整体评估和反馈，从中得到的经验和研究数据，又成为下一契约矫正过程的最佳证据。如此反复，不断促使矫正证据的最佳化和矫正方案的科学化。

（二）契约化技术规制

循证矫正作为一种新型的契约矫正模式，内涵诸多相互依赖、相互作用和相互促进的因素，在其运行过程中具有规则或规范上的基本要求，主要如下：

1. 密切关注矫正实践的因果联系，及时对契约矫正方案进行修正和调整

虽然契约矫正方案是依照最佳的证据而制订，但是矫正工作者对方案的理解、理论偏好、执行的方式，以及罪犯所处的情境等都是动态因素，都只是具有相对的稳定性，随着矫正环境的变化，都会随之影响矫正实践的进程和矫正效果，因此，有必要在矫正实践中坚持适度干预原则，密切关注动态因素的变化，及时评估动态因素对矫正效果的影响，一旦发现矫正中的偏差现象，要及时地调整矫正思路，修正和调整矫正方案，甚至对支撑矫正方案

---

① 杨文登：《循证心理健康教育视角下的心理健康教育》，《中南林业科技大学学报（社会科学版）》，2012年第3期。杨文登、叶浩生：《循证心理治疗：心理治疗发展的新方向》，《心理科学》，2010年第2期。这五个步骤最早使用于循证医学的实践中，后来逐步衍化到社会学领域，虽然在不同文献中，每一步骤的文字表述有所不同，但是没有实质意义的差异。笔者将其套用于循证矫正中，以说明循证矫正步骤的规范性和严谨性。

的最佳证据进行重新评估，使矫正实践中的动态因素和矫正效果之间达到和谐的统一，提高矫正效率，保证矫正目标的实现。

2. 对影响理想矫正结果的可测因素或证据进行独立考察和评估

在对证据筛选过程中，依照证据获得的方法和获取证据的严格程度，每一证据都具有不同的等级和效力，即使是最佳证据，在矫正实践中所起的作用的大小也有所不同，尤其是能够直接影响矫正效果的证据或者是具有动态性质的可测因素，要运用独立的方法和程序，对其进行专业的、独立的效度考查和严格的评估，以保证在矫正方案制订和在矫正实践过程中的主导作用，否则，将会影响矫正效果，甚至影响矫正目的的实现。

3. 研究者和矫正者的最佳结合，创造循证决策和科研参与的文化氛围

传统罪犯矫正模式下，研究者和矫正工作者是相对独立的，无论是研究者所研究的理论成果、方法技术，还是所获得的最佳证据，往往很难直接应用于罪犯的矫正实践，而罪犯矫正工作者也往往难以和研究者直接结合，将研究成果和矫正工作挂钩，有效地应用于实践，这样就出现了研究者和矫正实践的严重分离，研究者所获得的研究成果成为“阳春白雪”被束之高阁，相反，一线的矫正工作者却极度缺乏研究成果的理论指导。

在循证矫正模式下，研究者和矫正工作者实现了最佳结合，使研究成果及时地应用于矫正实践中，这一矫正框架体系的构建，无疑增强了矫正的科学性，促进了矫正目标的实现。在这里需要强调的是，循证矫正仅仅是研究者和矫正工作者在矫正工作形式上的合作还远远不够，循证矫正追求的精神实质是创造循证决策和科研参与的文化氛围，是形成一种集科研与实践于一体的文化传统，是成为一种具有文化特质的“学习与探询的心智模式”。

4. 强化监管者的职能，规范契约矫正方案的监管程序

循证矫正的科学性特质之一就在于强化管理者对契约矫正过程的管理。在这里，管理者的有效管控主要体现在依契约约定进行时间管理、过程管理、程序管理、方法管理和效率管理等，其目的就是促进契约矫正方案的科学实施，契约矫正过程的规范有序，矫正时间上的循序渐进，矫正方法的正确运用，最大限度地避免矫正工作者在矫正实践中依据自己的理论偏好，或者是主观臆断滥用矫正方法、误用矫正方法，或者是敷衍塞责，利用矫正方法不充分，损害矫正效益和效率，这样，管理者的监管就发挥着整个矫正过程的督导功能，对矫正实践起着过程管理和控制作用，使矫正决策和矫正方案得以有效落实，这也是循证矫正取得成效的关键环节。

5. 建立决策支持系统，促进科学证据的广泛应用，同时开发罪犯契约矫正的方法与技巧

循证矫正是一个多方参与的系统工程，除了研究者、管理者、罪犯和矫

正者的有效参与外,还体现出一种开放精神,还需要监狱相关部门、社会志愿者、社会团体、科研机构、高等院校等人员的直接或间接的参与,建立循证矫正决策支持体系。只有这样,才能促进研究者所获得的科学证据广泛地在矫正实践中得以应用。同时,各个学科研究者们的研究成果,才能有效地在循证矫正实践中得以尝试和验证,使之或成为获取最佳证据的方法,或直接成为最佳证据,或成为矫正罪犯的方法和技巧,助推罪犯矫正工作最佳证据的确立。也只有这样,才能使循证矫正成为一个开放的系统,最大限度地使社会资源得以整合到循证决策系统之中。

附:循证矫正的契约化规制图式

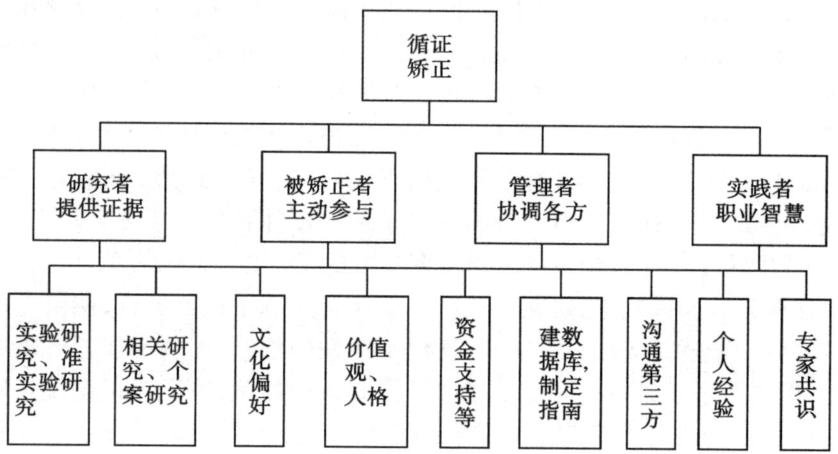

恢复性行刑的契约化实践

以宽容为观念基础的恢复性司法,成为构建和谐社会的重要组成部分。从刑罚理念来看,法律的尊严不是来自于强制而是来自于公众的信服。狄小华教授认为:"和谐意味着某种秩序,但秩序不等于和谐。"①从某种意义上可以说,监狱对罪犯人身自由的剥夺,已充分体现了现代刑罚对秩序的要求,但是,尚未达到和谐社会或恢复性司法所追求的"和谐"。为此,我们从恢复性行刑的契约化实践着手,试图构建恢复性司法框架下的恢复性行刑的契约化体系。

一、恢复性行刑的由来及其内涵

刑罚所承载的基本功能,从古典刑事法学派在报应刑主义基础上的强调惩罚,到近代刑事实证法学派和刑事社会学派强调教育和矫治,再到强调预防犯罪、维护社会秩序和实现对犯罪受害者的救济相结合的现代恢复性司法,走过了一条由重刑惩罚到轻刑恢复的路线。② 由此,恢复性司法是现代刑罚的必然选择。丹尼尔·凡·奈斯认为,广义的恢复性司法,是由以正义为主导的定义所构成的,其强调的乃是恢复性司法结果和价值。③ 由此体现出两方面的含义:一是"旨在通过修补由某一犯罪行为所造成的损害结果来实现正义的活动"④;二是"恢复性司法措施的日的还在于促进民主价值,

① 罗大华、狄小华、马皑:《刑事司法心理研究》,群众出版社,2006年版,第11页。

② 杨开讲、杨会友、王立国:《恢复性司法与行刑社会化研究》,《安徽警官职业学院学报》,2006年,第1期。

③ 狄小华、王平、李志刚:《国际刑事司法改革研究》(内部资料),第1页。

④ 狄小华、王平、李志刚:《国际刑事司法改革研究》(内部资料),第1页。

尤其是参与与自由的价值……所珍视的其他价值还有改造、怜悯与宽恕”①。在恢复性司法中，包括了警方对恢复性司法程序的运用、检察官对恢复性司法程序的运用、法院对恢复性司法程序的运用、负责缓刑的官员对恢复性司法程序的运用、监狱对恢复性司法程序的运用、假释官员对恢复性司法程序的运用等。② 由此可以看出，在我国的行刑实践中，监狱对恢复性司法程序的运用和假释官员对恢复性司法程序的运用是以监狱为主导的恢复性司法活动，在此将其称之为恢复性行刑。但是，对于监狱服刑的罪犯而言，由于其犯罪行为破坏的不仅仅是社会关系，将罪犯送进监狱与社会隔离，可能产生的结果是罪犯形成“监狱人格”“监狱依赖”，产生“监狱化”现象，出现严重的社会适应困难。所以，我们有理由认为，恢复性行刑契约化所修复的内容包括罪犯社会化缺陷的修复、社会谋生技能的修复、人格的修复和社会道德与良知的恢复等。同样也可以将恢复性行刑契约化定义为：在对罪犯行刑和矫治过程中，在坚持罪犯对其犯罪行为负责的同时，以协商同意为基础，达成参与各方共同认可的协议，以便修复罪犯所存在的各种缺陷，寻求补偿和重新融入社会的方法。

由对恢复性行刑契约化概念的理解，从其最终目的来看，是恢复正常社会关系和社会秩序。因此，恢复性行刑的内涵可从以下几个层面进行理解。

(1)恢复性行刑是以契约理论为基础，参与各方共同协商，并形成合意的结果，体现的是罪犯参与的主体性、平等性、公正性、互惠性和效率性，是契约理论在罪犯矫正教育中的具体实践。

(2)恢复性行刑契约化首先是对罪犯的再社会化。对罪犯的再社会化，是我们矫治罪犯的重要内容之一。因为罪犯之所以实施违法犯罪行为，其重要原因之一就是社会化的不健全，或者是社会化存在一定的缺陷，再社会化的过程，实质上是对罪犯原先社会化缺陷修复的过程。

(3)恢复性行刑契约化是对罪犯社会谋生技能的训练或修复。从目前我国罪犯的关押状况看，中长刑期的罪犯占据主导地位，在其服刑过程中，有些罪犯由于长期服刑入狱之前的已有技能随着时间的流逝而被社会淘汰；有的罪犯在入狱之前就是由于缺乏维持生计的职业技能而犯罪。由此，对罪犯社会谋生技能的训练或修复实践是恢复性行刑的功利性需要。

(4)恢复性行刑契约化是罪犯健全人格的修复和教育。“人是社会的人，因而每一个人都与社会的各方面发生着各种各样的关系，形成了他们与社会各方面的联结状态。正常状态下，这种联结支持了人们的正常生活。

---

① 狄小华、王平、李志刚：《国际刑事司法改革研究》(内部资料)，第5页。

② 狄小华、王平、李志刚：《国际刑事司法改革研究》(内部资料)，第3-5页。

但当这种联结发生偏离、断裂、失衡等现象时，个体的生活也因此产生偏离、断裂、失衡。”[①]在罪犯心理矫治中，由于监狱监禁的因素使罪犯与社会的联结状态出现偏离、断裂、失衡等现象，进而产生人格缺陷，或社会化的人格不健全。我们对罪犯的改造，其根本目的是使罪犯回归主流社会，但是，由于监狱的监禁生活，使罪犯的社会化过程中断，在新的社会化体系未形成之前，出现了价值错位现象。因此，在教育矫正中，罪犯不可能及时了解社会的变化状况；另一方面，长期的监狱监禁会形成一套监狱特有的情境意识和行为方式，以适应监狱的生活，即“监狱适应证”[②]。这势必使罪犯走出监狱回归社会后面临极大的不适应，而这种不适应又使他们处于“危机”状态，当这种危机状态得不到及时有效的干预和缓解时，就有可能使他们出现人格危机，发生重新犯罪现象。

(5)恢复性行刑契约化是社会道德与良知的恢复和社会安全机制的营造。恢复性行刑契约化强调罪犯对犯罪行为的认知和其对法律责任的承担，有助于帮助罪犯的自我醒悟，强化罪犯的自我悔罪感。在罪犯服刑中，通过监狱、服刑罪犯、受害人、社区代表等的共同参与，使罪犯恢复社会道德与良知，不仅在服刑过程中，而且在罪犯回归社会后，能够以忏悔、感恩的心态面对社会，面对受害人。恢复性行刑契约化使社会公众有更多的人承担起公众安全的责任，关注罪犯的改造和回归社会，使社会成员之间形成一种和谐共处的良好社会关系，有效地预防和控制犯罪。

二、恢复性行刑的契约理念和契约原理

(一)契约理念

恢复性行刑契约化是现代契约理论、公共选择理论、社会治理理论等思想的综合体现，强调社会公众对社会安全事务的共同参与，使预防社会犯罪问题成为社会公众的共同责任。因此，恢复性行刑契约化的基本理念是：政府的作用限于维护正义的公共秩序，社区的作用是建设和保持公正的和平；犯罪不应当仅被认为是对公共规则的违反或者对抽象的法道德秩序的侵犯，犯罪应当被认为是对被害人利益的损害和对社区安全与秩序的威胁及对社会公平正义的挑战。对犯罪的反应应当致力于减轻这种损害、威胁和挑战。[③] 恢复性行刑契约化更加强调对由犯罪引发的社会矛盾的调解和参

---

① 张昱、费梅苹：《社区矫正实务过程分析》，华东理工大学出版社，2005 年版，第 6 页。

② 连春亮：《论对青少年罪犯的人格教育》，《中国监狱学刊》，2007 年，第 2 期。

③ 宋英辉、许身健：《恢复性司法程序之思考》，《现代法学》，2004 年第 3 期。

与各方就罪犯回归社会、恢复社会关系的协商，通过相关程序的设置以及鼓励相关当事人的参与，唤起罪犯的悔悟感和责任感，赔偿犯罪造成的损害，恢复被破坏的社会关系。另外，恢复性行刑鼓励被害人与罪犯双方的家庭成员、亲友、社区代表以及受到犯罪影响的相关社会成员都参与到程序当中来，被害人与罪犯达成赔偿谅解协议的同时，罪犯与其家庭、被害人家庭、社区以及其他相关社会成员的关系也得到修复，从而罪犯的人格和社会角色被社会承认，实现真正的复归。[①]

因此，恢复性行刑契约化是现代监狱行刑的内在精神追求和价值目标，是支配恢复性行刑契约化运作的一套基本价值观念和契约理论体系，是契约化思想、观念、理论、文化以及实践的灵魂，对恢复性行刑契约化发挥着基础和根本的精神指导作用。

（二）契约原理

恢复性行刑契约化改变了以往的刑罚模式，它倡导的是一种以“被害人的权利为中心”的理念。在恢复性行刑契约化中，被害人拥有独立的法律地位，被害人与罪犯处于平等的地位，强调二者的主体性地位，在犯罪过程中社区的利益损害也被考虑其中，被害人、罪犯和社区的利益处在一种平衡的结构框架内。其实被害人、罪犯与社区的利益有着关系上的高度一致性，并且利用这种一致性，通过加强被害人和社区的有效参与程度，为被害人提供更多的与社区和罪犯交流的机会，也使罪犯真心悔悟，这样也可以达到预防和打击犯罪的目的。在交流活动中，被害人叙说犯罪行为的感受和对其本人与家庭造成的伤害，罪犯积极承认犯罪行为，并表达其对所犯罪行的深刻悔悟，主动积极承担一些社区服务。这样，在相互谅解的基础上，被破坏的社区关系得以弥补，和谐融洽的社会关系得以恢复。倡导当事人之间的和解，促进社会和谐。恢复性行刑契约化为促进社会关系的恢复提供了一个交流的平台，在这个平台上，以案件当事人的和解为中心思想，当然，这需要被害人发挥主导的作用来影响和决定着整个恢复性程序的进程。恢复性行刑契约化程序通过被害人和罪犯之间的信息交流和良性互动的方式，为罪犯向被害人忏悔、被害人对罪犯的宽恕提供了条件，为双方达到和解创造了机会。恢复性行刑契约化不是依靠对罪犯施加强制力来强迫其被动接受和发生思想观念的转化，而主要是依赖于罪犯自己主观意愿的转化，是罪犯自己行动选择的结果。也就是说，恢复性行刑契约化对待犯罪不是首先考虑

---

① 杨云：《恢复性司法在我国监狱行刑中的运用》，燕山大学 2011 年法学硕士学位论文，第 17 页。

给予罪犯刑罚的惩罚,而是首先考虑对于被损害的社会关系的修复。[①]

三、恢复性行刑契约化的操作范式

"历史表明,凡是在人类建立了政治或社会组织单位的地方,他们都曾力图防止出现不可控制的混乱现象,也曾试图确立某种适于生存的秩序形式。这种要求确立社会生活有序模式的倾向,绝不是人类所作的一种任意专断的或'违背自然'的努力。"[②]为了持续的秩序,人类社会从未停止过寻找有效对付犯罪的良策。

(一)恢复性行刑契约化的三种典型范式

(1)服刑罪犯、受害人见面会。为了恢复被犯罪所破坏的社会关系,监狱常常充当中间人的角色,在条件成熟的情况下,由监狱把受害人、服刑罪犯召集在一起,让他们心平气和地进行沟通和交流,受害人开诚布公地讲述犯罪对他造成的损害,然后,服刑罪犯必须回答做了什么行为、为什么要做这样的行为,并回答受害人提出的任何问题。最后在监狱工作人员和其他相关人员主持下达成某种谅解,并把因犯罪所产生的赔偿问题、关系修补问题以及其他一些有助于解决争端的办法写进协议之中。在监狱的督促下,服刑罪犯根据自己的实际能力履行协议内容。最终使服刑罪犯和受害人之间消除因犯罪所产生的隔阂,使彼此的关系恢复到犯罪之前的状态或者是更融洽的状态。

(2)直接座谈会。直接座谈会的参与人员范围更广,既包括受害人和服刑罪犯,也包括双方的家庭成员、他们的支持者以及与案件有关的所有利害关系人。因为这些人员和受害人或服刑罪犯有着某种关联,能够直接或间接地对受害人和服刑罪犯产生影响。同时,座谈会的主导者充当协调者的角色,他的作用是通知各方参加座谈会并确保每个参与者出席,还要就座谈会的整个进程和内容进行主持和协调,利用众人的力量和智慧,最终达成和解和谅解协议,实现和解的目标。

(3)圆桌会议。它的特点是更为广泛的人参与到会议中来,除了直接座谈会所列人员外,还包括社区成员及社会团体人员。大家坐成一个圈子,首先由服刑罪犯围绕他做了什么、为什么要这样做发言;然后,按顺序一个接一个发言,直到大家把心里想说的话都说完为止。协调人要保证这个圆桌

---

① 杨云:《恢复性司法在我国监狱行刑中的运用》,燕山大学2011年法学硕士学位论文,第13页。

② 【美】埃德加·德登海默:《法理学——法律哲学和方法》,邓正来译,中国政法大学出版社,1999年版,第220页。

会议按照正常程序进行,并最终达成协议。

(二)英国的“受害者认识计划”和“无花果树计划”

在英国和其他一些国家,由国际监狱团体在一些国家的分支机构曾实施了著名的“受害者认识计划”和“无花果树计划”①,在此介绍如下:

(1)受害者认识计划。通过非政府机构“受害者支持”协会的帮助,关于受害者服务的计划在20世纪80年代得到快速发展。人们开始认识到受害者所应具有的权利以及在刑事司法过程中保证受害者不得再次受到伤害。在监狱中,“受害者认识计划”已经开始运作,它的目的在于帮助犯人能更好地认识到与受害者相关的各种因素。

(2)无花果树计划。这一计划是由恢复性司法原则指导的受害者安抚计划,其目的在于传达监狱犯人中日益增长的关怀受害者的情绪。它一方面努力增加人们对受害者的同情心;另一方面也旨在帮助改变犯人的态度和行为,而这是罪犯改造的重要因素。受害者安抚计划不仅仅是一个认识受害者处境的计划。随着计划的步步深入,我们将犯人介绍给各种犯罪的受害者,他们不仅仅是自己的犯罪的受害者,而是有着各种受到犯罪侵害故事的人。在项目即将结束的时候,犯人们都有机会向那些和他们分享了故事过程的受害人作一些象征性的补偿行为。绝大多数犯罪人都会参与这样一个非常有意义的场合。这是无花果项目中极为感人且具有震撼力的一幕。

(三)美国的运作方式

在美国的信念中,关系和感情扮演着重要的角色。损害修复和对罪行的承认是古老印第安文化的一部分。从美国的第一个恢复性司法项目开始,其后在全国得到推广,目前在美国已经实施了大量的恢复性司法项目。美国的恢复性行刑契约化项目的组织者主要有四个:一是与教会相关的调解组织,如美国第一个被害人——加害人和解计划由“门诺派中央委员会”和“囚犯与社区联合会”共同组建。现在的一些被害人和罪犯调解计划也是由各种教会赞助,他们处理的案件约占到22%。二是以社区共同体为核心的私人非营利机构,如“囚犯与社区联合会”就是这样一个机构,起初这个联合会只为犯罪人服务,后来又扩展到为被害人服务,他们处理的案件占到43%。三是司法矫正机构,这些机构通常在执行矫正工作的基础上进行调解工作。四是纠纷和解中心,它是在原来的社区纠纷和解中心的基础上发

① 狄小华、王平、李志刚:《国际刑事司法改革研究》(内部资料),第37页。

展起来的。[①]

(四)德国的运作方式

在行刑阶段,德国只有一个可供恢复性司法的选择方案。形式上是假释的条件,所以,其适用的范围只限于罪犯在监禁刑的条件下:假释的赔偿令和调解令,假释关系到针对更为严重案件的恢复性行刑的实体规定,并为最严重重罪案件的事后恢复性活动提供了额外的空间。这是因为没有对这些特殊案件做出排除性规定,所以造成他人严重身体伤害或者死亡的罪犯以恢复之心,可以对受害人或者丧失亲人者采取任何积极的行动。假释也可以适用第一次调解行为,即一旦罪犯服完一定期限的监禁刑,就有资格适用假释,在那个时候,受害人——直接的或间接的受害人——应当被征求第一次意见。假释有着与其他分流或判决性命令同样的原理。为了受害人的利益,罪犯在释放后对赔偿令的遵守受到监督和保障。根据德国的《刑事诉讼法典》第155a条,检察官和法官在任何情况下,在程序的任何阶段,都必须考虑和解的可能。如果案件适合,就应提交给刑事和解部门。法律只规定了一个否定性的标准:如果受害人反对,案件就被认为是不适合的。德国法律完全符合欧洲委员会建议规定的调解适用的对象(即适用于哪些案件)(Ⅱ.3)及其有效空间(即是否适用于诉讼程序的哪些阶段)(Ⅱ.4)。在德国,恢复性司法适用于所有人员以及所有犯罪,而且适用于刑事诉讼程序及刑事执行的所有阶段。[②]

(五)比利时的运作方式

在具体操作上,比利时的特色在于把矫正服务工作和恢复性司法联系起来。恢复性行刑契约化主要目的在于得到被害人的承认,并且接受罪犯因犯罪而产生对他的义务,以此来完成社会整合。比利时从1999年10月开始把恢复性行刑体制和实践运用于每个罪犯身上。为了实现这个目标,在2000年6月部长会议上,决定聘用30个恢复性司法顾问,要求他们在监狱里介绍和推广恢复性司法的观念。这些顾问作为监狱职员的一种,直接对监狱管理局负责,从2000年9月开始工作。每个监狱安排一名顾问。另外,司法部委任了两个协调员负责监狱矫正方案的长期评估,为顾问提供技术支持,每月固定组织顾问培训。在联邦政府里,设置了一个指导委员会,负责评估监狱矫正方案,调整司法部的指导方针。委员会每年至少召开两次会议,与会成员包括比利时的监狱的首席行政长官、负责实施方案的首席顾

① 转引自陈晓明:《恢复性司法的理论与实践》,法律出版社,2006年版第81页。

② 米歇尔·凯尔希林:《德国恢复性司法的发展》,周遵友等译,《刑法论丛》第1卷,法律出版社,2009年版,第336页。

问、各地区负责人、两名监狱长、为人们提供帮助和服务的三个社区的代表，两个协调员以及指导研究的大学所派的代表。恢复性司法顾问的任务是到所委派的监狱里介绍恢复性司法的观念，致力于创造尊重文化，鼓励推行连贯的监狱政策，以便使其适合恢复性司法的模式。恢复性司法顾问要做的事情如下：在监狱的不同服务组织之间建立顾问体制；提高监狱职员关于恢复性司法的意识；加强与法院、调解组织以及社会公共团体的联系和合作，目的是开创或促进内外服务组织之间的对话；提高罪犯对于被害人问题和恢复性司法的认识；提高被害人和社区对于监禁和恢复性司法的意识，确保被害人和社区更了解被监禁的生活和恢复性司法的模式。其实，恢复性司法顾问最主要的工作是提高罪犯对被害人问题的认识。大部分罪犯在囚禁期间，缺乏社会责任感，人性开始弱化。他们感觉自己也是受害者，认为入狱对他们来说更安全、不愁吃住。对被害人所犯下的罪责，要么避而不谈，要么忽视对被害人的责任。恢复性司法顾问采取恢复性司法方案，将被害人作为恢复性司法方案的合作者，通过邀请他们参与对犯罪人恢复过程，给罪犯机会承认其犯罪事实。有些被害人直接联系监狱了解罪犯的情况，使他们精神上得到抚慰或者情感得到宣泄。总体来说，比利时在监狱矫正的实践中注入了恢复性司法的理念，将其理念和原则全面应用到监狱的日常运作、管理以及相应制度的制定与执行中。此外，监狱还重视与一些专业团体，如被害人援助组织的联系，为罪犯提供悔改的机会。监狱的这些做法对于促进罪犯的矫正、修复损害，改善被害人、罪犯和社区三者的关系，建立监狱和社会的良性互动等具有非常积极的作用，是对传统矫正方式的一种创新。①

四、我国恢复性行刑契约化的制度设计

我国的恢复性行刑契约化主要是指监狱行刑中的恢复性行刑活动契约化，在这里，针对监狱的恢复性行刑契约化制度设计，除了借鉴国外的先进经验之外，可以社会契约理论为支撑，结合我国的文化传统和监狱实际，借助社会力量，采用灵活多样的多种方式，加强罪犯与被害人及其亲属、社会或社区的联系和沟通，创建具有我国特色的恢复性行刑契约化制度，帮助罪犯顺利回归社会。

（一）适用对象的选择

监狱中的恢复性行刑契约化方案是一个选择性的开放程序，不是罪犯

① 陈晓明：《修复性司法的理论与实践》，法律出版社，2006年版，第92-94页。

服刑必须经历的阶段，只是为了追求最佳的行刑效果而实施的延展方案。因此，在适用范围上有其自身的选择性，不是所有的服刑罪犯都适用于这一方案。在适用主体上，必须是服刑罪犯和受害人自愿参与，二者缺乏任何一方，这一活动都无法开展。在社区环境方面，必须有成熟的社区和热心于社会公益事业的社区志愿者、社会团体或者民间组织，他们主动参与到这一活动中，成为恢复性行刑活动的推动力量。在服刑罪犯的犯罪类型和犯罪性质等方面也有诸多限制，要求必须有明确具体的犯罪受害人，这里的受害人必须是自然人，比如危害国家安全犯罪的罪犯、危害公共安全及职务犯罪的罪犯等应予排除在恢复性行刑方案之外。从犯罪主体来说，恢复性行刑契约化主要适用于未成年罪犯，主要是基于未成年罪犯的身心状态，以有利于未成年罪犯的成长作为出发点。从犯罪案件性质的严重程度上，恢复性行刑契约化方案主要适用于轻罪罪犯。这类罪犯社会危险性小，犯罪损害不大，被害人和罪犯之间比较容易沟通和达成谅解。从罪犯犯罪的主观方面看，主要适用于过失犯罪。过失犯罪的主观恶性程度与故意犯罪的主观故意明显不同。除此之外，罪犯在监狱的表现情况也是是否使用恢复性行刑契约化方案的重要因素。比如认真遵守监规，积极接受教育改造，确有悔改表现，或者有立功表现的罪犯等。总之，监狱可以依据罪犯的实际情况，决定哪些罪犯适用恢复性行刑契约化方案，以保证监狱内的正常秩序。

（二）适用条件的限制

恢复性行刑契约化是以“被害人权利保护”为中心的行刑活动，无论对罪犯，还是对受害人，乃至对于罪犯被判刑前所生活的社区，都是一项建立在平等自愿基础上的开放性活动，因此，恢复性行刑契约化的开展取决于是否具备条件，只有在条件具备的情况下，才适宜开展，才可能产生良好的改造效果。这些条件如下：

（1）罪犯和受害人必须建立在自愿的基础上。恢复性行刑契约化的第一要件是罪犯和受害人在意志自由、自愿同意的情况下才可适用，如果有一方不同意，活动就无法开展。尤其是对服刑罪犯而言，尽管罪犯是处在服刑阶段，监狱对其具有强制管理的权力，但是，恢复性行刑契约化活动必须充分尊重罪犯的意愿，不得施加任何的强制行为，否则就违背了恢复性行刑契约化的基本价值追求，同样，也难以取得所期望产生的效果。反之，如果采取强迫、诱使、欺骗等手段，即使被害人和罪犯参加了活动，也不可能达成相互之间的谅解，还会加大受害人的痛苦，使服刑罪犯产生心理波动，为罪犯改造添加不稳定因素。同时还需要我们重视的是，恢复性行刑契约化是开放性活动，罪犯不仅可以自愿决定是否参加，而且可以决定参加的程度和方式，还可以随时自我决定撤出已经同意并参与的恢复性程序活动，并且这种行为对罪犯的服刑而言是无害的。即罪犯对恢复性行刑契约化活动的撤出行为,或者对达成协议的反悔行为,监狱不得以此为依据而对其实施制裁、惩罚或降低罪犯应享有的处遇。

(2)参与活动的罪犯和受害人双方的地位具有平等性。恢复性行刑契约化是建立在平等协商的基础上,没有参与主体的地位平等,就不可能有公平的协商。虽然,恢复性行刑契约化是以“被害人权利为中心”,但是,没有罪犯的主动参与和平等协商,也就不可能达成双方一致的合作协议,恢复性行刑契约化活动也就只能是“无果之花”。因此,恢复性行刑契约化倡导尊重罪犯和受害人的尊严与平等,使双方处于一个平等对话的平台上,通过沟通与交流,寻求被犯罪所破坏的社会关系的恢复,双方实现自身利益的最大化。反之,带有任何强制性色彩,违背罪犯和受害人意愿的行为,都是恢复性行刑契约化所不能容忍的。

(3)必须征得监狱的同意。从某种意义上说,基于罪犯所处的环境条件,监狱必须是恢复性行刑契约化的主导者,没有监狱的主动参与,恢复性行刑契约化活动就失去了空间条件。而监狱的主动参与则为恢复性行刑契约化活动的成功奠定了基础。一方面监狱可以充分利用自己的优势,对罪犯的实有状况做出评估,决定是否符合参与恢复性行刑契约化活动,摸清罪犯有无参与恢复性行刑契约化活动的动机和真实意愿;另一方面监狱可以利用所拥有的社会帮教资源,整合恢复性行刑契约化活动的参与者,同时监狱还可以在恢复性行刑契约化活动中充当调停者的角色,促使双方达成合意。在协议签订之后,监狱还可以对罪犯履行义务的行为进行监督,使协议得到有效履行,达到恢复性行刑契约化的目的。

(三)基本制度的设计

1.被害人谅解机制

被害人谅解机制是指在监狱执行刑罚的制度框架内,监狱人民警察帮助、指导和监督罪犯,采用合情合理的方式,直接或间接与被害人取得联系,进行沟通,承认自己在物质、精神等方面给被害人造成的损失和伤害,真诚表达自己的歉意和悔改之心,以求得被害人谅解的制度。[①] 恢复性行刑契约化主张适当的沟通和对话可以让罪犯产生负罪、愧疚和悔过的心理。被害人谅解机制为罪犯和被害人提供一个对话和交流的平台,一方面可以使罪犯真心悔过,并且获得了为被害人和社区谅解的机会,实现罪犯和社会的重新融合;另一方面,增加了被害人对于罪犯服刑情况的了解,也弥补了我国

① 蒋令:《建立“受害人谅解”相关制度的设想》,《犯罪与改造研究》,2004 年第 8 期。

在监狱行刑阶段对于被害人利益保护不足的缺陷。[①] 恢复性行刑契约化在监狱行刑阶段对罪犯的改造工作显得尤为重要,因为被害人和社会对罪犯的接纳程度与罪犯改造存在着密不可分的联系,被社会或被害人接纳程度越高,罪犯改造的积极性就越高。对于罪犯来说,建立被害人谅解机制,强化被害人和罪犯的沟通,通过了解自己给被害人造成的伤害,对自己的犯罪产生内疚与自责,这是罪犯改造的必要条件。因此,监狱为被害人与罪犯之间搭建交流的平台,架起双方沟通的桥梁,在双方自愿的基础上进行形式多样的和解,对于消除罪犯和被害人之间的紧张关系,提高被害人的生活质量和促进罪犯改造都将起到非常积极的作用。[②] 通过沟通和交流,使被害人接受罪犯的真诚道歉,认可罪犯在监狱的思想改造状况,以书面意见的形式表示某种程度的谅解,监狱以此作为对罪犯在“分级处遇”,评选“改造积极分子”“记功”“减刑”“假释”等行政、刑事奖励幅度方面的重要参考条件,给予其相应的从宽从优处遇。但是,这一制度也存在一定的副作用,如果罪犯不能得到被害人和社会的谅解,就会产生消极心理,失去改造的信心和动力。

2. 罪犯人身危险性评估机制

联合国预防犯罪和刑事司法委员会《关于恢复性司法的专家会议报告》中指出:“在将恢复性司法模式应用于重罪时,应当非常谨慎,因为对于这些案件而言,修复伤害并非总是可能……”[③]恢复性行刑契约化是基于罪犯在监狱的表现而设计的方案,因此,可能适用于不同类型的罪犯,这样对罪犯危险程度评估就显得尤为重要。其中主要是对罪犯的人身危险性进行评估。所谓人身危险性是指行为人实施犯罪行为或再次实施犯罪行为的可能性。[④] 运用科学分析的方法对罪犯的行为倾向和行为模式进行研究,准确地测量出罪犯的人身危险性大小,有助于对将来行为的预测和掌握,从而为恢复性行刑契约化方案提供依据。人身危险性评估的内容包括:罪犯的个体状况调查,包括罪犯的年龄、性格特点、受教育程度、有无前科和生活经历情况等;罪犯犯罪前所处的环境因素的调查,具体包括罪犯的家庭背景、人际交往状况、居住环境和工作环境等;罪犯的行为表现情况的调查,具体包括犯罪在犯罪前的行为表现、罪犯在犯罪中的行为表现、罪犯犯罪后的行为表

① 杨云:《恢复性司法在我国监狱行刑中的运用》,燕山大学 2011 年法学硕士学位论文,第 47 页。

② 杨云:《恢复性司法在我国监狱行刑中的运用》,燕山大学 2011 年法学硕士学位论文,第 47 页。

③ Report of the Meeting of the Group. of Experts on Restorative Justice. E/CN. 15/2002/5/Add. 1.

④ 曲新久:《刑法的精神与范畴》,中国政法大学出版社,2003 年版,第 211 页。

现和罪犯在监狱行刑中的行为表现等。①

3. 分类处遇制度

分类处遇制度是指监狱在对罪犯调查的基础上，依据罪犯的基本情况，以及在监狱中的服刑时间、改造表现和剩余刑期等，综合考虑罪犯的犯罪性质和恶性程度，将罪犯分为不同的类别，实行不同处置、关押并给予不同处遇的制度。② 这一制度包括三个层次：一是对罪犯的调查分类。即在罪犯入狱之前，依据罪犯的相关情况，对罪犯进行全面的调查，尤其是对罪犯存在的人身危险性程度，要认真进行评估，作为罪犯被关押在何种等级监狱的依据。这是罪犯分类处遇的第一步。二是分类关押。在罪犯人身危险性基础上，依照罪犯危险性指标体系，将不同危险性类别的罪犯，关押在不同警戒程度和不同等级的监狱。这是对罪犯宏观上分类处遇的形式。三是分级处遇。即按照一定的标准，把罪犯分成不同的等级，享有不同的处遇。在罪犯恢复性行刑契约化方案中，可以把罪犯的分级处遇状况作为是否适用这一方案的依据之一，以减少潜在的危险性。

4. 开放式处遇制度

所谓开放式处遇制度就是指在不影响刑罚执行的情况下，通过取消监狱围墙、铁栅栏、电网等形式，减少对罪犯自由的限制，增加对罪犯的信任，以尽可能缩短在押犯同正常社会生活的距离。③ 严格意义上说，开放式处遇是罪犯分级处遇的形式之一，是罪犯服刑中除假释之外所享有的最为宽松的处遇。它打破了传统监狱采取的将罪犯关押在高墙、电网和铁栅栏之内，完全与社会隔绝开来的封闭式模式。开放式监狱实行的教育管理制度是以罪犯自觉自律为基础，无物质和人员的强制措施，使罪犯在服刑过程中走出高墙电网，走向真实的社会生活，罪犯更容易和社会结合，避免了罪犯长期服刑所带来的监狱化现象。在恢复性行刑契约化制度设计中，可将罪犯与受害人的谅解程度和状况，作为罪犯能否进入开放式处遇的条件之一，以激发罪犯参与恢复性行刑契约化方案的积极性。

五、恢复性行刑契约化的指标和效应

(一)恢复性行刑契约化的指标

如果我们运用恢复性行刑的指导性问题来指导司法实践，恢复性行刑

---

① 杨云：《恢复性司法在我国监狱行刑中的运用》，燕山大学 2011 年法学硕士学位论文，第 47 页。

② 杨云：《恢复性司法在我国监狱行刑中的运用》，燕山大学 2011 年法学硕士学位论文，第 49 页。

③ 王平：《中国监狱改革及其现代化》，中国方正出版社，1999 年版，第 151-152 页。

的应用范围将更为广泛。恢复性行刑的指导性问题有助于我们界定争议，思考超越社会法律体系已经设立的限制。

在评价恢复性行刑契约化的司法实践时，以下指标可以作为指导。这些指标可以用于设计或者评价恢复性行刑契约化的体系。如同恢复性行刑契约化的指导性问题一样，这些指标有助于被害人或者服刑罪犯对于特定案件的反映。恢复性行刑契约化的指标如下①：

（1）关注犯罪所引发的损害，而非犯罪所违反的规则。

（2）对于被害人和服刑罪犯给予同等的对待，吸纳他们共同参与司法过程。

（3）以对于被害人的补救为目标，使他们重新获得活力，满足他们提及的需要。

（4）促使服刑罪犯理解、承认、承担他们应当承担的责任，并给他们以支持。

（5）认识到承担责任对于服刑罪犯来说可能是过于困难，因此，责任的设定不应成为对服刑罪犯的再伤害，而是应当成为对于服刑罪犯来说是可以接受的。

（6）在适宜的情况下提供被害人和服刑罪犯之间直接或者间接的对话机会。

（7）寻求有意义的方式以吸纳社区参与司法过程，并导致犯罪产生的社区环境做出回应。

（8）鼓励服刑罪犯和被害人的协作和整合，而非压制、分立。

（9）注意行为和计划意料之外的结果。

（10）给予所有的各方：被害人、服刑罪犯以及法律职业者等以应有的尊重。

（二）恢复性行刑契约化的效应

恢复性行刑契约化在狱内的应用，其所要达到的效应包括以下几个方面：

（1）帮助罪犯对自己罪行的认识，使罪犯真正醒悟，认识到自己的犯罪给受害人造成的危害，并由此而产生对受害者的怜悯与同情心，即罪犯已泯灭的良知的恢复。

（2）恢复被破坏的社会关系。罪犯的犯罪行为，不仅使自己身陷囹圄，沦为罪犯，而且，犯罪给家人、给社会造成的损失，破坏了正常的社会关系。

---

① 狄小华、李志刚：《刑事司法前沿问题》，群众出版社，2005 年，第 48-49 页。

同时,由于罪犯的服刑,使之和受害人成为“仇敌”,不仅与亲人逐步疏远,而且与社会成员变得陌生,使罪犯与社会之间的关系出现了非常态化。那么,通过恢复性行刑契约化,使罪犯、家庭成员和社区代表有会面的机会,不仅给罪犯提供了帮教的机会,而且,共商如何重建重要的社会关系。这样使得行刑过程具有补救特征,在理想状态下,达到改造目的。

(3)恢复性行刑契约化的最终目的就是要在监狱内创造一种文化,一种以平和的方式解决矛盾纠纷的文化。监狱犹如一个小社会,服刑罪犯在这里失去信任,失去关心,无法自尊、自重,难以自尊、自强。所以,恢复性行刑就是要创造这样一种文化氛围,保障和支持服刑罪犯自己约束自己,增强他们的自律能力。基本精神是要求罪犯自尊、自重、自律、自强,自己管理自己,学会自己处理自己的事务,并在监狱的指导监督下,由服刑罪犯自己维持生活秩序,为回归社会做好准备。

六、恢复性行刑契约化的原则与功能

从宏观来看,罪犯的犯罪行为所带来的损害不仅局限于外在的物质性损害,而且也包括精神层面的损害和社会文化环境层面的损害。从受损害的对象看,不仅是受害人,而且包括罪犯所居住的社区、罪犯本人和其家庭。因此,犯罪行为对社会的影响是多层面的。

(一)恢复性行刑契约化的原则

恢复性行刑契约化的原则由恢复性司法原则衍生而来,但是,恢复性行刑契约化应遵循的原则又具有自身的特殊性,为此,我们参照恢复性司法原则,认为恢复性行刑契约化应当遵循的原则主要如下:

(1)利益均衡原则。关注受害人、社区和罪犯的损害以及由此引发的需要,通过契约化的协商和沟通,兼顾各方利益,使各方的利益追求得到最大限度的满足。

(2)多方参与原则。与罪犯犯罪相关的合法的利害关系人,包括受害人、服刑罪犯、社区成员代表和整个社会利益代表,共同参与罪犯的改造及回归社会的相关问题的协商和解决。

(3)自愿原则。自愿是恢复性行刑契约化的核心价值之一,既不强迫服刑罪犯去认罪,也不强迫受害人宽恕,是否选择适用恢复性行刑,以及最终处理方案的产生都是在自愿基础上形成的。从目前我国的法律规定来看,还没有恢复性行刑的强制性规范,只能从构建和谐社会的目的出发,由相关关系人自愿参加。

(4)确定责任原则。恢复性行刑要通过调解、调和、商谈等形式,确定服刑罪犯实施犯罪所产生的责任,包括服刑罪犯、社区和社会三方面的责任,而这种责任的确定离不开对案件事实的认同。在这里所确定的责任,主要是从社会道德规范的角度来加以衡量。社会连带主义者认为,在现代社会,随着科技的发展和应用,人们之间的利益关系是密切联系的,是祸福与共的。罪犯之所以犯罪并对社会产生危害,除了自身的因素之外,社会也有不可推卸的责任。因此,社会负有将罪犯作为社会中的成员而施之以关怀、教化的责任,不应仅是将罪犯监禁于狱中,隔离于社会,而应让罪犯融入社会。

(5)补救原则。恢复性行刑契约化追求对犯罪所造成的损害补救为目标。我们知道,一定社会关系的建立和变化是持续的动态的过程。罪犯的犯罪行为打破了社会关系各方的利益均衡,突出表现为犯罪行为使受害人和社会利益的丧失,造成服刑罪犯与受害人和社会公众间的关系紧张。恢复性行刑就是对这种社会关系的补救。

(二)恢复性行刑契约化的功能

恢复性行刑契约化作为处理罪犯与社会关系的一种新的司法模式,具有以下一些特殊的功能:

(1)保障人权功能。恢复性行刑契约化通过受害人与服刑罪犯之间的对话交流,服刑罪犯的道歉和补偿不仅更有利于保护受害人的利益,减轻服刑罪犯的心理压力,而且更有利于社区消除犯罪所引起的消极影响。

(2)矫治罪犯功能。恢复性行刑契约化本着恨其罪、爱其人的宽容精神,改变了报应性行刑造成的对犯罪人人格侮辱的做法,对于重新整合服刑罪犯的羞耻心,增强其重新做人的自信心,促进其改恶从善具有独特的作用。恢复性行刑契约化所体现的是服刑罪犯对自己犯罪行为的内在认识和自我矫正过程。

(3)修复关系功能。现代的一些刑罚理论认为,刑罚的目的不仅在于赎罪需要的报应和犯罪预防,还包括犯罪人的复归社会和无害化,重建和谐的社会关系,稳定社会秩序。对于遭犯罪破坏的社会关系而言,刑罚之报应可以在一定程度上对被害人起到心灵抚慰作用和增强他们的自信心;通过监狱隔离,使得罪犯对公众的威胁减少以达到无害化目的,恢复公众的安全感。但在计算刑罚的收益时,我们常常没有将相应的成本考虑进去。而且,随着犯罪被害人学的兴起,刑罚的安抚功能已日益不能满足对保护被害人利益的关注。一般来说,公共政策包括刑事政策发挥社会关系重建功能的目标是建立一种和谐、合作共享的社会关系,刑罚不能从根本上达到这一目的。恢复性行刑契约化在分清是非曲直的基础上,以“向前看”的态度对待服刑罪犯过去的犯罪行为,并在一定的社会支持下,通过多方沟通、交流和谈判,以赔偿、道歉等形式,化解矛盾,解决冲突更利于被破坏的社会关系得到修复。

(4)提高效率功能。恢复性行刑契约化致力于修复被犯罪所破坏的社会关系,有利于降低重新犯罪率,维持社会的持续稳定。同时,也可以降低监禁率,缓解监狱人口爆满的压力。这样,就可以把有限的行刑资源进行合理配置,使其发挥最大的效能。

七、恢复性行刑契约化的价值

在哲学领域,“价值是客体对于主体的满足”①。恢复性行刑契约化所涉及的主体包括国家、社会、服刑罪犯、受害人以及社区公众。为此,恢复性行刑契约化的价值集中体现在:尊重、宽容、安全、健康和回归社会。

(一)恢复性行刑契约化的基础价值:尊重

恢复性行刑契约化所体现出来的最重要的基础价值是尊重,它是恢复性行刑契约化内涵的概括体现。在这里,尊重的对象就是恢复性行刑契约化所涉及的主体,即与罪犯矫正教育相关的所有关系人:国家、社会、服刑罪犯、受害人以及社区公众。“尊重使我们意识到我们之间的相互联系和我们之间的差异,尊重意味着我们必须平衡所有各方的利益。如果我们司法过程同样意识到尊重的价值,我们将不会有所谓的‘恢复性司法’,无论我们使如何忠诚地接受上述原则。所以,作为恢复性司法原则根本的尊重的价值,必须指导和约束恢复性司法的实践过程。”②

(二)恢复性行刑契约化的目标追求:宽容

犯罪引起社会反应,刑事司法机关组织与犯罪有关的各方参与对犯罪的处理,在尊重各方的基础上营造沟通的氛围。犯罪在沟通中获得各方对自己犯罪行为的反应,激发其对犯罪的认识并勇于承担责任。沟通表达情感的机会、犯罪的认罪并承担责任的态度,获得受害人及社区参与人员的谅解,监狱根据罪犯确有悔改的表现,在法律范围内做出对罪犯有利的处遇,而罪犯在心悦诚服接受惩罚的过程中,经司法机构或社区的矫治与帮助而逐步融入社会。宽容,作为恢复性行刑的目标追求,主要通过以下途径来实现。

1. 强化服刑罪犯的羞耻感与责任心

狄小华教授认为,社会性是人的本质属性,从种群的发展看,人类在共同生活的过程中形成了调节相互关系的道德规范,并获得遵从道德规范的内在力量——羞耻感。法律是道德的底线,犯罪行为必然是反道德的,因而

① 狄小华、李志刚:《刑事司法前沿问题》,群众出版社,2005年,第152页。

② 狄小华、李志刚:《刑事司法前沿问题》,群众出版社,2005年,第46页。

被人类评价是一种羞耻的行为。[①] 因此，狄教授认为，强化服刑罪犯的羞耻感与责任心，可从以下三方面理解：一是羞耻感的缺乏或丧失引发犯罪。从个体的角度看，一个人如果经历错误的或不完全的社会化，那么就可能缺乏辨别是非、荣辱的能力，并在缺少自我控制的道德力量的情况下而实施犯罪行为。从这个意义上讲，犯罪的发生无不与犯罪人羞耻感的缺乏或暂时的丧失有关。二是服刑罪犯羞耻感的增强让其主动承担责任。刑罚是社会对犯罪的一种否定性的评价，围绕犯罪事实与刑罚而展开的刑事执行，本应当促使犯罪人恢复或增强羞耻感，从而使其内心承担道义的与法律的责任，但由于其程序的设计意在发现真实和保障人权，并偏重于对犯罪的惩罚，因此，经历刑事司法过程的罪犯，虽然能够感受到刑罚带来的痛苦，但这种抽象的责任以及过于严厉的惩罚，常常使他们难以产生内心的自责，难以促使罪犯改变自己。而恢复性行刑契约化坚持"以直报怨"，既不以怨抱怨，也不以德报怨，而是本着对对方和社会负责的态度，促使其认罪悔罪，改过自新。这种有原则的宽容，常常能促进罪犯恢复或增强羞耻感。三是羞耻感的增强促使其勇于改过。恢复性行刑契约化在一个互相尊重氛围中，围绕犯罪、责任、赔偿等进行沟通，让罪犯从参与各方真诚的陈述中，深入而又全面地了解自己行为对他人、对社会造成的危害，了解社会对犯罪行为的否定评价和对自己的客观评价，并因此恢复或增强其羞耻感与责任感，勇敢地承担道歉、赔偿、社区劳动等具体责任和刑罚这一抽象责任。由于这种处理少了强制，多了自愿，因此，承担责任的过程更有利于其自尊心和自信心的恢复，因而也更利于他们改过自新，重新适应社会生活。[②]

2. 受害人的宽容与谅解

在犯罪发生以后，遭受犯罪直接侵害的受害人及其利益关系人，首先会产生强烈的报复需要，而报应性行刑通过对罪犯的严厉刑罚惩罚而实现报复的满足，虽然在满足人们报复需要方面具有极强的功能，但却在报应观念、对抗性质和由此形成的相互隔离中，忽略甚至阻碍了受害方其他方面需要的满足，并进而加剧了对服刑罪犯的仇视情绪。恢复性行刑契约化组织与犯罪有关的各方参与对罪犯犯罪的处理，在相互尊重基础上营造沟通的氛围，并通过沟通满足或促进各方需要的满足。就受害方而言，他们对罪犯行为的控诉既具有宣泄情绪的积极作用，又能够促使服刑罪犯幡然自醒，而服刑罪犯勇于承担道歉、赔偿等责任，则可以让受害者消除疑虑并获得物质的赔偿或精神的补偿。沟通以及通过沟通所促成的犯罪责任的承担，可以

① 罗大华、狄小华、马皑：《刑事司法心理研究》，群众出版社，2006年版，第17页。

② 罗大华、狄小华、马皑：《刑事司法心理研究》，群众出版社，2006年版，第18页。

缓解或消除受害方的仇视，并产生宽容之心，而受害方的宽容又会促进服刑罪犯羞耻心的修复和悔改自新。

3. 参与人的同情与接纳

狄小华教授认为，报应性行刑以形而上学演绎法或形而上学的哲学方法，解释犯罪原因，认为人是理性的动物，犯罪人所实施的犯罪行为也是其自由选择的结果。① 由此刑罚的根据在于："刑罚既包含着犯人自己法，所以处罚他，正是尊重他是理性的存在。"②没有意志自由就不存在犯罪。惩罚犯罪，就是利用趋利避害这种人的本性，预防犯罪的发生。犯罪人在"利"的诱惑下去犯罪，又在"害"——在刑罚的威慑下不去犯罪，都是犯罪自由意志的结果。由此传统刑事执行并没有社区代表的参与，也正因此导致社区对受害人、罪犯的排斥，使受害人难以恢复正常生活，对于罪犯而言，刑满释放后要想重新融入社会是相当困难的。恢复性行刑契约化认为犯罪是社区关系失调的结果。因此，必须通过修复社区关系，重建社区归属感才能有效地减少犯罪。社区代表参与对犯罪的处理，他们在获得表达机会的同时，也对这一具体的犯罪有了更深入而又真切的感受，从而产生对受害人的同情心、对服刑罪犯的宽容心，并增强社区预防犯罪的责任感，这一切都为受害人恢复正常生活，服刑罪犯重新融入社区创造了条件。

法律意义上的秩序是指社会赖以存在的某种程度的一致性、连续性和稳定性。国家以刑罚为代表的刑事政策正是为了防止混乱现象的发生，维护社会总体上处于有序状态，满足人类安全的需要。而参与各方对恢复性行刑契约化所要求的则是亲身参与司法程序的权利，参与的重点不是出庭控诉、质证和辩论，而是沟通。参与的主要方式是会谈，通过对话达到对犯罪事实前因后果的理解，对彼此的了解和尊重，对社区的归属感和责任心，并尽快消除犯罪的不良影响。可见，恢复性行刑契约化重点不在于通过控制维护整体上的稳定性，而是通过对话恢复、重建秩序。而且，恢复性行刑契约化所追求的秩序不只是安全的要求，更是宽容的要求。

为了持续的秩序，人类社会从未停止过寻找有效对付犯罪的良策。由于恢复性行刑契约化在解决犯罪这种严重社会冲突方面有其独特的优势，因此，其理念与相关的程序设计值得借鉴与吸收。

（三）恢复性行刑契约化的社会价值：安全

传统刑事政策维护秩序主要依仗于刑罚的设立和执行。"作为对犯罪的社会报复手段，刑罚可以恢复被犯罪侵犯的社会生存秩序；作为对犯罪的

① 罗大华、狄小华、马皑：《刑事司法心理研究》，群众出版社，2006 年版，第 19 页。

② 黑格尔：《法哲学原理》，范扬、张企泰译，商务印书馆，1996 年版，第 103 页。

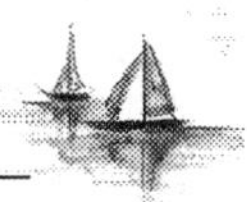

道义报复手段,刑罚可以恢复被犯罪侵害的道德秩序;作为对犯罪的法律制裁手段,刑罚可以恢复被犯罪侵犯的法律秩序。"①

恢复性行刑契约化所倡导的与犯罪有关的各方面都参与对罪犯犯罪和服刑改造的处理,以及罪犯回归社会的安排,既可以通过这种民主自治的方式,增加每一公民在预防与控制犯罪中的责任,又可以使公众更直接地了解犯罪,更科学地认识犯罪、更理性地对待犯罪、更主动地参与犯罪的防控。犯罪作为一种社会现象,其原因是多方面的,只有公众认识到犯罪的防控不仅是国家的责任,而首先是自己的责任,刑罚才可能真正成为最后的手段,最大限度地发挥刑罚的正面功能,服务和谐社会的建设,才能营造更为安全的社会环境。

从国家作为统治和管理的工具角度,国家制定刑事政策的目的在于确定何种严重的越轨行为为犯罪,并且设立相应的措施(刑罚)控制和预防犯罪的发生,减少犯罪对社会的冲击,维护社会生存和发展所必需的相对稳定、安宁的秩序和环境。

从现实意义上讲,"刑事政策首要的长期的使命是通过满足人身和财产的安全需要以保障社会整体的和谐和延续"②。社会整体的和谐和延续,需要社会一般正义标准的认同和维护,犯罪行为是对社会正义的背离和损害,有必要采取措施控制和预防。以刑罚为代表的主流刑事司法的核心价值正在于:一是通过惩罚犯罪人,遏制犯罪以维护社会秩序;二是通过惩罚犯罪,校正社会行为准则以体现社会正义和维护正常的社会正义标准。③

恢复性行刑契约化不再满足于"理性人""功利人""道德人"等人性的抽象概括前提下,运用刑罚对犯罪进行控制。它考虑到社会控制途径的多样性,是一种更技术化的犯罪应用模式。其实,从社会学的角度看,法律本身是一种社会控制,同时它还有其他多种社会控制方式,存在于社会生活中,存在于家庭、友谊、邻里关系、村落、部落、职业、组织和各种群体中。④

(四)恢复性行刑契约化对服刑罪犯的价值:健康和回归社会

狄小华教授认为,在恢复性行刑理论中,犯罪被看成是个人对个人的侵害,处理犯罪是受害人、犯罪人和犯罪所波及的人共同的事情。恢复性行刑契约化的价值主体是受害人、犯罪人和他们所在的社区。

---

① 卓则渊:《法的价值论》,法律出版社,1999 年版,第 511 页。

② 米海伊尔. 戴尔玛斯-马蒂著,《刑事政策的主要体系》,卢建平译,法律出版社,2000 年版,第 27 页。

③ 狄小华,李志刚:《刑事司法前沿问题》,群众出版社,2005 年版,第 153 页。

④ 狄小华,李志刚:《刑事司法前沿问题》,群众出版社,2005 年版,第 166 页。

恢复性行刑契约化的价值取向是个人本位、社会本位而非国家主体。[①]个人本位重在强调服刑罪犯的行为矫治和心理健康，突出服刑罪犯作为社会人的价值，重视服刑罪犯适合现代要求的健全人格的养成，提倡社会及社会公众对服刑罪犯的宽容和悦纳。其判断的标准是以服刑罪犯再社会化的程度、社会谋生技能的训练和修复、健全人格的养成和教育、社会道德与良知的恢复等。

社会本位认为，衡量刑罚的社会效应标准，在于刑罚所产生的社会效益。对犯罪的惩罚和改造能够达到防卫社会、控制犯罪和维护社会秩序的目的则为善法；反之，如果刑罚所产生的是罪恶、怨恨、仇视和报复，则为恶法。这样在社会本位看来，恢复性行刑契约化所实现的价值是社会秩序的稳定。服刑罪犯通过协商、沟通与受害人达成和解和赔偿；通过社区公众的参与，寻求犯罪产生的根源，改善社区环境，使社会公众对犯罪问题产生责任感，共同对社会安全承担起责任；通过沟通和赔偿，使受害人对服刑罪犯形成宽容和谅解。更重要的是服刑罪犯通过改造形成健全人格回归社会，被社区、社区成员所悦纳和关注。这样，就造就了社会的安全机制。

恢复性行刑契约化对于社会正义有自己的目标——恢复，它通过支持受害者参与服刑罪犯改造过程对其“充权”，了解他们物质和精神所受到的损害，弥补他们的损失，使其恢复尊严和自信；要求和鼓励服刑罪犯积极悔过、真诚道歉，主动承担责任并做出赔偿以获得宽恕与自尊，帮助其提高能力以重新融入社区、回归社会；吸纳其他利害关系人的参与，增强他们对犯罪的警觉，对社区的责任心，恢复他们的安全感。在此过程中，处理犯罪的各项措施明确地针对犯罪行为，针对犯罪行为伤害的结果。均衡、公正的处理不仅彰显正义，而且实实在在地恢复了社会正义。同时，正义对于各参与方而言，呈现为具体和实体的状态，而不仅是程序性和理论意义上的。

① 狄小华、李志刚:《刑事司法前沿问题》，群众出版社，2005 年版，第 155 页。

社区矫正的属性及契约化规制

一、社区矫正的性质和特征

社区矫正的性质决定了社区矫正契约化的空间，以及矫正契约化的可能性和可行性。关于社区矫正的性质，自社区矫正工作试点以来就有诸多争论，主要有行刑说、处遇说、救助监督说、教育说、交叉说、延伸说、混合说等，目前被普遍接受的观点是行刑说和混合说。

行刑说观点的代表人物是上海政法学院的刘强教授。该说认为，社区矫正是一项刑事执行活动，是指对犯罪性质比较轻微或社会危害性较小的罪犯在社区中执行刑罚活动的总称①，或者是一种行刑制度。② 刘强教授认为，应从三个层面理解社区矫正的行刑性质：首先它是一项刑事执法活动，强调刑事的惩罚性及司法或准司法性质，因此与刑满释放人员和违法青少年的安置帮教工作、人民调解工作以及社区的社会工作存在着本质的区别；其次是对特定罪犯的刑事执行活动，是对特定罪犯的"监督考察"和"教育与改造"；再次是在社区中的刑事执法活动，强调要充分组织与利用社区资源对罪犯进行矫正，并提供帮助和服务。③ 这一观点以对罪犯的社区矫正仍然

---

① 该表述见刘强：《上海社区矫正的发展与评价》《社区矫正的定位及社区矫正工作者的基本素质要求》，《法治论丛》2002 年第 6 期第 67 页和 2003 年第 2 期第 5 页。刘强主编：《各国（地区）社区矫正法规选编及评价》，中国人民公安大学出版社，2004 年第 1 版"序"。

② 丁亚秋：《社区矫正实施意义及缓刑适用相关法律问题研究》，《法治论丛》，2003 年第 4 期。

③ 刘强：《社区矫正的定位及社区矫正工作者的基本素质要求》，《法治论丛》，2003 年第 2 期。

是刑罚执行活动为依据来确定其属性,从法律层面来看,这是社区矫正法律属性的应有之义,但是,它忽略了社区矫正的本质。社区矫正的本质是对罪犯在社区里的矫正,而不是在社区里执行刑罚,此时,对罪犯的犯罪风险管理、控制和矫正教育已经居于主导地位,成为工作的核心。

混合说认为:“社区矫正就是与监禁矫正相对的行刑方式,是指将符合条件的罪犯置入社区内,由专门的国家机关在相关社会团体和民间组织以及社会志愿者的协助下,在判决、裁定或决定确定的期限内,矫正其犯罪心理和行为恶习,并促进其顺利回归社会的非监禁刑罚执行活动。”①这一观点被最高人民法院、最高人民检察院、公安部、司法部联合发布的《关于开展社区矫正试点工作的通知》和司法部颁发的《司法行政机关社区矫正工作暂行办法》采纳,成为官方对社区矫正定性的依据。很明显,混合说则是对各种学说妥协的结果,但将社区矫正定位于“与监禁矫正相对的行刑方式”,则又偏离了社区矫正的价值追求。因此,从公共管理理论“订阅合同条款以及公开招标程序”的社会契约论视角来看,“社区矫正是指国家和社会力量(包括社会团体、民间组织、社会志愿者等)根据社会契约,有效管理社区矫正事务,矫正社区矫正对象的犯罪心理和行为恶习,促进其顺利回归社会,维护社会公平和正义,提高矫正效率的社会控制和社会管理活动”②。这一定性突出了社区矫正的以下主要特征:

(1)管理主体多元化。社区矫正工作的开展,打破了新中国成立以来的行刑格局,罪犯的管理教育由封闭的监狱为主导转变为监狱和社区双向并行,罪犯矫正的空间由监狱和社区共同组成;矫正管理主体由监狱一元主体转变为监狱、社区矫正机构与社会力量等互动的多元主体。

(2)矫正形态契约化。社区矫正的权力来源不再单一地体现为国家的强制力,刑罚惩罚的强制力由剥夺自由的直接体现,转变为罪犯法律身份界定的标志;在以限制自由为特征的强制力实现形态上,转变为“社区矫正国家机关、相关社会团体、民间组织、社会志愿者、罪犯等社区矫正参与者”③共同达成的社会契约。契约理念成为社区矫正的主导思想。

(3)以危险性管理和控制为中心。社区矫正所体现的是法治的文明和进步,是宽严相济刑事政策在司法领域的张扬。关注的重点是社会公众对

---

① 连春亮、张峰主编:《社区矫正概论》,法律出版社,2006 年版,第 5 页。

② 连春亮:《论社区矫正制度设计新范式——基于现代公共管理理论的视角》,《许昌学院学报》,2012 年第 4 期。

③ 连春亮:《现代刑罚成就的一门新学科:社区矫正学》,《河南司法警官职业学院学报》,2011 年第 2 期

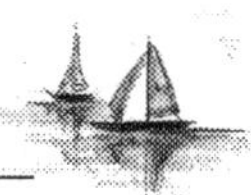

于社区安全的需要，即新刑罚学在保卫社会上“关注的重点不是惩罚，也不是矫正，而是危险人群的评估与控制，即对犯罪分子的危险管理”①，而非行刑中的法律创制。

(4)罪犯成为社区矫正主体。在对罪犯的执行形态上，从传统的监狱执行刑罚为主导的单一形态转向社区矫正对罪犯的行刑、监督、管理、教育、矫正和帮扶等多元形态，罪犯矫正教育成为关注的核心，旨在追求罪犯适应现代社会的健全人格的塑造。在社区矫正中，刑罚惩罚仅仅成为“罩在罪犯头上的紧箍咒”，成为罪犯服从社区矫正的“警示物”。

(5)社区利益成为主导性价值追求。社区矫正的最终目的不再是对于犯罪行为社会危害性的报应性打击，也不再是罪犯自身所存在社会危险性的预防，而是社会正义和效率相结合的公共利益，即恢复被犯罪破坏的社会关系。

(6)社会力量广泛参与。社区矫正机构是一种特殊的社会公共组织，除了国家刑罚执行机关的参与之外，突出表现为社会力量广泛参与。社区矫正成为社会成员共同达成的社会契约，是新型的“政府、非政府公共组织和民众组织组成的管理体系”。因此，社区矫正活动必须以社会公共事务的管理理论为指导，按照公共管理规律，创设社区矫正制度，开展社区矫正工作。② 体现的是“非政府公共组织和民众”的参与性，

二、新公共管理理论用于社区矫正的意义

1. 社区矫正契约化的理论基础：新公共管理理论

新公共管理是英、美等西方国家20世纪80年代以来所倡导的行政改革的主体指导思想之一，目前，已成为西方国家一种新的公共行政理论和管理模式。对新公共管理产生和发展起支撑作用的理论流派主要有契约论、公共选择理论、委托代理理论以及治理理论等。这是社会契约思想在社会公共管理领域的广泛应用。

根据西方学者的研究，新公共管理理论主要追求公共政策领域中的专业化管理、绩效的明确标准和测量、对私营部门管理方式的重视；强调资源利用要具有更大的强制性和节约性等。③ 归纳起来看，新公共管理理论的基

---

① 翟中东：《矫正的变迁》，中国人民公安大学出版社，2013年版，第221页。

② 连春亮：《论社区矫正制度设计新范式——基于现代公共管理理论的视角》，《许昌学院学报》，2012年第4期。

③ 石健的财经博客，http://blog.sina.com.cn/shiliuliu2008，浏览时间：2015年1月22日。

本内容包括:一是以顾客为导向,奉行“顾客至上”的全新价值理念。二是治道变革,政府职能由“划桨”转为“掌舵”。三是公共管理中引入竞争机制。四是重视效率追求。五是改造公务员制度。六是创建有事业心和有预见的政府。在对待社会矛盾和纠纷上,新公共管理认为社会更需要预防,即解决问题而不是提供服务。① 为此,政府应该把更多的工作放在预防上。有关新公共管理的内涵,许多学者、专家给出了各自的解读。概括他们的观点,可以梳理出新公共管理的主要特征:①从“特殊集团”的意志转向社会公众的意志,强调公共利益。②从规则为导向到以社会公众的需求为依归,强调公共责任。③从统治到治理,强调公共管理的社会性。④政府部门管理与公共组织管理。⑤管理所追求的公平与效率相统一,强调社会公平。⑥公共组织的外部管理与内部管理相统一,强调外部管理。⑦社会问题管理与资源管理相统一,强调问题解决能力。⑧服务管理与管制管理相统一,强调管理服务性。⑨管理制度与技术相统一,强调制度创新。② 在这里,公共利益、公共责任、公共组织管理、社会公平、管理服务性、制度创新等成为社会管理新范式的核心要素。

在新公共管理范式的作用下,政府在社区矫正中的职能发生了根本性的转变,主要表现在:一是在管理理念上,政府强调以人为本,围绕“人格化的责任”要素,不再纠缠于“僵化的程序”要素,使政府回归于社区矫正的“社会主体”,而不再是单一的“行政主体”或“行刑主体”。二是在社区矫正的组织结构上,不再是政府独家经营的、行政性的“科层制”,而是依据社区矫正的需要,组织结构更加灵活多样,更有弹性。比如,目前就有政府购买服务,有非营利的社团组织开展社区矫正工作的模式,也有政府主导下的社会力量共同参与模式等。三是在社区矫正管理方式上,打破了“政府规制”的传统模式,强调社区矫正“公共利益”的公共管理属性,突出全体社会的公共责任,市场竞争机制被应用于公共管理活动中,公共服务由私营部门为代表的社会力量参与其中,充分利用市场竞争和市场激励机制,提高社区矫正的效率和质量。四是政府对社区矫正关注的重心在矫正的“结果”上,社区矫正过程由社会力量在政府主导下完成,政府对过程的管理只是契约约定的规则和程序。即“政府管理由过程行政向结果管理转变”。因此,政府对社区矫正管理,突出表现为由行政性单一主导的行政行为,成为社会力量共

---

① 浏览网址:http://www.03964.com/read/1ddfa104fe4aecf74893d083.html。浏览时间:2015年1月23日。

② 季忠芳:《监狱制度变迁研究——一个理性的分析框架》,浙江大学2005年公共管理硕士(MPA)专业学位论文。

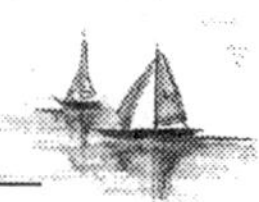

同参与的社会性的公共责任，“推行公共管理实践的发展，开展公共管理的理论研究，更大的意义在于推进公共管理社会化。”①可以说，社会化是新公共管理的基本内涵，这和社区矫正的价值追求不谋而合。社区矫正是行刑社会化的主要形态，也是行刑领域由封闭走向开放、由政府独家经营走向社会公众共同参与的重大变革。由此，行刑事务成为公共管理实务的一部分。

2. 新公共管理理论用于社区矫正的意义

新公共管理理论的出现被称为行政管理范式的转换，作为一种新的理论范式，它的核心要素是“公共物品、外部性、公共服务供给、理性人、交换范式、制度选择、政府失败、自给型公共组织”等②，这些概念对于社区矫正工作的意义重大。

(1)在社区矫正工作的职能划分上，政府是“政策组织与规制组织”，其职能“应是掌舵而不是划桨”。司法行政机关行使的是管理职能，在社区矫正的活动中负责“掌舵”；以社会团体、民间组织等为主导的社会力量是“服务提供组织与服从型组织”，他们在社区矫正中的职能才是“划桨”。也就是说，政府是社区矫正政策的制定者，社区矫正参与者则是政策实施的“划桨者”。

(2)在社区矫正的管理方式上，引入企业化的先进服务理念、管理方式、管理手段、管理措施、激励机制等，打破政府部门对社区矫正工作的垄断，运用承包的方式，将矫正服务项目通过公开竞标推向“市场”，司法行政部门工作的中心是实行全面质量管理和目标管理；对社区矫正工作的社会效果和罪犯回归社会的结果高度重视。

(3)在矫正文化的营造上，坚持以罪犯项目矫正为导向。在社区矫正中，政府的社会职责是为罪犯提供矫正服务，而罪犯是政府提供矫正服务的“顾客”，政府以罪犯的需求或者“市场”变化为依托，满足罪犯多样化的矫正需要。在这里，政府不再是凌驾于社会之上的、封闭的官僚机构，而是负责任的社区矫正工作的主导者，罪犯则是社区矫正工作的“顾客”，是矫正教育服务的“享有者”。

(4)在对社区矫正工作的考核形式上，以绩效目标控制为主要职责。传统的社区矫正工作由政府实施严格的“行政规制”，而在新公共管理理论视阈里，政府只是严明的绩效目标控制者。政府和“社会公共服务组织”在矫正服务项目的考核目标、考核指标体系、考核方法等明确之后，双方签订绩效合同，政府对矫正服务项目的完成情况进行测量和评估，并据此作为支付

① 王乐夫：《论公共行政与公共管理的区别与互动》，《管理世界》，2002 年第 6 期。

② 李洋、柴中达：《“新公共管理”理论分析》，《中国机关后勤》，2005 年 4 期。

费用的依据。这样就使社区矫正工作由过去的"规则驱动型"向"任务驱动型"转变。

(5)在社区矫正工作的人力资源管理上,以短期合同制替代常任制,实行不以固定职位而以工作实绩为依据的绩效工资制等。这样就增进了在人员录用、任期、工资及其他人事管理环节上的灵活性。

三、社区矫正的公共管理属性分析

1. 社区矫正是公共利益的组成部分,是一种特殊的公共组织

美国法律哲学家杰罗米·霍尔主张"整合性的"法理学,在他看来,法律乃是"形式、价值和事实的一种特殊结合"[①]。社区矫正"作为一个活动过程,也作为一种结果,既有规范的一面,又有事实的一面,两者统一于客观事实,最终使刑罚价值得以实现"[②]。在表现形式上,社区矫正是行刑法律关系、行政管理关系、民事法律关系等社会关系的复合。因此,社区矫正是一种特殊的公共组织,一种社会治安综合治理的社会结构形态。除了司法行政机关之外,社会团体、民间组织、社会志愿者以及其他社会组织都将作为一种独立力量参与社区矫正活动中,与代表国家强制力量的司法行政机关一起,共同依据社区矫正契约,对罪犯实施监督管理、矫正教育、危机干预、社会救助等,共同努力恢复被犯罪所破坏的社会关系。

2. 社区矫正是全社会的"公共责任",是一种特殊的社会管理和公共服务行为

"公共管理是指政府及其他公共机构,为了适应社会经济的发展和满足公众的利益需求,对涉及公众利益的各种社会事务所实施的有效管理。它强调的是政府的社会管理和公共服务职能,而弱化了政府的政治统治职能。"[③]公共管理行为是由行政管理机关或其他被授权从事公共事务管理的公共组织在社会管理和公共服务中的法定行为,在一定情况下它具有法律的强制性质。而社区矫正工作对矫正对象的管理是一种特殊的社会管理和公共服务行为,由合意达成的"契约"成为管理活动的依据,并由此产生法律后果。所以,社区矫正管理是以附法定条件为前提的公共管理活动。

---

① 季忠芳:《监狱制度变迁研究——一个理性的分析框架》,浙江大学2005年公共管理硕士(MPA)专业学位论文。

② 季忠芳:《监狱制度变迁研究——一个理性的分析框架》,浙江大学2005年公共管理硕士(MPA)专业学位论文。

③ 汪玉凯:《公共管理基础问题研究》,《中国行政管理》,2001年第11期。转引自王乐夫:《论公共行政与公共管理的区别与互动》,《管理世界》,2002年第6期。

(1)在价值形态层面,社区矫正是对现代自由刑的替代措施,刑罚执行的法律行为被置于“相对停滞”的前置条件地位,追求法的社会关系的预防功能、恢复功能,重心在于对罪犯的危险管理和控制、矫正和回归。显然,在宏观的法律程序上,社区矫正是对罪犯刑罚执行的一个环节,应该遵循刑事法学的一般规律。社区矫正理论的基本根据是以刑罚的功能、目的和价值为前提的,刑罚价值的基本精神应是创设社区矫正制度的依托。“如果一个社会的进步价值得到坚定而一贯的公认,且如果必要,会得到坚决的卫护,它们就构成了该社会的制度支柱,并由此而增加着社会有序化的可能性。”①构建社区矫正制度的内在统一性,就必须体现刑罚的这些价值,否则,社区矫正活动就会偏离初衷,失去本真,所追求的后续事实存在价值也将无法实现。

(2)在社区矫正事实形态层面,重心不是如何执行刑罚,而是对罪犯的危险管理和控制,突出表现在监督管理、矫正教育、危机干预、社会救助等行为上,罪犯只要不出现法定的社区矫正阻却事由,社区矫正就不会中断或终止,很显然,社区矫正机关和其他参与主体对罪犯的矫正教育是保卫社会,降低犯罪风险的“公共责任”,是一种公共管理行为,在这一过程中,社区矫正的法律特征已经淡化为一种“外在形式”,其事实形态层面的所谓“惩罚性”,完全消融于社区矫正公共管理行为之中,行刑的痕迹自然也就荡然无存。

3. 社区矫正是以“公共利益”为核心的公共管理活动

公共管理的本质属性以公共利益为中介,追求公共利益的效率与公平价值。效率集中体现在增进公共利益,公平集中体现在合理地配置公共资源,使公共资源最优化。在社区矫正的社会关系中,同样存在着政府、社会与市场三元关系,实践证明,效率问题的最佳解决途径是市场机制,依靠政府购买服务的市场竞争实现社区矫正的高效率;而政府和社会团体、民间组织、社会志愿者等其他参与社区矫正的公共组织主要解决社区矫正所追求的社会公平正义和个别正义问题。因此,社区矫正符合公共管理的本质属性,在制度创设和制度安排中,必须遵循公共管理的基本规律,既要注重社区矫正效率问题,也要关注社区矫正公平问题,使二者达到有机协调,实现公共资源配置最优化,公共利益的最大化。因此,社区矫正工作的总体目标是以“公共利益”为核心,也是衡量社区矫正工作的根本标准。这就要求做到社区矫正制度安排以保障社会公共利益为核心,排除营利目的。比如上

① 柯武刚、史漫飞:《制度经济学》,商务印书馆,2000 年版. 第 89 页。

海的社区矫正模式，在总体思路上“政府主导推动、社团自主运行、社会多方参与”①。组建了上海市新航社区服务总站这一民办非营利社团，承担政府指定的社区矫正服务项目，而政府则出资向民办社团购买服务。这是社区矫正公共管理的第一层级契约化。在工作理念上，整个模式的构建与发展完善，设计者与实施者超越了传统依靠行政方法的实施专政的理念，而采用了社会工作关于平等、尊严、接纳、诚信等方面的理念，以及发挥社会工作康复、预防功能的理念。② 因此，从一开始就强调了将社会工作的价值理念运用到社区矫正的过程，通过政府购买社工服务的方式推动民间社团的自主运作，实行专门化机关管理和社会化管理相结合，这是社区矫正第二层级的契约化。③ 以此类推，在社区矫正网络的立体层面构建、矫正内容和考核评估指标体系设置、矫正队伍建设等，都以公共利益为目标，融入契约理念，通过内在化制度设计，刑罚的自由、正义、秩序、人道、效益等基本价值，都通过社区矫正这一公共管理活动彰显并统一在公共利益之中。

4. 社区矫正是司法行政机关主导的行政管理行为

在我国，社区矫正是司法机关的行刑活动还是行政机关的行政管理活动，一直存在争议，其实，问题的焦点在于对社区矫正认识的角度不同。如果从法律程序意义上仅把社区矫正作为行刑环节，社区矫正就是行刑活动，但是，关键的问题在于社区矫正的重心不在于行刑，而在于社会犯罪风险的管理和控制。德国学者乔治·杰里内克和保罗·拉本对这一问题从法理的角度进行了区分。杰里内克认为：“仅在行政领域内部起作用并未对行政管辖以外的任何人创设义务或权利的规则，便不可成为法律……只有对人们在相互关系中进行自由活动的领域划定界线的规则，才是法律规则。”④因此，社区矫正行为虽然在“形式表达”上是刑罚执行的一个环节，但是，以法规形式表达的社会行为或者政府行为并不都是法律，还要看社区矫正的内容和实质表现形态。保罗·拉本认为：“一个国家，如果它所关注的是在管理其事务时行使自由裁量权，那么这就可被视为是一种政治现象和伦理现象，而不是一种法律架构。只有当国家赋予私人以权利或者当它通过为自

① 王李娜：《上海社区矫正的实践与思考》，《湖北经济学院学报（人文社会科学版）》，2008 年第 3 期。

② 王治荃：《穿梭于理论与实务之间——〈社区矫正学教程〉的内涵解读》，《安徽警官职业学院学报》，2014 年第 3 期。

③ 连春亮主编：《社区矫正理论与实务》，法律出版社，2015 年版，第 146 页。

④ 埃德加·博登海默：《法理学——法律哲学与法律方法》，中国政法大学出版社，1999 年版，第 364-365 页。

己设定对私人的义务来划定自身的自由活动领域时，国家才进入了法律领域。"[①]这是从宏观上涉及公民权利义务的角度来界定这一问题的。有学者认为，从保罗·拉本的论述中可以归纳出以下界定标准："①一种仅对一个或一类组织起作用的规范不能作为法律，组织内部的管理不是法律行为。②法律关系是人们之间的互相关系，而且这种关系必须是平等的、自由的。如果人们的关系是不平等、不自由的，那么这种关系就不可能是纯粹的法律关系。③法律是一种社会规则。公共政策不同于法律政策。法律政策是一种发布于宪法规定、法规或先例中的重要规范性声明，这种规范性声明应该反映社会的普遍观点。而公共政策主要指某些政治或社会紧急措施的准则。④法律不应存在较大的自由裁量权，而行政行为则必然依赖于一定的自由裁量权。"[②]据此我们对社区矫正行为可以做出这样的表述：社区矫正活动中对罪犯的管理行为是由司法行政机关主导的行为，是一种"组织内部的管理"；社区矫正管理机关和罪犯之间存在着"不平等、不自由的"法律关系，罪犯的行为是要受到限制的；社区矫正是现代自由刑的替代措施，是"政治或社会紧急措施的准则"，属于为应对社会犯罪现象而采取的"公共政策"；社区矫正在对罪犯的行为规范、矫正内容、矫正措施、矫正项目等方面"必然依赖于一定的自由裁量权"。由此，我们可以得出这样的结论：社区矫正是司法行政机关的行政行为，是由矫正参与者、矫正机关和罪犯共同组成的社区矫正组织，同时又是由社会团体、民间组织、社会志愿者等共同参与的活动，这就充分表明，社区矫正不是单纯的刑罚执行活动。

社区矫正具备公共管理行为的基本特质。从行为学来看，对罪犯的行刑活动具有被动性，是针对罪犯的危害社会的犯罪行为的反应。而社区矫正具有主动性，目的在于使罪犯存在的危险得到管理、控制和矫正，在"增进公共利益"上，表现为促使罪犯回归社会、融入社会，和社会相结合，恢复被犯罪所破坏的社会关系，进而保卫社会。从对罪犯的社区矫正过程看，首先是一种整体的制度安排，其次是程序的规划、设计和创制，再次是矫正项目的设定，如此等等，社区矫正的所有活动都是在设定目标下有计划地进行，针对的是所有社区矫正对象。

从关注的重点看，行刑活动关注的核心是罪犯的"亦然之罪"，即已经发生的犯罪事实，是运用法律强制力将国家意志单向地施加于罪犯。社区矫正关注的核心是罪犯的"未然之罪"，是现实危险的管理和控制，是对罪犯后

---

① 埃德加·博登海默：《法理学—法律哲学与法律方法》，中国政法大学出版社1999年版，第365页。

② 季忠芳：《监狱制度变迁研究——一个理性的分析框架》，浙江大学2005年公共管理硕士(MPA)专业学位论文。

续的发展性设计和社会关系的建构。社区矫正活动是建立在"矫正契约"基础上的双向互动,是罪犯主观能动性充分发挥的过程,矫正者和矫正参与者只是因势利导、以理服人,强调以人为本、因人施教,对罪犯的矫正过程只是起到帮助和顾问的作用,这样,就将矫正的主导权交到罪犯手中,也就是让罪犯"拿着人生的钥匙来服刑",是罪犯对自我人生重新"排列组合"的过程。

从组织性质来看,我国也和世界各国一样,社区矫正机构隶属于政府部门,即司法行政系统。这种设置就界定了社区矫正理应是一种公共管理组织,社区矫正管理属于公共管理的范畴。

四、社区矫正契约化规制的基本观点

社区矫正的公共管理属性,使得社区矫正制度必须实现国家、社会与社区矫正机构、罪犯的良性互动,社区矫正治理体系也必然是国家以刑罚惩罚的强制力做后盾,社会力量为罪犯提供矫正服务的二元体制。

1. 公民社会理论的指引

公民社会是一个古老的法学术语,它的理论基础源自洛克、卢梭等人的社会契约论。洛克可以说是近代公民社会理论的先驱,他从社会契约论演进中得出社会先于国家而国家受制于社会的观点,他认为人类是一种先于政治而存在的共同体,社会源自于社会成员的契约"合意",国家只是处于社会中的自由和平等的个人为达到某种目的而形成积极同意的契约的结果。此后,不同学派的理论大家都提出了公民社会的具有代表性的理论观点。20 世纪 90 年代以后,公民社会理论成为当今世界一股重要的政治与社会思潮。① 当代公民社会的突出特征是倡导个人主义、多元主义、法治原则、参与性和开放性等基本社会价值,而构成这些价值观念有三个要素:自主性机构、特定关系和相应制度、文明风范。"市民社会理论复兴的根本任务就是要调整现下被认为不合适的市民社会与国家的关系格局。"②有学者将公民社会与国家的关系归纳为五种:公民社会制衡国家,公民社会对抗国家,公民社会与国家共生共强、公民社会参与国家,公民社会与国家合作互补。③我国经过几十年的改革开放,法治化水平得到了大幅度提高,社会得到了全

---

① 季忠芳:《监狱制度变迁研究——一个理性的分析框架》,浙江大学 2005 年公共管理硕士(MPA)专业学位论文。

② 邓正来:《市民社会与国家—学理上的分野与两种架构》,载 J. C. 亚历山大、邓正来:《国家与市民社会》,中央编译出版社,2002 年,第 78 页。

③ 季忠芳:《监狱制度变迁研究——一个理性的分析框架》,浙江大学 2005 年公共管理硕士(MPA)专业学位论文。

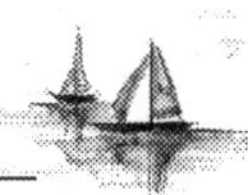

面发展,公民参与社会事务的领域越来越广,程度越来越深。应该说,我国的社会形态已基本具备了"公民社会"的构成要件。特别是在公民社会与国家共生共强,参与国家事务与国家合作互补方面,社会政治制度的优势充分地体现出来。

我国社区矫正工作开展十几年来,公民社会理论深刻地影响了社区矫正制度的构建,使我国传统的全能主义国家形态受到了极大冲击,社会自身应有的功能得以理性回归,良性互动的社会规则体系与行动结构逐步建立起来。主要表现在:一是社区矫正作为矫正教育罪犯的组织,登上了历史舞台,成为我国社会治安综合治理和刑罚执行的一种社会治理结构。二是大量的社会组织作为独立的力量参与到社区矫正中,发挥了积极作用,与国家一起构成社区矫正的二元治理体系。"社区矫正的应有之义在于置社区矫正对象于社区的矫正和教育之中,执行刑罚和监督管理是这一工作的前提和保障,矫正和教育的主导力量则依赖于社会力量的广泛参与。在这里,政府在社区矫正中的执行刑罚和监督管理,与社会力量的管理和服务行为既有密切的联系,也有区别。在社区矫正公共管理理念中,政府所主导的管理行为本身,就包含了执行刑罚,但是,社会力量的职能行为,则只限于'公共行为',而无权涉及'行刑'领域。"①

2. 政府是社区矫正的"掌舵者"、主导者和政策制定者

政府在社区矫正中的主要作用是主导和指导社区矫正工作,审查和督导社区对罪犯的矫正过程和矫正效果,维护社会的公平和正义。

在现代社会结构中,社区矫正机构与罪犯的关系不再是单一的"强制与服从""改造与被改造""惩罚与被惩罚"关系,而是转向主体平等的"权利与义务"的平衡关系。在这里,"国家—刑罚"关系主要体现在:一是惩罚性是社区矫正的保障和前提。国家基于法律的规定,必须对罪犯的人身自由进行必要性的限制。社区矫正管理的强制性是永恒的,是刑罚的本质属性,也是自由刑得以存在的理由。二是国家职能的有限性。在社区矫正领域,不仅国家权能是有边界的,而且所拥有的资源也是有限的,不可能渗透到社区矫正的各个领域。政府"提供公共服务"的形式受到罪犯的需求和"市场的检验",也必须选择多元化途径,将矫正服务项目的"购买者"与"提供者"分开,从原来的"划桨者"转向"掌舵者",才能满足社区矫正的需要,才是科学配置资源的明智选择。在这里,政府只负责制定社区矫正基本政策和罪犯矫正教育的基本准则,动员社会多方力量,协调各方矛盾。放弃全能主义国

---

① 连春亮:《论社区矫正制度设计新范式——基于现代公共管理理论的视角》,《许昌学院学报》,2012 年第 4 期。

家所附加的职能,归还给社会力量来完成。

3. 社区的角色和作为

(1)社区是犯罪行为的侵害者。犯罪行为发生在具体的社区,是一种社区冲突,它不仅是对国家的侵害,而且也是对个人和社区的侵害。从法律层面看,社区只是抽象的人格体,并没有自己独立或直接的利益诉求。犯罪对社区的影响并没有直接的外在形态。但是,社区的利益实质上是组成它的所有单个人利益的集合。犯罪行为不仅直接侵害了被害人的利益,而且侵害了这个社区其他成员的利益,也就是侵害了社区的利益。社区受损的利益主要表现在:一是破坏了和谐的人际关系。被害人遭到侵害后,尤其是重大犯罪,如杀人、强奸、伤害致人死亡或重伤、爆炸、投毒、纵火等,引起社区成员的恐慌,不安全感加剧,导致社区和谐关系的破灭;二是造成了社区成员之间信任关系的丧失。犯罪造成社区成员与社区管理者之间、社区成员之间信赖感降低甚至丧失。因此,作为犯罪受害者之一的社区,其利益理应得到保护。也就是说,犯罪的侵害行为影响的对象既包括直接受害人,也包括整个社区成员,特别是社区成员对于社会安全的心理感受。所以,从维护社区安全的角度出发,社区矫正首先是对社区危险的管理和控制,这是前提和保障。其次,从理念的角度出发,社区矫正契约化是随着恢复性司法的产生才产生的,将社区矫正看成是恢复性司法的内容,而不是与恢复性司法相并列的独立的概念。社区矫正契约化首先将被害人置于中心与主导地位,被害人理应得到公正的对待,司法运作以调解和协商为基本过程,司法的目标是通过满足被害人需要使罪犯与被害人达成和解。

(2)社区是犯罪风险的管理者和控制者。社区是社会的基本构成单位,犯罪风险的管理和控制是基于社区的需求而产生,也必须依赖社区的有效运作,犯罪问题在社区生活中的有效处理,犯罪风险才能得到有效控制。

(3)社区是罪犯健全人格的塑造者。一方面犯罪人的犯罪行为不仅是对法律规范的违反,同时也是对优良的道德规范的践踏。我国社区有着传统的优秀文化和良好的道德观念,这是潜移默化影响犯罪人的环境因素。只有使罪犯改变社会认知观念,形成符合现代社会要求的健全人格,才能控制犯罪。而政府基于自身的权力边界,在这一领域是无能为力的,社区具有不可替代的作用。另一方面,社区是对犯罪反应的基本机制,而不是正规刑事司法系统的附庸,在犯罪处理和控制上能够独立地发挥作用和做出决定,对罪犯的矫正教育、危机干预、社会救助等,社区有自身的优势,应该拥有实体上的决定权。

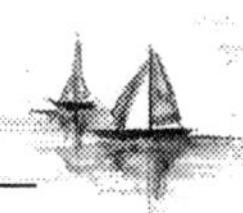

4. 社会力量是社区矫正"划桨者"

"公民社会是一个非常宽泛的概念,它涵盖了所有国家和市场之外的组织和协会。"[①]在国外,"这些组织被统称为非政府组织或非营利组织,具有组织性、非政府性、非营利性、自治性和自愿性等共同的特性。这些特性反映了非政府组织的根本特质和特殊优势"[②],我们在此将其称之为社会力量,它是与国家相对应的组织形态,在社区矫正中,社会力量和政府部门是扮演不同角色的两个主体,是整个社区矫正结构体系的支撑力量。

社会力量与政府的司法行政部门共同组成社区矫正的主体,在组织特征方面具有极强的互补性和互动性,共同提供社区矫正服务。社会力量的发展并参与到社区矫正事务中是我国社会结构变迁的必然结果。也就是说,社区矫正是刑罚执行的一个环节,国家在行使行刑权结构中引进社会力量,从外在形式特征看,行刑权的强制力在弱化,但是,从内在本质看,却强化了对社会犯罪风险的管理和控制。社会力量作为一种独立的力量直接参与罪犯矫正,是我国法治文明进步的体现,也是对世界各国行刑社会化趋势的必然反应。行刑社会化的表现形式之一就是行刑主体的社会化,而行刑主体社会化又主要体现于罪犯矫正教育主体的社会化。[③]

其实,"社会力量作为一种开放性组织,与罪犯矫正教育性质具有天然的兼容性"[④]。社会力量作为罪犯矫正教育实施主体,有利于和罪犯的融合,消除"排异反应",有利于实现罪犯与社会文化的互动,促进罪犯的再社会化。早在20世纪80年代,我国就构建了以"帮教安置协议"为标志的罪犯矫正教育社会化形态,在社会治安综合治理系统的整个架构中,罪犯改造工作和社会犯罪预防成为社会治安综合治理的两大支撑,与此同时,培育了各种社会力量参与到罪犯教育改造工作中来,不仅签订了帮教协议,而且开展了各种各样的帮教活动,有些地方还成立了安置帮教工作委员会和基层接茬帮教工作小组,筹建了社会帮教互助基金会,筹措了社会帮教互助基金等。目前,在社区矫正的规制方面,我国也在矫正教育主体社会化方面做了相关规定和尝试,2012年"两院两部"联合发布的《社区矫正实施办法》第3

---

① 季忠芳:《监狱制度变迁研究——一个理性的分析框架》,浙江大学2005年公共管理硕士(MPA)专业学位论文。

② 季忠芳:《监狱制度变迁研究——一个理性的分析框架》,浙江大学2005年公共管理硕士(MPA)专业学位论文。

③ 季忠芳:《监狱制度变迁研究——一个理性的分析框架》,浙江大学2005年公共管理硕士(MPA)专业学位论文。

④ 季忠芳:《监狱制度变迁研究——一个理性的分析框架》,浙江大学2005年公共管理硕士(MPA)专业学位论文。

条规定:“社会工作者和志愿者在社区矫正机构的组织指导下参与社区矫正工作。有关部门、村(居)民委员会、社区矫正人员所在单位、就读学校、家庭成员或者监护人、保证人等协助社区矫正机构进行社区矫正。”社会力量介入社区矫正由此得以规范。

罪犯矫正教育社会化是社区矫正发展的必然趋势,社会力量的介入也是这一趋势的必然要求。随着我国的发展,公民社会日益成熟,社会力量介入社区矫正领域将会更加宽泛,社会力量必将承担起罪犯矫正教育职能,社会力量将成为罪犯矫正教育的主体。这将提高罪犯矫正教育质量,提高行刑效益,促进罪犯再社会化。

5. 罪犯矫正契约化兼顾各方利益

罪犯矫正契约化在自愿的基础上兼顾了各方利益需求,主要表现在:一是对罪犯的社区矫正过程必须始终兼顾被害人和罪犯双方的利益,必须贯彻自愿和平等的原则,不允许向当事人双方施加压力以迫使他们接受某种前置条件。二是罪犯、被害人的家庭成员和关心他们的亲友以及其他受到犯罪影响的社区成员,都有权利参加对罪犯的矫正和教育过程,并有表达自己的主张和参与形成最终决定的权利。三是在社区矫正中,对犯罪的处置不仅要促进公共安全,而且要促进更加广泛的社会正义。对罪犯要谴责其犯罪行为,要求他对自己的犯罪后果负责,是促进社会的公平正义;同时又要给罪犯本人以支持和爱心,实现个别正义。

6. 罪犯矫正契约化追求社会关系的恢复

社区矫正契约化的根本目的是维护和增强社区生活的和平与安宁,增进社区成员的团结和信任,消除社区中容易产生冲突的隐患,扶助社区中的弱势群体,使社区成为每一个成员的温馨的家园。

社区矫正契约化由于强调社区成员的广泛参与,因此,一方面能有效地消除罪犯和社区群体的隔阂,确立社区的行为规则,强化社区的纽带作用,提升社区生活的品质,降低罪犯回归社会后再犯罪的可能性,从而加强社区安全。另一方面可以提高公民参与预防犯罪活动的积极性,对尊重和保护个人自由、限制国家权力过度干预、创立更具透明度的新型司法机制创造良好的条件。社区矫正契约化的重要目标就是要把一体化赔偿、协商、治疗和宽恕等理念融入社区矫正契约中。

场域理论中的罪犯矫正契约化

一、场域理论的基本内容

法国著名社会学家皮埃尔·布迪厄的场域理论是其社会学体系中的重要内容。他认为,场域是一个关系网络,场域是力的较量场所,资本—权力是场域的主线。场域中充满着力量和竞争,个体可选择不同的竞争策略,资本既是竞争的目的,又是竞争的手段。场域有自主化的趋势,但场域本身的自主性又受到外来因素的限制。惯习是与场域对应的一个基本概念,惯习与场域紧密结合。笔者依据布迪厄的场域理论,借助"场域""资本""惯习"等概念,来分析罪犯矫正契约化的要素及架构。

(一)场域

布迪厄将场域定义为:"一个场域可以被定义为在各种位置之间存在的客观关系的一个网络,或一个构型。正是这些位置的存在和它们强加于占据特定位置的行动者或机构之上的决定性因素之中,这些位置得到了客观的界定,其根据是这些位置在不同类型的权利(或资本)——拥有这些权利就意味着把持了这一场域中利害攸关的专门利润的得益权——的分配结构中实际的和潜在的处境,以及它们与其他位置之间的客观关系(支配关系、屈从关系、结构上的对应,等等)。"①场域是由社会成员按照特定的逻辑要求共同建设的,是社会个体参与社会活动的主要场所,是集中的符号竞争和个人策略的场所。场域是布迪厄社会学研究的理论分析工具和分析单位。

场域可被视为不定项选择的空间,它为其中的社会成员标出了待选项

① 布迪厄、华康德:《实践与反思——反思社会学导引》,中央编译出版社,1998 年版。

目,但没有给定最终选项,个人可进行竞争策略的多种搭配选择,不同的人会出现不同的结果,在这些结果中,一方面可以体现出选择者的意志,即个体的创造性,另一方面可体现出选题的框架要求和限制。

(1)场域是一个活跃的空间。场域内存在着一个关系网络,其中的个体或者群体有的处于统治地位,有的处于被统治地位。每个个体要想在场域内生存下去就必须面对激烈的对抗和竞争,以使场域的确定和场域边界的确定。因此,场域是充满力量的活跃的空间,充满着不同力量关系的对抗。“场域的界限在场域作用停止的地方。”场域的界限是以场域自身个体间的互动来决定的,没有先验的答案。

(2)场域具有多样性。布迪厄认为,在社会空间中,基于不同的性质、功能、结构等,存在着各种各样的场域。场域的多样化是社会分化的结果。布迪厄将这种社会分化的过程视为场域的自主化过程,是场域内部的力量在发展过程中摆脱其他场域的控制和限制,逐步形成独立场域,体现自己独有的个性和固有的本质。其中,自主性越强的场域科学性越高。因为自主性强的场域遵循的是“是非”逻辑,自主性弱的场域遵循的是“敌友”逻辑。

(3)场域是一个社会关系网络。布迪厄指出:“根据场域概念进行思考就是从关系的角度进行思考。”对置身于一定场域中的行动者而言,对他们产生影响的外在决定因素,从来也不直接作用在他们身上,而是只有先通过场域的特有形式和力量的特定中介环节,预先经历了一次重新型塑的过程,才能对他们产生影响。场域是由各种各样的社会关系所联结起来的社会场合或社会领域,依据其内在结构不同,社会场合或社会领域所表现出来的外在形态也各不相同。从外在形式看,场域中的要素包括了社会行动者、团体机构、制度、规则等,但是,场域所体现的是这些因素相互联结的内在本质,即这些社会构成要素之间的关系。

布迪厄认为:社会结构与个体实践之间的关系并不是在真空中或者漫无边际的抽象的社会中发生作用的,而是通过场域,社会的物质结构与精神结构同行动者相互联结起来,构成了一个动态的过程。场域实质上就是一个具有相对自主性的小世界,而诸多小世界构成了现代社会中的大世界。场域有自身的运行逻辑,不同场域之间各有自己的运行规律和运行规则,由此形成了艺术场域、宗教场域、科学场域、经济场域等。

布迪厄认为,整个社会的发展过程,最根本的是场域的结构和运动过程。场域结构和运动过程是以关系为本质特征存在的。场域是一个由各种社会关系相互作用的动态的变化过程,变化的内在动力在于各种社会资本的相互作用或矛盾冲突。场域的发展除了内部动因之外,还有来自外部的其他场域力量的影响,特别是政治场域和经济场域的影响力最大。正如高

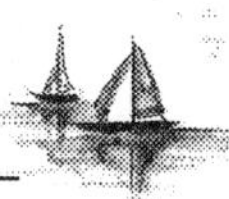

宣扬教授认为："在一个特定关系网络中的统治者，其统治权力的实现，不可能单靠其自身的意图、利益、地位，而是必须结合被统治者各方的力量，并在各种力量的竞赛和对比中真正实现。"

(4)场域存在着个体的特性。布迪厄认为，每个场域内部都有独特的推动场域变化的各种因素。这些因素所形成的动力具有特殊性和差异性，一个场域正是以自身不同于其他场域的特性而存在的。

(5)资本是场域内竞争的决定因素。场域内决定竞争的逻辑就是资本的逻辑。资本只有置于场域之内才会充分发挥功能。因此，在场域竞争中，资本兼具竞争目标和竞争手段的双重身份。

从上述分析可以看出，场域"最基本的要素，是多面向的社会关系网络，是将时间、空间、过程以及人与人之间的社会关系作为一个相互作用的整体进行抽象的理论范畴和分析工具。"①宋志军博士认为，场域理论的核心内容包括：一是场域是一个客观的、动态的、有生命力的和体现社会力量对比关系的网络结构。场域可以被理解为在各种位置之间存在的多面向的客观关系网络，这些多面向的社会关系网络，作为场域的基本构成因素，不是固定不变的构架或者形式，而是历史的和现实的、实际的和潜在的、有形的和无形的、已经发生的和正在发生的，以及物质性的和精神性的各种因素的结合。二是社会空间是由人的生活场域和实践活动所构成的。社会结构与其行动者在各个场域中的社会行为具有密切的关系，它是行动者在不同场域中进行实践的社会空间，它和从事实践的行动者的"生存心态"、同行动者在力量斗争和资本实力较量中所进行的各种类型的社会实践紧密联系。三是场域是一个利益和资本博弈的空间，其运作和转变的原动力在于场域的结构形式和场域内主体占有资本的差别。场域中各主体的位置是由不平等的资本分配而不是由主体的贡献所决定的。四是场域内利益博弈的依托是各主体所拥有的"资本"。布迪厄将资本的范围扩大到更为广阔的领域，即构成权力资源的各种类型，包括社会的、文化的、政治的、宗教的、家庭的等，它们在一定条件下通过一定的比率可以相互转化。②

综上所述，场域是一个开放式的概念，场域是关系的系统；场域是诸种客观力量被调整定型的一个体系，是某种被赋予了特定引力的关系构型，同时也是一个冲突和竞争的空间③；场域是动态的；场域中都有支配者和被支

---

① 宋志军：《刑事证据契约论》，中国政法大学2008年博士学位论文，第1页。

② 宋志军：《刑事证据契约论》，中国政法大学2008年博士学位论文，第2–3页。

③ 【法】布迪厄、【美】华康德：《实践与反思——反思社会学导引》，李猛、李康译，中央编译出版社，1998年版，第18页。

配者;场域有着自身的运作逻辑;场域是社会科学研究操作的焦点,是对文化、教育、艺术等领域进行分析的起点,是对传统理论“客观结构”僵化死板的超越。

(二)资本

关于场域理论中的资本,布迪厄将其概念为:“在场域中活跃的力量是那些用来定义各种‘资本’的东西。”布迪厄把资本分为经济资本、社会资本、文化资本、象征资本四类。其中,经济资本是由收入、财产等组成经济实力。文化资本主要指文凭、知识总量,有三种形式:身体化的、客观化的和制度化的。比如某些制度性的规定和规则,具体可以表现为学历认定、学术资格等。“至于社会资本,则是指某个人或是群体,凭借拥有一个比较稳定、又在一定程度上制度化的相互交往、彼此熟悉的关系网,从而累积起来的资源的总和,不管这种资源是实际存在的还是虚有其表。”[①]符号资本是布迪厄后来补充的一种资本,同时也是最复杂的。前面三种资本都具有符号资本的形式,它是用符号本身表现其他资本的象征性质以及资本占有和运行的合法形式。[②] 布迪厄的资本概念不同于经济学家所用的资本概念,他把资本视作积累起来的劳动(以物化的形式或“肉身化”的形式),这种劳动可以作为社会资源在排他的基础上被行动者或群体占有。比如文化资本、社会资本、象征资本并不具有经济资本那样的基本特征,并不是真正意义上的资本,而只是体现了与经济资本的相似性。

布迪厄曾指出:“一种资本总是在既定的具体场域灵验有效,既是斗争的武器,又是争夺的关键,使它的所有者能够在所考察的场域中对他人施加权力,运用影响,从而被视为实实在在的力量,而不是无关轻重的东西。”由此,资本是社会资源和权力结构的标志。布迪厄认为,在场域内,社会活动的参加者是以异质性的身份参与的,突出表现在每个个体拥有的资本在质和量上存在差异,都是历史积累的结果,不是按照平均分配的原则而分配的。所以,场域内的资本具有排他性的特征,资本的数量、质量、类型以及资本的分布结构等因素,决定着场域内个体竞争活动的形态。个体之间资本的差异必然导致竞争活动的不平等性。

资本在场域内有自己的运行规则。资本会相互转化。个体和群体在场域内的社会地位是凭借物质的、文化的、社会的等各种资源来维持的,随着

---

① 【法】皮埃尔·布迪尼、【美】华康德:《实践与反思——反思社会学导论》,李猛、李康译,邓正来校,中央编译出版社,1998 年版,第 162 页。

② 陆嬿池:《中国司法场域的变迁——以 O 市两级法院诉讼服务中心为个案的分析》,南京大学 2013 年硕士研究生论文,第 11 页。

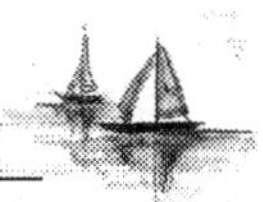

资源的增减,个体的社会地位也随之改变。为此,在场域内人们对有价值资源的争夺,就形成了权力资本。各种资本之间通过资本积累和投资而得到转化,以此维护和强化社会秩序。

(三)惯习

关于场域理论中的惯习,布迪厄赋予其丰富的内涵:"惯习是一个开放性的性情倾向系统,不断地随着经验而变,从而在这些经验的影响下不断强化,或者调整自己的结构。"①布迪厄认为,惯习是一种结构型塑机制,其运作来自行动者的全部决定因素。就是生成策略的原则、经验、知觉、评判方式等组成的性情系统。简言之,惯习是社会化了的个人主观性。惯习作为这种性情倾向系统是开放的,是不断地随经验的变化逐步强化或不断地进行调整。宋志军博士认为,惯习的基本含义是:"由个体生存的客观条件和社会经历所影响的以某种方式进行感知、行动和思考的性情倾向系统,属于人的心智结构和思维范式。它虽然具有很强的主观性,但它是与客观性的场域密切相关的主观性。"②

布迪厄认为,用惯习来解释个体和行为之间的关系——既非唯意志的,也非结构主义的,个体不是简单的结构承受者和被动执行者,其主观能动性也不能超越社会客观结构的制约。一是惯习的功能在于将社会客观规则内在化;二是惯习能将早期的社会化经验内化为一种主导倾向,生成为具体实践行为,因此,惯习是一个无意识的过程;三是惯习还包括了个人的知识和对世界的理解,这就造成了与现实世界的"分离",因为个人知识有一种对现实世界重构的力量。

因此,惯习是个体性和整体性的统一,惯习具有历史性、开放性和动态性。③

场域和惯习有四个层面的关系:①场域和惯习相互依存,两者之间是一个内在性的外在化和外在性的内在化的双向互动过程。②场域和惯习相互对应,惯习把场域建构成一个充满个体意志的带有主观性的世界,而客观性的场域则不断塑造着惯习。③惯习带有某一特定场域的典型特征,某一惯习往往仅在一个场域内生存和发展,也就是说不同场域有不同的惯习,把此场域的惯习照搬到另一场域将会产生排异反应。④场域与惯习之间不是简

---

① 【法】皮埃尔·布迪厄、华康德:《实践与反思——反思社会学导论》,中央编译出版社,1998 年版,第 178 页。

② 宋志军:《刑事证据契约论》,中国政法大学 2008 年博士学位论文,第 3 页。

③ 毕天云:《布迪厄的'场域—惯习'论》,《学术探索》,2004 年第 1 期。

单的决定与被决定关系，而是以实践为中介而生成或建构的双向互动的动态结构。①

二、监狱场域的构成与运作

（一）监狱场域及其功能

在我国，监狱场域是司法场域的一个种概念。布迪厄在《法律的力量》一文中曾给出了司法场域的定义：“司法场域是竞争垄断法律决定权的场所”“司法场域是一个围绕直接利害相关人的直接冲突转化为由法律规制的法律职业者通过代理行为进行的辩论而组织起来的社会空间。”并提到，“存在一个特定、完整的社会世界，法律由以产生并在其中行使其权力，这一世界在实际中相对独立于外在的决定因素和压力”②。场域是客观位置与客观力量的关系构型，同时也是一个冲突和竞争的空间。由此我们依据监狱场域的自身的特性，可以得出监狱场域概念的两个要点：第一，监狱场域是一个独立、完整的社会空间，法律产生并运行于其中，可被称为“法律的世界”，是一个分化出的具有自主性和独特运作逻辑的社会空间；第二，监狱场域是法律领域内具有不同位置和力量的行动者互相争夺构成的关系构型，是一个动态变化的、有着自身动力学基础的社会空间。监狱场域的分析工具价值远重于其概念本体，揭示出存在一个法律运作于其中的相对独立的社会空间，思考法律的功能、社会意义必须首先意识到场域的存在，即从场域出发研究监狱的刑事执行问题。

场域并不具有组成部分（parts）和要素（components），每一个子场域都具有自身的逻辑、规则和常规，每一个场域都构成一个潜在开放的游戏空间，其疆界是一些动态的界限，它们本身就是场域内斗争的关键。③ 监狱场域也不例外，也有自身的内部结构。

布迪厄认为，监狱场域概念区分了符号秩序与客观关系所产生的秩序。④ 由此，我们可以推论，监狱场域具有双重结构。一是刑事法律在监狱领域表面的条文规范、程序规则、法律语言等技术性、符号性的要素构成的体系，二是监狱领域内具有不同资本和利益、彼此争斗的行动者所具有的客

---

① 宋志军：《刑事证据契约论》，中国政法大学 2008 年博士学位论文，第 3-4 页。

② 【法】布迪厄：《法律的力量：迈向司法场域的社会学》，强世功译，《北大法律评论》，1999 年第 2 卷。

③ 【法】布迪厄、【美】华康德：《实践与反思——反思社会学导引》，李猛、李康译，中央编译出版社，1998 年版，第 142 页。

④ 【法】布迪厄：《法律的力量：迈向司法场域的社会学》，强世功译，《北大法律评论》，1999 年第 2 卷。

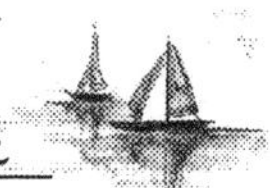

观权力关系。正如布迪厄所言,监狱场域的特定逻辑是由两个要素决定的,一方面是特定的权力关系,另一方面是司法运作的内在逻辑。[①] 这一点在监狱内表现得更为淋漓尽致。形式主义过于强调监狱场域中符号秩序自主性的一面,没有看到此种自主性的社会基础,而工具主义将监狱看作是权力关系的直接反映,忽视了符号体系的结构,二者都没能深入监狱场域独特的运作逻辑及监狱场域与其他场域的关系互动中看待监狱。

(1)刑事法律运行于其中并发挥作用。监狱场域是以行使刑事法律权力为主导的特定社会世界,是刑事法律运作的具体场景。监狱场域通过其独特的运作逻辑,赋予刑事执行者进入监狱场域的特定资本形式,区分了刑事执行者与社会公众。由此,刑事执行者把持了对罪犯进入监狱场域类型、程序等,以及在监狱场域内不同处遇的决定权,尤其重要的是获得了对罪犯改造状况的鉴定权和解释权。在监狱场域内部,占据不同位置、拥有不同形式资本的刑事执行者彼此争斗又相互配合,推动了监狱场域的运转,使其获得了对罪犯改造过程的垄断权。刑事法律作为一种符号权力,其之所以被监狱警察和罪犯接受也是由于监狱场域的一系列符号策略。如高墙电网、现代高科技的安全控制系统、军事化的管理模式等。刑事法律绝不是空泛的教条规范的死板体系,也并非由外部力量直接决定的,刑事法律是有着自己独特的运行空间和运作逻辑的,理解刑事法律必须深入刑事法律运行的具体场景即监狱场域中。监狱场域应作为研究、理解刑事法律的基点,才能克服对刑事法律的教条式理解,将刑事法律视作生动、动态的,是符号结构与社会权力结构的统一体。

(2)刑事法律的独立性源于监狱场域的相对自主性。监狱场域理论认为,刑事法律不仅是规则、教条组成的逻辑自足的规范体系,此种规范体系的背后是特定的权力关系结构。监狱场域作为一个分化的社会空间,具有不同于权力场域、经济场域的独特的运作逻辑,因而具有相对自主性,此种自主性尤其体现在监狱场域双重结构的表面即符号秩序上。在技术性、符号性层面,刑事法律是一套严密的规范体系,不受外部因素的影响,刑事法律执行依据条文或先例、根据事实机械而严密运作得出结论,不考虑其他法律之外因素的影响,而且刑事法律是普遍的、中立化的、程序性的,刑事法律普遍而公平地适用于各社会领域与各社会成员,这些都为刑事法律自主性的主张提供了依据。布迪厄认为,这种表面上的中立、普遍、自主,恰恰是监狱场域运作中支配阶级、刑事执行者的一种隐蔽的符号策略。正是通过这

① 【法】布迪厄:《法律的力量:迈向司法场域的社会学》,强世功译,《北大法律评论》,1999 年第 2 卷。

一系列表面化的、形式化的工作,体现了支配阶级意志与刑事执行者利益的刑事法律与执行被广泛接受,强调刑事法律的形式理性,主张法律就是法律,应严格按法律办事,以此来为刑事法律寻求正当化依据,更可能是刑事执行者的主张,因为他们的利益就包含于其中。监狱场域理论深入刑事法律运作的结构场域中,认为准确把握形式主义主张的刑事法律教条式的神圣必须建立在对场域结构、行动者位置、符号权力本质清楚认识的基础上。

(3)监狱场域是外部力量影响刑事法律的中介。布迪厄指出,对置身于一定场域中的行动者产生影响的外部决定因素,从来也不直接作用在他们身上,而是只有先通过场域的特有形式和力量的特定中介环节,预先经历了一次重新型塑的过程,才能对他们产生影响。一个场域越具有自主性,这一点就越重要。[①] 他认为,一个场域越是自主的,这个场域的生产者只为本场域其他生产者生产而不为社会场域的消费者生产的程度越大。这样来看,法律场域较少自主性。[②] 监狱场域无疑受其他场域尤其是权力场域的影响,相对于自主性较高的文学、艺术场域,“外在的变迁更为直接反映在监狱场域中,而监狱场域内部的冲突更直接地由外在的力量所决定”,把握罪犯改造的具体效果必须考虑监狱场域与权力场域之间以及通过权力场域与整个社会场域之间的全部客观关系。[③] 但是,这种影响决不像一些工具主义者主张的那样,刑事法律是社会权力关系的直接反映,其中经济决定了一切,尤其是表达了统治集团的利益,刑事法律是支配的工具。监狱场域具有自身的运作逻辑,其他场域即使是作为元场域的权力场域对刑事法律和罪犯改造施加影响,也必须通过监狱场域的中介作用予以转化。监狱场域的符号秩序、相对自主的一面绝不是不重要的,在许多时候,监狱场域基于自身逻辑对权力等因素介入的反应是抵制。由此,把握法律与权力、经济、文化等外部因素的关系也必须立足于监狱场域与其他场域关系互动的角度。

(二)监狱场域的自主性

场域是一种分化的社会空间,布迪厄将这种分化的过程视为场域的自主化过程。自主化是指某个场域摆脱其他场域的限制和影响,在发展的过

---

① 【法】布迪厄、【美】华康德:《实践与反思——反思社会学导引》,李猛、李康译,中央编译出版社,1998 年版,第 144 页。

② 李全生:《布迪厄场域理论简析》,《烟台大学学报(哲学社会科学版)》,2002 年第 2 期。

③ 【法】布迪厄:《法律的力量:迈向司法场域的社会学》,强世功译,《北大法律评论》,1999 年第 2 卷。

程中体现出自己固有的本质,发展出自身独特的运作逻辑。① 布迪厄指出,在高度分化的社会里,社会世界是由大量具有相对自主性的社会小世界构成的,这些社会小世界就是具有自身逻辑和必然性的客观关系的空间,而这些小世界自身特有的逻辑和必然性也不可化约成支配其他场域运作的那些逻辑和必然性。例如,艺术场域、宗教场域或经济场域都遵循着它们各自特有的逻辑:艺术场域正是通过拒绝或否定物质利益的法则而构成自身场域的;而经济场域则遵循"生意就是生意"的法则,友谊与爱情这种令人心醉神迷的关系在原则上是被摒弃在外的。② 场域的自主化只是相对的,而没有彻底的自主场域。场域的相对自主化成为社会政治统治的有利条件,使统治阶级的统治方式由直接变成间接的,由外显的变为隐蔽的。场域在相对自主化的过程中,获得了符号资本,使个体行动者在理解社会时发生"误读",这种"误读"是有利于统治阶级的。于是,教育、艺术、生活形式等都成为统治的手段,自主性本身也为社会权力服务。③

在社会再生产中发挥了重要作用的监狱场域也不例外,由于法律要规制社会生活的方方面面,要为社会提供司法服务和司法产品,和其他场域相比,如艺术场域、文学场域、科学场域等,监狱场域的自主程度比较低。但监狱场域仍然具有某种程度的自主性,这种自主性是刑事执行独立性的根源,也是形式主义主张的重要依据,具有重要的意义。尤其是现代刑事执行,愈加向着精密化、高度技术化的方向发展,监狱场域自主性的外衣就更为重要。监狱场域自主性是其自身独特运作逻辑的体现,监狱场域在与权力场域和其他社会场域关系中自主程度的大小也是判断一个社会法治发展阶段、刑事执行运行特点的重要尺度。监狱场域的自主性主要体现为刑事执行领域符号秩序的一面,比如条文规则、执行技术、程序、语言等,这种表面的、形式化的独立性为形式主义者片面强调,而忽略了此种自主性表面化、符号性的本质及其社会基础。

监狱场域自主性主要体现在:

(1)刑事执行规范体系的相对独立性。现代社会由于对法律稳定性、可预测性的强调,制定法占据越来越重要的地位。刑事执行法律直接表现为系统完备、逻辑严密的条文规范体系,正如布迪厄所言,这些规范体系就其

① 李全生:《布迪厄场域理论简析》,《烟台大学学报(哲学社会科学版)》,2002 年第 2 期。

② 【法】布迪厄、【美】华康德:《实践与反思——反思社会学导引》,李猛、李康译,中央编译出版社,1998 年版,第 134 页。

③ 李全生:《布迪厄场域理论简析》,《烟台大学学报(哲学社会科学版)》,2002 年第 2 期。

原则的公平性、规则表述的连贯性和适用的严格性来看，好像是先验地建立起来的。[①] 形式主义者强调刑事执行法律是条文、规则组成的严密体系，法学研究应关注于规则的识别、分析上，构建科学的分析法理学。矫正者对罪犯的刑事执行是机械适用法律条文的结果，在现代社会技术化、科学化浪潮的背景下，这种思潮获得了很大的影响力，并发展出一套严密的推理、解释技术，力图早日让法学跻身科学的行列，成为一门精密的技术。

布迪厄认为法典化、条文化、形式化、体系化的努力有助于法律符号效力的生成，但这一切都是从事符号工作的法律职业者依照他们自身领域中的法则所生产出来的，是监狱场域的产物，而非法律的本质和法律世界的全部。刑事执行法律规范体系从来都不能脱离权力关系的影响，刑事法律规范记载着权力关系的状况，它将获胜者凌驾于被统治者之上加以合法化，并由此将这一状况变为被人们所认可的事实。[②] 刑事法律条文的独立性是相对的、表面化的，是监狱场域独特运作逻辑的要求和产物。

(2)职业化与法律语言。通过确立某种进入监狱场域的资格与能力，即专业的法律思维、法律知识、法律语言等，监狱场域在普通大众与刑事执行者间建立了区分。监狱的刑事执行、改造矫正、减刑假释运作与大众的直觉、公平感拉开了距离，刑事执行者被认为是精通法律、严格按照法律理性进行思考的，而普通大众不具备这种能力。这种职业化的努力是监狱场域获得自主性、与其他社会场域区别开来的重要基础，这就保证了监狱场域内有资格的行动者共享某些知识、技术甚至价值观，具有某种共同利益，确保监狱场域在社会再生产中作用的发挥，逐渐建立对纠纷解决的专业化垄断。

法律语言具有不同于日常语言的特殊性，具有强烈的非个人化和中立化色彩，刑事执行语言采用各种修辞，目的就是为了实现中立化效果和普适化效果。如采用被动的和去人称化的表述，多用陈述语调、强调一般性、采用固定的表达和措辞，这是一种修辞手段和符号策略。语言是刑事执行运作的主要载体，刑事执行语言这种体现自主性、中立性、普适性的修辞策略，对于现代刑事法律甚至对整个监狱场域的运作都是极为重要的，是监狱场域获得自主性的重要符号工具。

(3)刑事执行过程的独立性。刑事执行活动程序性的运作方式也有助于监狱场域独立性的获得。布迪厄指出："司法场域是一个围绕直接利害相关人的直接冲突转化为由法律规制的法律职业者通过代理行为进行的辩论

---

① 【法】布迪厄:《法律的力量:迈向司法场域的社会学》，强世功译，《北大法律评论》，1999 年第 2 卷。

② 【法】布迪厄:《法律的力量:迈向司法场域的社会学》，强世功译，《北大法律评论》，1999 年第 2 卷。

而组织起来的社会空间。”刑事执行过程的运转如同一个中立的空间，罪犯一旦进入监狱场域，就必须按照一定的程序、方式服完自己的刑期，生活事实要转化为法律事实，自由生活要被建构为剥夺自由条件下的监狱刑期，成为受监狱规制的法律执行问题。现代刑事执行法律有严格的程序规定，刑事执行活动在何时以何种方式进行，受司法生产过程的严格限制。如同现代企业的产品生产过程，司法生产活动也有严格的工序要求，这是监狱场域独特运作逻辑的体现，也是监狱场域获得自主性的操作层面的要求。

（三）监狱场域中的资本争夺

场域是一个冲突和竞争的空间，矫正参与者（罪犯个体、监狱、监狱警察、罪犯群体）在其中占据不同的位置，拥有不同数量和结构的资本，并以之为武器彼此竞争和争夺，推动了监狱场域的结构变动，构成了场域变迁的动力学基础。斗争的结果取决于矫正参与者在权力关系中的客观位置，他们的惯习结构与实际能力，以及采取的斗争策略，但这一切的基础是矫正参与者拥有的资本形式、数量和结构。场域的结构是由特定资本形式的分配结构所决定的，场域分析的一个重要目的就是勾画出矫正参与者所占据的位置之间的客观关系结构，正是占据这些位置的矫正参与者间的资本争夺形成了场域中的种种关系。一种资本总是在既定的具体场域中灵验有效，既是斗争的武器，又是争夺的关键，使它的所有者能够对他人施加权力，从而被视为实实在在的力量，而不是无关轻重的东西。在经验研究中，确定何为场域，场域的界限在哪儿，诸如此类的问题都与确定何种资本在其中发挥作用，这种资本效力如何之类的问题是一致的，因此，可以看到资本概念和场域概念是紧密联系在一起的。① 场域就像一个游戏的空间，无论什么时候，都是游戏者之间力量关系的状况决定某个场域的结构，游戏者采取的行动，取决于他拥有的资本的数量和结构。

在监狱场域中，存在着各种各样的矫正参与者，如罪犯、监狱、监狱警察、社会团体、志愿者、研究者等，在这些参与者中，内部又划分为不同的等级和类别。矫正参与者在监狱场域中占据不同的位置，拥有不同形式的资本，从而构成了具有等级色彩的监狱场域的权力关系结构。他们之间的力量对比关系和各自职业能力的结构性差异，对监狱矫正的形式有重要影响，不同刑事法律传统中的不同种类法律资本的相对权力，也与监狱场域在权力场域和整个社会场域中的位置有关。监狱场域是竞争垄断监狱决定权的场所，矫正参与者彼此竞争对监狱资源的使用权。这是他们争夺的对象，在

---

① 【法】布迪厄、【美】华康德:《实践与反思——反思社会学导引》，李猛、李康译，中央编译出版社，1998 年版，第 136 页。

成文法国家很大程度上就是对刑事法律文本的解释权和解释能力。布迪厄指出,法律显示在判决中的内容是拥有不同等的技术性技巧和社会影响的法律职业者之间进行符号争夺的产物①,因此,占据不同位置、拥有不同数量和结构资本的矫正参与者之间在监狱场域内的争夺,塑造了监狱场域的结构和运作逻辑。

(四)监狱场域中矫正参与者的行动逻辑

监狱场域中矫正参与者行动逻辑的客观方面是由监狱场域的结构决定的,也就是特定资本的分配结构所构成的力量关系的网络,布迪厄力图克服传统的主客观二元对立,惯习概念对应监狱场域内矫正参与者行动逻辑的主观方面。惯习是生成策略的原则,是各种既持久存在又可变更的性情倾向的一套系统,它通过将过去的各种经验结合在一起的方式,每时每刻都作为各种知觉、判断和行动的母体发挥作用。惯习是通过体现于身体而实现的集体的个人化,是经由社会化而获致的生物性个人的"集体化",是在历史中建构的、根植于制度的作为社会性变量而存在的生成性母体,是实践理性的运作者。② 有研究者认为,惯习是布迪厄理论中最根本却最易被忽略的概念。客观主义把行动理解成"没有行动者"的机械反应,而主观主义把行动描绘成某种自觉的刻意盘算、苦心追求,试图用颇为流行的经济学的理性选择理论解释复杂的人类行为。布迪厄反对这两种思路,提出实践活动是一种模糊的实践感的产物,是在社会中建构的"游戏感"的产物,实践具有某种自身的逻辑却不把一般意义上的逻辑当成自己的准则。③ 惯习就是试图按此种思路解释人类行为(个人、集体)的关键概念,惯习是被建构、被决定的,是各种社会因素、行为者个人因素、历史因素积淀于矫正参与者身体上的,既是个人的又是集体的,是社会性的、历史性的;同时惯习也有某种建构性,当生成惯习的监狱结构场景与监狱场域不吻合时,惯习也会推动矫正参与者寻求某种变化,从而为社会的变革、发展提供了空间。惯习概念十分复杂,可简单理解为"行动者之所以如此行为的主观因素",它试图更好地说明监狱实践活动的实践逻辑。

监狱场域中的惯习是构成该场域中矫正参与者行动策略的主观基础,

---

① 【法】布迪厄:《法律的力量:迈向司法场域的社会学》,强世功译,《北大法律评论》,1999 年第 2 卷。

② 【法】布迪厄、【美】华康德:《实践与反思——反思社会学导引》,李猛、李康译,中央编译出版社,1998 年版,第 19 页。

③ 【法】布迪厄、【美】华康德:《实践与反思——反思社会学导引》,李猛、李康译,中央编译出版社,1998 年版,第 164 页。

对监狱场域独特运作逻辑的形成具有重要的作用。由于监狱场域中的矫正参与者主要是矫正教育职业群体,这一群体形成了自己的职业惯习。矫正教育职业惯习建立的基础是矫正教育职业群体与一般大众的分离,由于监狱场域具有入门资格要求,进入监狱场域、掌握监狱场域游戏规则需经过多年的学习、实践,掌握一整套法律知识、矫正教育职业技巧,具备矫正教育职业能力,尤其是个案矫正、人际沟通技巧的运用,因此,行政机关、民间组织、社会团体、志愿者等尽管有时也参与到监狱场域中,却因为不具备此种资格能力而被排除在监狱场域之外。而且在现代社会,这种区分进一步加大,刑事执行法律越来越复杂、专业,监狱场域中的矫正参与者即矫正教育职业群体运用已掌握的资本、能力构筑了更为坚固的场域壁垒,以建立和维护自己的垄断利益。矫正教育职业群体准入标准的变迁很好地反映了这种变化。

矫正教育职业惯习的首要方面就是强调中立性,罪犯矫正契约化要求以一种超然于刑事执行所涉利益之外的姿态出现,这是由监狱场域的运行机理决定的。罪犯矫正教育过程的运转如同一个中立的空间,它通过矫正参与各方之间的直接冲突转变为矫正参与者之间的对话这一过程中所固有的去现实化和远离现实,将任何处于冲突中的利害关系加以中立化。[①] 这乃是监狱场域的一种符号效果,是矫正契约化解决罪犯矫正教育问题为人们所接受的重要基础,也是监狱场域存在的重要基石。矫正教育职业惯习的第二个要求就是遵守监狱场域的游戏规则,即按监狱场域的规则和逻辑行动。监狱场域内部本身有许多成文法和不成文法,进入监狱场域就要求冲突只能以矫正契约化的方式来解决,依照该场域本身的规则和常规来解决,意味着放弃了辱骂、暴力等形式,而采取契约化的方式,并且必须按照监狱场域的要求将生活事实转译为法律事实,按要求遵守监狱规则和监狱纪律。进入监狱场域就要求罪犯的行为举止都必须符合监狱认可的程序性规定。这是对矫正教育职业惯习的一种集体性描述,而且这两种惯习都是由监狱运作的内在逻辑决定的。

布迪厄指出,法律职业群体职业惯习的一致性和同质性是理性法的可预期性和可计算性的真正基础,通过共同的学习和职业实践,塑造了法律职业群体职业惯习的共同的基本倾向,从而保证了法律与法律活动的一致性、可预期性。法律职业者的惯习促使他们将生活中人们意识到甚至没有意识到的不公正,转化为需要通过法律解决的法律案件,"通过法律武器维护你的合法权益"。法律职业群体在这里从事着某种建构性的工作,通过将生活

---

① 【法】布迪厄:《法律的力量:迈向司法场域的社会学》,强世功译,载《北大法律评论》,1999 年第 2 卷。

中的问题转化为法律问题,将日常语言转化为法律语言,完成了这种建构,此种建构的重要基础就是法律职业惯习的存在。监狱场域的一个重要特征就在于矫正教育职业群体的某种垄断,他们能够决定何种冲突可以进入监狱场域,经过何种程序进入监狱场域,从而垄断了对监狱场域的进入。同时,他们也在不断拓展监狱场域的边界,扩大其市场,增加需求,如将社会帮教、行刑社会化、社区矫正等矫正教育形式纳入监狱刑事执行程序,强调罪犯与社会的融合,社会公众参与到罪犯的矫正教育,号召大众运用所拥有的资本介入刑事执行领域。同时,又由于惯习带有强烈的个人色彩,监狱场域通过惯习与其他场域发生了关联,进入监狱场域的矫正参与者不仅接受矫正教育职业惯习并按此行事,他过去生活所积累起来的生活经验、阶级出身、民族属性、文化环境、职业习惯、学历背景等都会影响他的惯习构成,通过这种惯习的机制,监狱场域受到了权力场域及其他社会场域实实在在又具体入微的影响。这有助于通过监狱场域的运作实现权力对社会被支配群体的支配。

三、场域理论与罪犯矫正契约化的关联

在布迪厄看来,场域是一种具有相对独立性的社会空间,但同时需认识到场域的这种自主非绝对的自主,场域的自主化只是相对的,没有彻底的自主场域。

布迪厄构建的“司法场域”是指一个围绕直接利害相关人的直接冲突转化为由法律规制的法律职业者通过代理行为而组织起来的社会空间,“是争夺垄断法律决定权的场所”,“进入司法场域意味着默认了这个场域的基本法则,也就是说,冲突只能以司法的方式解决,必须合乎这个场域本身的规则”[①]。司法场域的“应然状态”包括了刑事执行场域,在罪犯矫正中有其自身所特有的逻辑规则和理性化运作,严密的规范体系、严格的纪律和程序,也会对矫正参与者相关的话语做出限制。但尽管如此,刑事执行场域的自主性边界仍然不是那么清晰,毕竟刑事执行场域解决的问题本身就是整个社会场域的事情,刑事执行场域定然不能摆脱各种社会力量和世俗权力的渗透。所以说,刑事执行场域从一定程度上来看是一个相对独立的场域,有自身行动的内在逻辑,但同时又是一个自主性很低的场域。

刑事执行场域是布迪厄构建的司法场域的组成部分,场域理论与罪犯矫正契约化存在着关联。有研究者认为,这种关联表现在:一是运用关系性

---

① 【法】布迪厄:《法律的力量:迈向司法场域的社会学》,强世功译,《北大法律评论》,1999 年第 2 卷。

的思维方式研究罪犯矫正问题。布迪厄曾指出:“根据场域概念进行思考就是从关系的角度进行思考。”①这种关系是独立于矫正参与者意志的客观存在,又与矫正参与者所占位置、所掌握的资本和矫正参与者的禀赋及其采取的策略有关。“我们必须考虑司法场域与权力场域之间以及司法场域通过权力场域与整个社会场域之间的全部的客观关系。这意味着司法行动所特有的目的、具体效果是在这种关系的世界中确定的。”②这样的关系的存在让罪犯矫正界限模糊不清,在罪犯矫正契约化的语境下,我们必须面对所存在的错综复杂的各种关系以及对矫正契约化的影响。从刑事执行场域内看,刑事法律的社会实践事实上就是“场域”运行的产物,场域内部的矫正参与者不是完全的按部就班,还原刑事执行场域的真实必须考虑制度设计的预期和制度设计下的矫正参与者的策略,这两个方面是密切相关的。刑事执行场域确定了或企图确定那些合情合理的具有独立性的空间,并因为这部分矫正参与者会凭借这些制度安排获得了各自差别位置的个体空间,在这个空间下矫正参与者应用历史所赋予的惯习和制度下的利益追求对其所面对的具体情境和问题予以回应。因此,刑事执行实践既体现在行动的现实中,又体现在结构的现实中。另一个关系存在于不同的矫正参与者之间的力量对比。比如监狱警察与服刑罪犯,在刑事执行场域权力结构中的力量对比关系;比如监狱学者多元化的理论研究动态可能对场域的构建起着分析、推动的不同作用。二是建立共时态和历时态相交融的空间。矫正参与主体在场域中不同的位置以及由此而占有的资本不同将形成共时态的差异。这样的差异将成为斗争和冲突的动力推动场域的变迁,场域因而具有不确定性。场域的整体性变动将使得场域内的资本重新得到分配,不过又将潜伏着下一次斗争,如此反复凸显场域的历时态特征。三是展现主客观的双重效果。布迪厄认为:“社会实践既不是客观主义所理解的‘没有行动者’的机械反应,也不是主观主义所描绘的某种自觉的意图的刻意盘算、苦心追求,某种良知自觉之心,通过理性的盘算,自由地筹划着如何确定自己的目标,使自己效用最大化,而是行动者根据不断被结构型塑而成的惯习,以某种大体上连贯一致的方式对场域的要求做出回应的实践过程。”③矫正

① 【法】皮埃尔·布迪尼、【美】华康德:《实践与反思——反思社会学导论》,李猛、李康译,邓正来校,中央编译出版社,1998年版,第133页。

② 【法】皮埃尔·布迪尼、【美】华康德:《实践与反思——反思社会学导论》,李猛、李康译,邓正来校,中央编译出版社,1998年版,第531页。

③ 【法】皮埃尔·布迪尼、【美】华康德:《实践与反思——反思社会学导论》,李猛、李康译,邓正来校,中央编译出版社,1998年版,第531页。

机构对罪犯的矫正既存在于客观结构,即刑事执行场域内外关系影响下的位置设定;又存在于主观结构中,也就是存在于矫正参与者的惯习和策略当中;循环往复,客观的结构也会在包括矫正人员在内的整个社会的实践不断再产生而得以被建构和存续发展,主观的策略也必然会因为历史赋予的惯习、固有的结构赋予的资本的可能性以及场域构建中所能提供的利益型塑而成。运用布迪厄的实践主义方法论,将主观与客观有机地结合起来,行动体现惯习,惯习是社会结构的产物,既具主观性又有客观性,这样的融合有效地克服了以往的二元对立状态。①

四、场域理论中罪犯矫正契约化的构成

1. 罪犯矫正契约化主体

主体是罪犯矫正契约化的首要因素,是罪犯矫正行为的实施者和矫正法律关系的载体。一方面,主体的范围直接决定了参与矫正活动的主体的量;另一方面,主体的权利义务及权力配置又成为衡量主体参与程序广度与深度的指标。上述两个方面共同决定了矫正契约化主体的地位、所拥有资本的质与量、竞争能力的强与弱、对程序结果影响的大与小这些推动矫正契约化运行的指标。从主体的范围来看,世界各国的发展趋势是逐渐扩大参与矫正的主体范围,突出的例证是被害人在恢复性司法中的主体确立及提高。随着被害人学的兴起和保障被害人权利观念的增强,被害人不仅取得了在恢复性司法中的主体地位,而且参与罪犯矫正的能力不断提高,从最初的矫正契约化的附属到成为具有独立法律地位及拥有广泛权利的当事人,再到实质参与恢复性司法,完成了从被动参与到恢复性司法主体的升华。从矫正契约化主体权利义务及权力配置的变化来看,也反映了矫正契约化复杂的价值冲突与权衡。例如,监狱从拥有行刑权的矫正主体逐渐演变为只是主导矫正契约化的一方主体,为罪犯矫正契约化主体的演变奠定了基础。再者,监狱机关和监狱警察在矫正契约化中加强人权保障这一价值目标之下受到越来越多的规范与限制,以及罪犯权益保障意识的加强,反映了对公权力的适当限制、对罪犯权利加强保障的价值选择。另外,随着人们对罪犯本质认识的深化以及刑罚目的观的转变,如何提高罪犯改造质量有效解决罪犯回归社会后的社会适应能力,成为监狱体制改革所面临的重大问题。赋予罪犯在矫正契约化中充分的自由、自主的程序选择权以增强在罪犯矫正内容和矫正项目等问题上的协商与合意,通过达成程序契约、实体契

---

① 陆嫵池:《中国司法场域的变迁——以O市两级法院诉讼服务中心为个案的分析》,南京大学2013年硕士研究生论文,第13-14页。

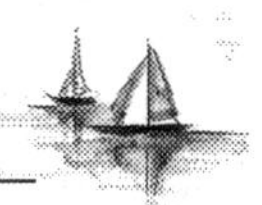

约与处遇契约，实现对矫正契约化进程及结果的真正实质参与；通过协商与合意实现罪犯矫正民主化，形成国家意志和个人意志达成共识的公共意志，以提高罪犯矫正质量，降低罪犯回归社会后的重新犯罪率。

2. 罪犯矫正契约化场域中的时间

无论从物理学还是从哲学的角度来看，时间是存在之所以存在的基本根据之一。但是，它是超越于一切实体存在和以确定的概念为基础的思维活动之外的非实体存在。矫正契约化场域的时间要素包括两个维度：一是时间的单向性与不可逆性，即罪犯入狱服刑之后在客观上不可能再回到案件发生时和发生之前的状态，因此，在矫正契约化场域中所看到的只能是罪犯矫正过程在监狱和人的意识中遗留下来的痕迹。时间的不可逆体现为程序进行的时序，即主体行为的先后顺序原则上不能颠倒，例如罪犯入狱服刑之后才能进行矫正契约化活动，按照罪犯的类别，制定罪犯矫正项目和矫正内容，评估矫正效果，反馈矫正意见，等等。罪犯矫正程序的推进原则上是可以倒流和重复的。例如，罪犯累进处遇层级的递增或递减。但是，时间的不可逆性对程序安排和程序推进所产生的效力有重大的影响。一定的罪犯矫正程序产生的法律后果对主体形成了约束力，每一个程序参加者都受自己行为的约束，程序的每一步都产生相应的不可逆效力并且成为推动程序进行的动力。正如季卫东博士所言："随着程序的展开，人们的操作越来越受到限制。具体的言行一旦成为程序上的过去，即使可以重新解释，但却不能推翻撤回。经过程序认定的事实关系和法律关系，都被一一贴上封条，成为无可动摇的真正的过去。"①比如，在矫正契约化中，除非有法律规定的特殊情形，监狱警察不能随意宣称已经完成的矫正程序无效而从头再来。比如，一个罪犯服刑期满之后，就必须依照法律的规定予以释放，不能因其未完成矫正教育的项目，或者还存在着较大的犯罪恶性而不予释放。二是矫正契约化场域的时间跨度，即矫正主体进入矫正契约化场域以及在跨出矫正契约化场域之前的过程，也可以说其体现为时限。矫正契约化的时限体现为矫正行为法定时间的长短，比如从大的程序上来说分为调查分类的时限、制定矫正项目与矫正内容的时限以及具体矫正过程的时限，从微观上来说体现为入监服刑的时限、矫正初期的时限、矫正中期的时限、矫正后期的时限等。从累进处遇的角度看，体现为从严管理的时限、普通管理的时限、从宽管理的时限等。矫正契约化场域时间及其效力的规定，不仅提高了效率，而且更为重要的是使得矫正参与者谨慎选择自己的行为，在明知自己及对方行为法律后果的前提下进行理性决策。

---

① 季卫东：《法治秩序的建构》，中国政法大学出版社，1999 年版，第 19 页。

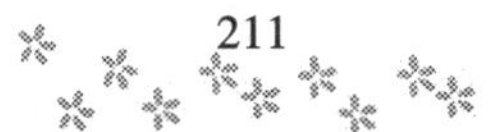

3. 罪犯矫正契约化场域中的空间

这里的空间概念是理论空间和物理空间的结合。也就是说,矫正契约化场域空间既有“实存在”的空间又有“虚存在”的理论空间。尽管后者是理论空间,但是,这些矫正主体之间的地位和相互关系所形成的空间位置、距离及其变化是客观存在的,不是凭空幻想出来的,是经验性的观察和体验主体之间的位差及其行为方式的结果。正如在物理空间中连接各物体的是空气、磁场、引力场等媒介,连接监狱矫正场域各空间主体的是彼此之间的社会关系和法律关系。监狱矫正场域空间的构成要素有三个:一是矫正主体之间的位差,即各主体作为彼此独立的个体而存在所形成的物理上的和心理上的距离。比如监狱、罪犯、社会团体、民间组织、受害人、罪犯亲属等参与者职能的分离所形成的不同的法律地位和立场,罪犯、监狱与社会参与者在矫正能力和推进矫正进程能力上的差距。位差是产生空间关系和促动主体采取特定行为的前提和基础。二是空间关系,即由于主体之间的位差所形成的吸引与排斥、作用与被作用、成败与双赢、对抗与合作、压制与服从、改造与被改造、矫正与被矫正等关系形式。三是主体的行为方式,即主体选择何种行为策略和表现方式的问题。行为是具有互动关系的主体确立、改变、终止某种关系及其在空间结构中位置的中介和纽带,人的行为方式是监狱矫正场域中复杂关系的表征。

需要补充说明的是,监狱矫正场域里的时间与空间要素并不是彼此孤立的,正如自然界中时间与空间的复杂关系一样,时间与空间共同构成了监狱矫正场域的四维时空结构。矫正空间是历时性的空间,矫正时间是空间结构中的各要素在矫正契约化发生、发展以及矫正程序进程的矢量。监狱矫正场域的时间与空间的互动性,是从整体上宏观动态把握罪犯矫正问题的先决条件。

4. 罪犯矫正契约化场域中的“资本”

罪犯矫正契约化场域主体之间为改变自身的位置以及获得利益而展开利益争斗与博弈的基础是各自所拥有的资本,即矫正参与者对矫正信息的取得和控制能力。罪犯矫正是矫正场域的核心,也是吸引各主体采取不同行为策略的中心。国家通过立法在监狱、罪犯和其他矫正参与人之间分配权力和权利,使得国家在实现通过罪犯矫正以打击犯罪、改造罪犯与限制公权力不当侵犯罪犯权利之间获得恰当的平衡。监狱权力和罪犯权利之间在一定程度上是此消彼长的关系,但并不是完全对立的,可以在一定程度上通过适当的实现获得双赢,而不是通过监狱利用公权力打压、惩罚罪犯而取得单方面的胜利。在程序框架内适度合作,通过矫正契约的方式调控矫正参与者各方的矫正资源配置,使其在“矫正交易”中达到最有效率的流转。以

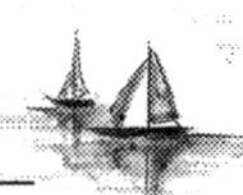

罪犯参加生产劳动为例，之所以建立罪犯劳动制度，并不是说罪犯不同意劳动就不能实现劳动的目的，监狱机关完全可以通过强制方式以达到罪犯参加劳动的目的。但是需要冷静思考的是，强制罪犯参加劳动这种类似于经济领域资本积累中"强取豪夺"的方式果真是最有效的矫正资源获取方式吗？强制罪犯参加劳动这种矫正契约改变了矫正的客观性吗？回答是否定的。强制罪犯参加劳动所支付的成本与其收益来说是不成比例的，首先，强制罪犯参加劳动需要一定的"合理理由"，需要建立在刑罚惩罚的基础之上；其次，强制罪犯参加劳动需要专门的监狱警察对罪犯进行严密的监督管理；再次，由于强制罪犯参加劳动所带来的监狱与罪犯的对抗情绪，不仅不利于后续矫正程序中的合作，而且不利于罪犯对监狱管理制度的服从；最后，基于罪犯自愿配合参加的劳动可能获得比强制罪犯参加劳动更多的成效，而且自愿同意的劳动中罪犯劳动积极性比较高，对劳动成果有成就感，主动性强，不会出现破坏生产设备、消极怠工等现象。笔者并不是以此彻底否定强制罪犯参加劳动存在的必要性，而是换一个视角，从监狱与罪犯根据对比己方与对方在参加劳动方面的资本差距来权衡采取对抗还是合作的行为方式以确定两者之间的关系状态。

5. 罪犯矫正契约化场域中的程序

矫正程序是按照某种标准和条件整理争论点，公平地听取各方意见，在使矫正参与者可以理解或认可的情况下做出决定。然而一方面程序并不仅仅是决定的过程，还包含着决定成立的前提，存在着左右矫正参与者在程序完成之后的行为态度的契机，并且保留着客观评价决定过程的可能。另一方面，程序没有预设的真理标准。程序通过促进意见疏通、加强理性思考、扩大选择范围、排除外部干扰来保证决定的成立和正确性。监狱矫正场域与其他领域的场域一样，充满了主体之间的利益争斗，程序主体之间通过相互交涉行为使得彼此之间发生影响与关联。但是，在矫正契约化的前提下，进入监狱矫正场域的主体默认了其"游戏规则"，即排除了暴力等非理性的方法与手段，尽管以国家权力运行与国家强制为大背景，但是仍遵循既定的程序规则而避免了重蹈政治治罪式的矫正程序的覆辙。作为矫正过程矫正契约化的程序，为矫正参与者选择交往方式提供了空间。尽管监狱行刑的强制性是矫正得以存在的条件，但是也并没有完全排除矫正参与者之间在一定程度上通过协商与合作达成契约，以合意的方式解决纠纷的可能性，形成了对抗与合意多元化的矫正契约化机制。在监狱矫正场域内，允许矫正参与者适当妥协与交易体现了尊重矫正参与者的主体地位和自由意志，同时基于矫正参与者的认同而扩大了权力行使的正当化的基础。在监狱矫正场域中，契约贯穿罪犯矫正的全过程。矫正契约比较发达的英美国家在所不论,即使是国家强制色彩比较浓厚的大陆法系国家,罪犯矫正程序中体现契约精神的制度也是比较常见的。

6. 罪犯矫正契约化场域中的惯习

布迪厄的"场域-惯习"理论阐明了两者之间的辩证关系,对于分析监狱矫正场域构造具有重要的借鉴意义。矫正场域的首要因素是主体,而主体的行为是在人的主观意志支配之下进行的,主体的思维定式、他人行为后果的示范效应等影响人行为模式选择的惯习在监狱矫正场域运作过程中具有决定性的作用。在主体之间进行利益博弈的过程中,采取何种竞争策略,是对抗还是合作,在何时以及何种程度上进行合作,进行交易的条件及其磋商,等等,都必须经过行为主体惯习的筛选,不仅通过自己的直接经验获得指示,更为重要的是基于对法律规范的指引作用以及先前他人行为选择后果的示范效应,综合在一起形成了主体最终行为策略的选择。根据惯习理论,惯习是主观的、可变的,因而也是可引导和可塑的。依据这一规律,在罪犯矫正场域关系处理问题上,法律和政策可以因势利导,一方面通过法律规范的预测及指引作用,适时适度引导相关主体走向合作,通过矫正契约的方式调整相互之间的行为关系;另一方面通过行为主体的示范效应,在社会上形成一种合作意识和契约精神,促进公众在罪犯矫正场域中理性选择对抗还是合作以及合作的范围和程度,培养自愿合作与交易的惯习,从而与矫正场域中的行为关系产生互动效应,使监狱矫正场域中的互利合作实现从自发到自觉的转变。最重要的一点,就是监狱机关及其监狱警察培养和树立契约观念,在矫正罪犯过程中以契约理念和契约精神去处理监狱与罪犯之间在矫正场域中的关系,既应切实履行以法定程序规范为表现形式的隐性契约,还应在矫正过程中适时、适度地引导矫正参与者进行协商与合作。同时,在整个行刑过程中自觉运用契约精神、契约观念和契约方法论。

综上所述,矫正场域理论为矫正契约化排除了概念上和观念上的障碍。我们应当认识到,在罪犯矫正场域契约制度中,矫正使监狱行刑的性质并没有改变,而且矫正本身的客观性也没有因为程序性的契约行为而有所减损。因为矫正契约的本质并不是对矫正所蕴含的事实或信息本身进行协商以达成契约,而是一种对矫正程序和矫正行为以及蕴含在其中的法定权利义务关系和权力关系所构成的社会关系网络中的价值选择和行为策略。矫正契约化决定了矫正参与者对行刑前提和主要矫正内容本身不能进行协商,即使在一定范围内允许依据罪犯对矫正项目和矫正内容的承认而认定为对事实的自认,也要受到诸多原则和规则的限制,防止对矫正项目和矫正内容所达成的契约与法律规定的基本原则相冲突。同时,根据上述场域与惯习理论,矫正契约化场域是由多个利益主体所构成的社会关系网络系统,其中蕴

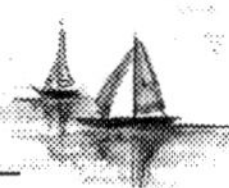

含了丰富且复杂的权力与权利、竞争与合作的关系，需要我们深入研究与探索。罪犯矫正法律关系理论的进展，不仅对于矫正契约理论，而且对于监狱立法和理论研究都具有重大的理论意义和现实意义。

美国监狱私营化的契约属性

王廷惠教授的《美国监狱私有化研究——私人部门参与提供公共服务分析》是目前作者所见到的较为全面介绍和分析国外监狱私营化的著作。笔者认为，监狱私营化概念的引入不仅是监狱管理制度的创新，更重要的是监狱契约理念的变革。在我们的传统观念里，监狱是国家的暴力机器，是惩罚犯罪和改造罪犯的场所，是国家行使权力的表征，必然由国家所单一掌控。而在新自由主义思潮影响下，新公共管理理论催生了监狱矫正罪犯功能由公共部门向私人部门转移，监狱成为公共产品，对罪犯的矫正和教育是公共服务供给的组成部分。美国监狱私营化的实践彻底颠覆了传统的监狱观念，对我们的视域产生了强烈的冲击。

一、监狱私营化的主导形式：签约外包

关于美国监狱私营化的形式，早在 1985 年储槐植教授就在《国外法学》发文，从宏观上总结为提供直接技术服务和开办监禁矫正设施两种形式。[①] 王廷惠教授认为，美国监狱的私营化主要是通过签约外包的形式实现的，他的理论基础是新公共管理理论关于公共服务市场化的主张，强调“政府部门通常通过合同外包、业务分担、共同生产或解除管制等具体形式，将部分公共服务转由非政府部门经营，政府只需承担资金筹措、业务监督以及绩效评价等责任”[②]。美国监狱私营化的签约外包形式，具有极大的市场竞争优势，不仅能够降低监狱经营的成本、节约开支，而且还能够改变监狱服务模式，

① 储槐植：《美国监狱制度改革的新动向—监狱私营化》，《国外法学》，1985 年第 2 期。

② 王廷惠：《美国监狱私有化研究——私人部门参与提供公共服务分析》，中山大学出版社，2011 年版，第 65 页。

创新监狱体制机制,提高监狱服务的效率和品质,提高改造质量。但也有研究者认为,美国现阶段的监狱私营化已经形成了一个"矫正的商业综合体"。在这个综合体中,监狱私营化表现为两种形式:"第一种形式是私营部门帮助政府建造新的监狱,运营管理权仍在政府部门手中,因而被称为'名义上的私营化'。第二种形式是私营企业和政府部门签订合同,保证以比公立监狱更低的成本运作监狱,完全负责监狱事务的日常管理,因而被称为'运营的私营化'。"①其实,这两种形式都属于王廷惠教授所说的签约外包的范畴。其中,监狱私营化的形式区分,可按照监狱权属、经营权和管理责任的不同等加以考察。归纳相关文献的研究,笔者认为,美国监狱私营化的形式主要有以下几种:

第一种"名义上的私营化"监狱,是私营部门帮助政府建造新的监狱。私营部门建造监狱不受制于政府部门的规则、政治过程和政治压力,有极其灵活的管理机制和激励机制,因而在监狱建造中具有高效率和低成本,能够在短时间内完成监狱建造工作,满足关押罪犯的迫切需求,这是政府部门所不具有的优势。"依照经验,政府建造一座监狱通常需 5 ~6 年,而私人公司建造一座监狱通常只要 2 ~3 年。"②但监狱的运营管理权仍在政府部门手中。

第二种监狱非核心业务签约外包。这是最为狭义的合同形式的签约外包,主要是把监狱业务中非核心的部分由私营部门来提供。"由公共部门作为委托人,同代理人既能真正提供公共服务的组织签订合同。"③将监狱服务的特定领域或者是特定环节的服务活动,由私营部门来提供或者是管理经营,"通常,私人部门参与提供的服务活动包括医疗服务、食品服务、押送服刑人员、心理保健、文化教育和职业培训、戒毒和戒酒治疗以及假释等"④。除此之外,"政府还可借助签约方式将监狱所有相关服务的管理和经营活动实行外包,仅保留监狱设施的所有权"⑤。很明显,"私营公司部分地参与监

① 陈颀.:《美国私营监狱的复兴——一个惩罚哲学的透视》,《北大法律评论》,2009 年第 1 辑。

② 王廷惠:《美国监狱私有化研究——私人部门参与提供公共服务分析》,中山大学出版社,2011 年版,第 40 页。

③ 王廷惠:《美国监狱私有化研究——私人部门参与提供公共服务分析》,中山大学出版社,2011 年版,第 65 页。

④ 王廷惠:《美国监狱私有化研究——私人部门参与提供公共服务分析》,中山大学出版社,2011 年版,第 69 页。

⑤ 王廷惠:《美国监狱私有化研究——私人部门参与提供公共服务分析》,中山大学出版社,2011 年版,第 72 页。

狱事务，主要是为监狱提供所需要的多种服务，例如，一些设施的建设，监狱工作人员的培训，给罪犯提供多种有偿服务，包括食物、医疗、培训、监管等。在这种情况下，私营公司一般根据与监狱签订的合同，提供监狱所需要的服务。监狱和私营公司之间是一种比较纯粹的商业关系，双方根据合同开展相应业务。"[①]在这种形式中，监狱的核心业务牢牢掌握在政府手中，外包的非核心业务只是政府为提高质量和效率对社会资源的充分利用而已。

第三种是签约租赁和经营监狱。"政府与拥有并经营监狱的私人机构签约，或与一家私人企业拥有监狱而由另外一家私人企业经营的监狱签约。"[②]这种形式一般包括两个层面的签约外包：一是以签约的方式租赁监狱设施，有监狱设施的私营机构把监狱床位提供给政府从中营利；二是和专业性的监狱经营私人机构签订外包协议，由专业性的私营机构对监狱进行经营管理，政府以购买服务的形式向私人机构支付报酬，在这样的形式下，"政府机构并无监狱的独家使用权"。"无论谁拥有监狱所有权，私人经营者和州政府监狱系统之间往往形成了一对一的关系，即州政府管教机构是监狱承包机构的唯一客户。这样，州政府对承包者的管理非常严密，购买和签约的过程确定了承包者和州政府之间的权利与责任。"[③]在这里，政府既是私营监狱的"租赁者"和"供应者"，同时也是私营监狱的监管考评者，政府扮演了三重角色。吴宗宪教授认为，这种形式的监狱私营化才是"完全的私营监狱"，因为，"在这种情况下，私营公司独自建设一些监管设施，为罪犯提供食宿和其他设施，由私营公司负责管理监狱和罪犯；这类监狱的责任主要由私营公司承担，国家的监狱管理部门可能在合同中规定私营监狱必须遵守的一些条件，也可能派员监督私营监狱的运行，包括派员负责监狱工作中执法性质较强的一部分工作，或者对私营监狱进行鉴定，了解它们是否达到了有关的标准，并且根据鉴定结果决定是否续签合同"[④]。

第四种是合作经营监狱。这种形式的签约外包是"在私人和政府之间进行某种程度的选择和组合"。就是"政府与私人企业签署融资、建造和经

① 吴宗宪：《论西方国家的监狱私营化及其借鉴》，载《刑事法评论》第 14 卷，陈兴良主编，中国政法大学出版社，2004 年版，第 361-394 页。

② 王廷惠：《美国监狱私有化研究——私人部门参与提供公共服务分析》，中山大学出版社，2011 年版，第 72 页。

③ 王廷惠：《美国监狱私有化研究——私人部门参与提供公共服务分析》，中山大学出版社，2011 年版，第 77 页。

④ 吴宗宪：《论西方国家的监狱私营化及其借鉴》，载《刑事法评论》第 14 卷，陈兴良主编，中国政法大学出版社，2004 年版，第 361-394 页。

营监狱的合同,但政府享有监狱的独家使用权"[①]。其中主要合作形式有:一是形式上由私人管理和经营监狱。"政府还可借助私人部门设立公司,这些私人机构完全服务于政府部门的需要,政府承担融资和建造监狱的责任。私人公司虽然法律上独立于政府,由于政府官员在公司董事会任职,实际上仍由公共部门官员实施有效控制。监狱不过是出租给政府使用,政府管教机构可以直接雇佣工作人员,也可与私人管理公司签订经营合同。"[②]比如,在美国最大的私营监狱公司美国改造公司和美国第二大私营监狱公司沃克矫正公司等所经营的业务中,大多都属于这种经营形式。政府的职能是按照合同的约定,对监狱经营进行监管,按照指标考核体系进行绩效考核。二是罪犯劳动力雇佣制,又称为"租赁制",指的是政府或狱方与私营业者(个人或公司)签约,在一定约定之期限内,将罪犯租赁给私营业者来从事生产获利,而政府则可由业者处收取一定金额的"租金"。签约业者不但掌控对于罪犯劳动力的利用,而且在监狱营运上基本的罪犯照料与纪律规训的营运层面亦由私营业者负责。[③] 罪犯劳动力雇佣制的目的是为了减少禁闭成本和贡献财政收入,在这种体制下,监狱不但能自我维持,还有剩余资金上缴当地政府。

综合来看,美国监狱私营化的形式,是以契约形态为核心,依照合同的约定而进行制度设计。"总之,不同的具体合同安排,意味着政府机构和私人公司的具体职责、权利与义务边界存在多种丰富的现实组合形式。根据实际情况,政府可以从中选择最合适的方式矫正罪犯,提高管教服务的整体绩效。"[④]"根据对 1998 年州和联邦管教机构的一项调查,截至 1997 年年底,84 个与州及联邦政府签约的监狱中,34 家为政府拥有的监狱,50 家归经营、管理监狱的私人机构所有,或为其他私人企业所有,7 家监狱名义上为私人拥有,实际上所有权归政府。"[⑤]即使为私人所经营的监狱,也并非为私人所拥有,在罪犯的诸多业务上,必须依赖政府的"权威",离开了政府的合作,私

---

① 王廷惠:《美国监狱私有化研究——私人部门参与提供公共服务分析》,中山大学出版社,2011 年版,第 73 页。

② 王廷惠:《美国监狱私有化研究——私人部门参与提供公共服务分析》,中山大学出版社,2011 年版,第 73 页。

③ 李忠民:《美国刑事商业性私人参与研究与借鉴》,西南政法大学 2012 年博士学位论文,第 78 页。

④ 王廷惠:《美国监狱私有化研究——私人部门参与提供公共服务分析》,中山大学出版社,2011 年版,第 73 页。

⑤ 王廷惠:《美国监狱私有化研究——私人部门参与提供公共服务分析》,中山大学出版社,2011 年版,第 73 页。

营监狱就失去了运营的保障和前提。

二、私营监狱的契约合法性问题

美国是一个法治、开放、务实和法律多元化的国家,任何一项社会政策,首先必须具有合法性,才能够得到社会公众的认同,否则,就会受到社会的谴责,监狱私营化同样面临这样的问题。

首先反对监狱私营化的人们认为,监狱的刑罚执行和日常管理是政府的职责,关涉到法律和伦理问题。"私营监狱因其独特的性质而不能以与其他私营化部门类似的方式得到正当化论证。这是因为,监狱关涉的乃是国家刑罚与个人自由,私营监狱的存在不能保证惩罚的合法性。"①显然,行使监狱管理职责具有明显的公权力性质,是不可转让的,否则,就是政府的失职和违宪、违法行为。"他们认为,成立私人监狱属违法行为,宪法不允许将政府授权私人部门履行公权的职责。"②"公立监狱的合法性来源于国家主权和社会—个人自由的划分。唯有坚持公立监狱的合法性,法治、人道等现代国家—社会的基本原则才能得到根本贯彻而不被侵蚀,个人自由才能得到真正落实和保障。"③私营监狱是政府对公权力让渡于私营部门的行为,是违法的。

为了解决私营监狱的合法性问题,美国联邦政府和州政府大多采取了以下三种措施:一是以法律授权形式,许可私营监狱的经营,使私营监狱取得合法地位。这是在美国监狱私营化早期普遍采取的措施。"各州监狱私有化的展开,也都是在法律先行基础上进行的。所有存在私人运作监狱的州中,州法律均授权特定机构管理监狱机构的私人运作。"④以授权阻却违法的指责。二是制定法律,确立私营监狱的合法地位,使私营监狱合法化。比如,"1986 年,田纳西州颁布了《私人监狱签约外包法》,明确规定允许私人企业建造并经营监狱。"⑤"科罗拉多州 2008 年通过了一项法律,为私人监狱

---

① 陈颀:《美国私营监狱的复兴——一个惩罚哲学的透视》,《北大法律评论》,2009 年第 1 辑。

② 王廷惠:《美国监狱私有化研究——私人部门参与提供公共服务分析》,中山大学出版社,2011 年版,第 141 页注释。

③ 陈颀:《美国私营监狱的复兴——一个惩罚哲学的透视》,《北大法律评论》,2009 年第 1 辑。

④ 王廷惠:《美国监狱私有化实践中的政府角色研究》,《中国行政管理学会 2004 年年会暨"政府社会管理与公共服务"论文集》,第 64 页。

⑤ 王廷惠:《美国监狱私有化研究——私人部门参与提供公共服务分析》,中山大学出版社,2011 年版,第 69 页。

创新安全教育和提供教育予以资金激励，允许私人监狱收费标准更具有弹性。”①三是以立法的形式授权罪犯管教部门和私营监狱部门合作，有些州在法案中还提出了监狱私营化的指导意见，强力推进监狱私营化。“得州参议员 Ray Farabee 提出了 251 号法案，后来成为 1987 年得州政府法典中的第 495 章，授权得州犯罪司法委员会与私人企业签约，或与县政府签约进行监狱融资、经营、维持或管理，允许得州管教部门与私人公司签约建造和经营得州监狱。”不仅如此，“立法机构起草了法案指导得州有关机构通过签订合同方式提供监狱服务，通过提前假释、工作释放和监狱产业计划，成功将服刑人员融入社会。而且，立法机构形成了确保私人部门提供的服务满足各种不同宪法标准的程序。”②1985 年，佛罗里达州“立法机构通过了第 944.105 条款，授权佛罗里达州管教局与私人企业签订经营和维护管教机构并监管服刑人员的合同。1993 年，由于州管教局不愿让私人监狱企业参与，州立法机构通过了第 957 章，即《监狱私有化法案》，成立了佛罗里达矫正私有化委员会（CPC），以加速私有化进程。该法案授权 CPC 与私人管教机构签订设计、融资、出租、建造和经营监狱的合同。”③俄克拉荷马州“为了使政府部门对私人企业依赖的负面效应最小化，州立法机构于 1997 年修改了法律，规范了州政府与私人监狱产业的关系”④。

其次，对于监狱私营化，也有一些相对理性的声音。认为“如果政府仅授权私人监狱经营管理权，保留规则制定权和裁决权，授权则具有宪法正当性”⑤。美国是一个务实的国家，为了解决监狱拥挤的问题，也获得了立法和司法部门的大力支持。“私人监狱也得到了法律环境的认可。很少有州议会以立法的方式禁止监狱私有化。联邦法院也拒绝对监狱私有化做出违宪判决，相反，联邦法院积极发布法庭命令以控制监狱拥挤，而这有时是促使政府走向监狱私有化的一个直接压力。”⑥因此，促进了监狱私营化进程。

---

① 王廷惠：《美国监狱私有化研究——私人部门参与提供公共服务分析》，中山大学出版社，2011 年版，第 158 页。

② 王廷惠：《美国监狱私有化研究——私人部门参与提供公共服务分析》，中山大学出版社，2011 年版，第 42–43 页。

③ 王廷惠：《美国监狱私有化研究——私人部门参与提供公共服务分析》，中山大学出版社，2011 年版，第 51 页。

④ 王廷惠：《美国监狱私有化研究——私人部门参与提供公共服务分析》，中山大学出版社，2011 年版，第 45 页。

⑤ 王廷惠：《美国监狱私有化研究——私人部门参与提供公共服务分析》，中山大学出版社，2011 年版，第 147 页。

⑥ 敬乂嘉：《从美国监狱私有化看美国公共治理的路径变迁一个核心职能私有化的视角》，《复旦公共行政评论》，2007 年第 1 期。

在美国监狱私营化中，即使采取了诸多法律措施，使私营监狱具有合法性，但是，依然有研究者认为，“监狱事务并不仅仅局限于以管理者为中心的监狱运营事务，而且涉及一个国家（社会）、监狱、囚犯三者之间互动的复杂网络体系。”“允许私营公司控制监狱是把监狱从完整的司法系统割裂出来”，所以，即使法律予以授权，也“是个不合法的政府授权”①。

三、关于私营监狱的权力边界

监狱私营化是私人部门涉足公共服务领域，或者说是私人力量参与传统的政府垄断部门，必然对政府的公共权力和公共职责产生冲击。尤其是作为具有刑罚执行性质的监狱，公共权力的行使或者提供公共服务直接涉及服刑人员的人身自由、人格尊严，私人部门的介入事关权力的设定、转移、限制和责任承担。因此，私营监狱的权力边界成为争议的核心问题。

实践中，美国社会也提出了一系列问题，试图寻求令人信服的答案。传统上由政府控制的监狱，转由私人部门经营之后，监狱享有什么样的权力和权利？私营监狱和政府之间如何分权？权力的行使通过什么方式实现？“通过严格仔细监督和评价，政府能否进行适当监管？进入后监狱私有化阶段，政府如何履行职责？公共目标因私人机构的介入受到影响吗？可授权私人看守使用致命武器的公共权力适当与否？如果在押服刑人员或者监狱雇员产生不满情绪，应该由政府还是私人承包者负责？”②也有学者认为，界定私营监狱的权力边界主要涉及三个重要的法律问题：“一是私人企业代替政府行使公共职能的法律适当性问题；二是服刑人员权利和程序适当性问题；三是政府行动的责任问题。”③针对这些问题，笔者认为，人们争议的焦点实际上主要形成了三种观点：

1. 政府职责说

监狱是政府机构的有机组成部分，尤其是涉及关押、监视、假释，以及在特定情况下直接对囚犯采取暴力行为等刑罚执行问题，是政府的专属权能，不具有可让渡性。“美国的监狱私有化明显以惩罚的执行权的转移为特征。在监狱私有化的安排下，私人监狱不仅要为囚犯提供各种监狱服务，例如食

---

① 陈颀：《美国私营监狱的复兴——一个惩罚哲学的透视》，《北大法律评论》，2009年第1辑。

② 王廷惠：《美国监狱私有化研究——私人部门参与提供公共服务分析》，中山大学出版社，2011年版，第139页。

③ 王廷惠：《美国监狱私有化研究——私人部门参与提供公共服务分析》，中山大学出版社，2011年版，第147页。

物、医疗、电信、娱乐、教育、卫生等；更重要的是要提供强制性服务，即关押、监视和在必要时直接对囚犯采取暴力行为；此外还在囚犯的危险程度评定、改造效果评估、假释等涉及司法裁判的领域获得一定决策权力。私人组织行使暴力以获取利润的合法性得到了确认，这对于现代国家的实践是一个反转，严重偏离了现代国家理论的基本原则，构成了一个理论解释的难点和理论发展的起点。”①监狱私营化将国家所专有的职权转由私人机构行使，很明显，对于政府本身而言，是在逃避自身应该承担的责任。对于服刑人员来说，加大了受到来自私人机构的伤害和受到不公平待遇的风险。对于私人机构则是在利益驱动下，假借公权力获取私利。“历史表明，私人经营监狱总是伴随着更高利润驱动所导致的恶劣监狱条件，以及剥削监狱劳动力等现实问题。一些人认为，将服刑人员转移到私人部门意味着政府逃避公共责任。”②这是因为，私营机构所追求的财务目标和政府监狱所追求的社会利益存在着难以调和的矛盾冲突。“社会利益与私人公司的财务目标之间必然存在根本冲突。罪犯改造的社会目标在于尽量降低犯罪率，而私人公司则倾向于最大限度地增加监狱和服刑人员数量，想方设法增加服刑人员的服刑时间。公共目标与私人目标之间的冲突，难以找到合适的平衡机制。”③所以，“监狱私有化实践侵蚀了一些基本的文化观念，打破传统、信念、道德和价值观，公共职责在一定程度上屈从于商业利益。”④当商业利益凌驾于公共利益之上，公共职责被商业利益所取代时，会给社会带来危害，是一种危险的行为。因此，政府不能置自己的职责于不顾，把社会公众推向危险的境地，尤其是将服刑人员完全置于私人机构的管制之下。“所以，工会及一些机构一直坚持主张政府不宜实行监狱私有化政策，矫正罪犯的职责非政府机构莫属。”⑤这一观点将私营监狱排除在监狱运营的主体之外，完全否认了私营监狱拥有运营监狱的权利。

---

① 敬乂嘉：《从美国监狱私有化看美国公共治理的路径变迁一个核心职能私有化的视角》，《复旦公共行政评论》，2007 年第 1 期。

② 王廷惠：《美国监狱私有化研究——私人部门参与提供公共服务分析》，中山大学出版社，2011 年版，第 141 页。

③ 王廷惠：《美国监狱私有化研究——私人部门参与提供公共服务分析》，中山大学出版社，2011 年版，第 141 页。

④ 王廷惠：《美国监狱私有化研究——私人部门参与提供公共服务分析》，中山大学出版社，2011 年版，第 145 页。

⑤ 王廷惠：《美国监狱私有化研究——私人部门参与提供公共服务分析》，中山大学出版社，2011 年版，第 141 页。

2. 政府授权说

这一观点是针对监狱私营化存在违犯宪法和法律的指控而提出的。事实上,美国作为一个法治国家,法治是政府作为的底线,在监狱私营化之初,就已经将这一问题做出了充分的制度安排。主要是通过立法、修改法律等方式,或明确授权私人部门参与监狱经营和提供公共服务;或设立专门机构实施监狱私营化。这样就解决了监狱私营化中的法律障碍。从监狱私营化的实践看,联邦和各州的做法也不尽相同,甚至还有很大差异。一是按照法律的授权,政府和私人部门签订经营监狱的契约,将监狱管理权完全移交给私人部门,政府只是监管者。私营监狱在政府的监管下完全履行政府监狱所享有的监狱管理权。并取得政府购买服务的资金,这是政府购买服务模式。二是政府部分授权给私营监狱。“依据授权,私人监狱可以拥有一些州和地方政府授权分解的部分管理责任,这并不意味着州和地方政府可以授权私人机构全权执行政府职能,全面履行政府义务。”①

政府授权说虽然克服了法律障碍,从形式上看具有合理性,但是,同样存在着实践中的矛盾冲突和政府的不可免责性。首先,政府对监狱具有的法定职责。“法院确定的是,合同约束下提供改造服刑人员服务的主体,不能对其违反宪法的行动免责。一个不容忽视的问题是,私人企业经营所有监狱机构的适当性和可能适用的更为广义的法律或宪法。”②其次,政府是私营监狱违法行为的最终责任承担者。“管教机构的完全私有化,需要考虑一系列的问题,包括签约政府机构是否对承包者的所有非法行为负责。”③“利用私人部门力量和竞争机制虽然使政府免除了一部分管教服刑人员的具体活动,但是在服刑人员改造的社会责任方面,政府仍为最终承担者。”④“实际上,美国的人权法案规定,私人部门可以管理监禁机构,但政府对服刑人员负有最终监管责任。”⑤也就是说,不管哪种形式的监狱私营化,政府是最终的责任承担者。再次,政府对私营监狱的财务经营状况具有什么样的责任。

---

① 王廷惠:《美国监狱私有化研究——私人部门参与提供公共服务分析》,中山大学出版社,2011 年版,第 147 页。

② 王廷惠:《美国监狱私有化研究——私人部门参与提供公共服务分析》,中山大学出版社,2011 年版,第 147 页。

③ 王廷惠:《美国监狱私有化研究——私人部门参与提供公共服务分析》,中山大学出版社,2011 年版,第 147—148 页。

④ 王廷惠:《美国监狱私有化研究——私人部门参与提供公共服务分析》,中山大学出版社,2011 年版,第 165 页。

⑤ 王廷惠:《美国监狱私有化研究——私人部门参与提供公共服务分析》,中山大学出版社,2011 年版,第 153 页注释。

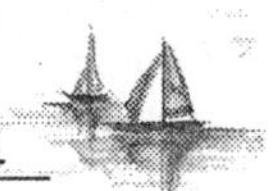

“如果签约监狱设施条件无法达到宪法要求，由谁最终承担责任并加以赔偿；政府机构是否可以对承包者的行为免责”，“签约机构是否对承包者破产担负责任。”①这是对私营监狱政府承担责任的延伸研究。

3. 公私分权说

这是一种比较理性的观点。监狱私营化不仅是监狱运营方式的转变，而且是监狱经营理念的变革，在制度设计层面必须预测到可能存在的巨大的风险。比如，“私有化监狱的签约者通常可能控制监狱纪律、假释机会，还会出现过度拥挤以及处罚产业化等问题”②。社会公众的担心并非多余，监狱私营化如果得不到有效的监督和规范的管理，就会使监狱成为私人企业谋利的工具，使罪犯成为私人公司奴役的“奴隶”。“问题并不在于监狱私有化本身，而是演变为让人无法接受的囚犯私有化。管教服刑人员，传统认为只能是联邦和州政府的职责，通过以合同方式让出价最低的私人公司管理服刑人员，可能使服刑人员沦落为可出租、买卖的对象。”③因此，明确界定私营监狱的权力边界，明晰私营监狱的权利义务关系，才能为政府和社会公众的有效监管和监督提供依据。“在一定程度上，监狱私有化是将政府部分职责转移至私人部门。但是，从美国监狱私有化实践的具体情况看来，私人监狱的出现以及监狱产业的发展，一方面确实改变了政府的行为边界，局部收窄了政府的具体行为范围。另一方面监狱私有化并不意味着政府从提供管教服刑人员的公共服务活动中完全撤出，反而意味着政府必须承担更多的与签约有关的责任，包括如何构建合适的绩效合同并进行绩效监督与绩效考评。”④从美国监狱私营化的实质内容看，不论是哪一种监狱私营化形式，其实都不是真正意义上的“私有化”，或者监狱全部权能的转移。“Dilulio 认为，政府应该担当法律和道德责任，必须管理监狱，私人管理监狱的激励、创新等优势有失真成分，合适的思路应该是在私人和政府之间进行某种程度的选择和组合。”⑤因此，公私分权的监狱私营化经营模式成为解决矛盾纠纷

---

① 王廷惠：《美国监狱私有化研究——私人部门参与提供公共服务分析》，中山大学出版社，2011 年版，第 147—148 页。

② 王廷惠：《美国监狱私有化研究——私人部门参与提供公共服务分析》，中山大学出版社，2011 年版，第 63 页。

③ 王廷惠：《美国监狱私有化研究——私人部门参与提供公共服务分析》，中山大学出版社，2011 年版，第 144—145 页。

④ 王廷惠：《美国监狱私有化研究——私人部门参与提供公共服务分析》，中山大学出版社，2011 年版，第 165 页。

⑤ 王廷惠：《美国监狱私有化研究——私人部门参与提供公共服务分析》，中山大学出版社，2011 年版，第 63 页。

的最佳选择。

“正如 Segan and Moore 所注意到的那样，政府在决定是否私有化和确定私有化范围与边界时，应该注意几个重要问题。首先，决策者必须认识到私有化的不同目标与动机。是否采取私有化，必须全面衡量各个目标，包括促进创新、改进质量、增强责任等方面。最为重要的是应该认识到，节约成本和效率改进本身是私有化所产生的竞争过程所带来的结果，而竞争过程对整个体系有着重要的积极动态效应。其次，应该避免过分依赖成本比较资料与数字。决策者应该认识到成本比较本质上具有静态特征，因为其忽略了通过引入私人部门参与提供公共服务所导致的竞争过程所产生的动态效应。再次，绩效为基础的合同作为州政府签约的合适工具，有助于更好地控制合同承包者，同时确保政府更好地履行职责。绩效合同清楚地规定了承包者必须实现的预期目标，具体工作实施方法则赋予承包者以选择权。承包者被给予选择最能够实现政府绩效目标的创造性和科学方法。绩效合同是实现私有化超越节约成本的广义目标之关键方法，政府购买的是结果，而不是过程，私人企业只有在实现规定质量和绩效目标之后，才能得到相应报酬。第四，决策者应该意识到实现需要和拥有选择权的好处。合同必须根据所期望目标进行设计。必须注意的是，特定的私有化方法不是解决所有问题的灵丹妙药，私有化不过是过去 20 年已经发生在政府内部的多种改革手段中的一个，确保几种可供选择的方法是决策者必须关注的问题。”①只有如此，监狱私营化才能有序推进，取得实效，才能实现改进管教质量的目标。实际上，私营监狱的公私分权得到了美国社会的普遍认可。“私有化的赞成者和反对者均认为，承包者负责经营和管理监狱，政府仍应保留权威和终极责任。”②

从上述争议的焦点可以看出，“监狱私营化的最麻烦、最基本的问题是，由人民的政府代行的、惩罚那些违反法律的犯罪人的人民的统治权，是否可以交由私营机构行使？问题在于，剥夺他人自由和对他人采取强制措施的权力，是否可以委托给非政府机构行使的问题，而不是这些人或者群体是否可以从他们提供的服务中获利的问题”③。不仅如此，监狱私营化还牵涉更

---

① 王廷惠：《美国监狱私有化实践中的政府角色研究》，《中国行政管理学会 2004 年年会暨“政府社会管理与公共服务”论文集》，2004 年第 70 页。

② 王廷惠：《美国监狱私有化研究——私人部门参与提供公共服务分析》，中山大学出版社，2011 年版，第 153 页。

③ 吴宗宪：《论西方国家的监狱私营化及其借鉴》，载《刑事法评论》第 14 卷，陈兴良主编，中国政法大学出版社，2004 年版，第 361-394 页。

为广阔的领域。"伊拉·罗宾斯(Ira P. Robins)认为,监狱私营化还存在下列问题:①用什么标准来管理这些机构的运作?②由什么人来监督这些标准的实施?③公众是否能够接触这些机构?④如果私营机构的员工进行罢工,谁来负责维护安全?⑤谁来负责监狱惩戒程序的实施?⑥私营公司是否会拒绝为某些罪犯提供服务,例如,拒绝为患艾滋病的罪犯提供服务?⑦如果私营公司大幅度增加费用,政府将会采取什么对策?⑧如果私营公司宣布破产或者因为不能盈利而退出这项业务,将会发生什么事情?"①

四、美国监狱私营化的契约建构

美国监狱私营化经过了几十年的实践,在社会公众的谴责、支持和争议中取得了不少的经验和教训。就整体而言,私营监狱的业绩优于政府监狱,"私营监狱为囚犯提供许多培训班,教给囚犯谋生技能,如建筑技术、电脑操作等。美国最大的私营监狱设有 73 种课程,2000 年就有 8000 多人完成了监狱内的短期培训,并获得了相应的技能证书。"②正是由于取得了令人瞩目的成绩,才得到了社会公众的认可。但是,不可否认的是,监狱私营化还存在着诸多的问题,就技术层面而言,"政府不一定总能与签约的私人监狱形成并维护良好的契约关系,也不一定总能将公共管教体制成功转型为公私参与的混合体制。"③总结美国监狱私营化的经验,有以下几个方面的启示:

(1)监狱私营化必须进行缜密的制度安排和规范的技术设计。正如有学者所言:"首先私有化需要政治拥护者,一旦启动私有化进程,政治和行政领导就应宣传私有化哲学,并力争获取外部支持。其次,一旦引入私有化项目,必须设计包括确定私有化时机和制定私有化政策的正式机构,确保有效实施相关政策。再次,政府机构必须采取措施,鼓励私有化。最后,必须获取可靠、完备的政府承担公共服务之相关成本数据,以确保竞争的适当程序,并使决策易于实施和判断。"④其实,笔者认为,在这一过程中最为主要的是"政治拥护者"和立法支持,二者缺一不可,这是监狱私有化的前提。在美国社会的政治环境中,缺失了其中任何一项,都会成为社会诟病的焦点。

---

① 吴宗宪:《论西方国家的监狱私营化及其借鉴》,载《刑事法评论》第 14 卷,陈兴良主编,中国政法大学出版社,2004 年版,第 361-394 页。

② 张克武:《近距离观察美国监狱》,发布时间:2007-07-10。浏览网址:http://wljy.changde.gov.cn/art/2007/7/10/art_9421_103768.html.

③ 王廷惠:《美国监狱私有化研究——私人部门参与提供公共服务分析》,中山大学出版社,2011 年版,第 168 页。

④ 王廷惠:《美国监狱私有化研究——私人部门参与提供公共服务分析》,中山大学出版社,2011 年版,第 149 页。

(2)确立政府改革的目标,以目标作为考核改革的标准。笔者认为,之所以美国监狱私营化会出现强烈的反对的声音,其原因之一就是改革的目标不明确,导致不同的研究者从不同的角度提出不同的衡量标准,运用不同的方法得出不同的研究结论,采取不同的指标体系,得出不同的绩效考核数据。从美国监狱私营化的初衷看,就是为了解决监狱拥挤和提高服务效率的问题,只要这一问题解决了,其他方面就成为监狱私营化的附属品或者监狱私营化的额外收获。正如王廷惠教授所言:“如果跳出简单的会计数字比较,结合美国监狱私有化实践借助私人部门力量和竞争过程提高监狱管教公共服务效率而言,私有化的基本思路与政府变革实践一致。就私人监狱产生的竞争过程内生的动态效率而言,政府目标基本得以实现。”①

(3)在监狱私有化改革模式的选择上,公私分权模式无疑是最佳选择,这是监狱私营化的方向。“将职责、竞争与私人监狱整合进新的监狱体制,形成公、私混合型监狱管理与运行制度,以提高监狱服务质量,控制监狱管教成本,提高整个监狱系统的透明度与责任意识,是改革监狱体制必须关注的重要问题。”②因此,监狱私营化的努力方向,是“强调只要有效组合各种资源和要素,在一定条件下公共组织和私人组织均有可能提高管理绩效,应该在私人和政府之间进行某种程度的选择和组合。”③通过资源的组合,实现绩效最优化,特别是针对监狱这一特定领域,实现罪犯的矫正教育是首位的要素,因此,“围绕监狱管教这一公共服务领域,公、私部门,不同层级的政府之间,均应建立良好的利益共生和战略合作关系,呈现出创造性伙伴关系”④。只有这样,才能真正实现经营监狱的公私合作的混合体制。

(4)必须明确监狱私营化的责任原则。“在传统上,剥夺罪犯的人身自由、管理监狱和监管罪犯,是国家的责任,是一种公共责任(public accountability)。但是,监狱私营化改变了这种观念和做法。那么,在监狱私营化的情况下,如何理解和解决私营监狱与公共责任的问题呢?”⑤这些责任

① 王廷惠:《美国监狱私有化研究——私人部门参与提供公共服务分析》,中山大学出版社,2011年版,第84页。

② 王廷惠:《美国监狱私有化研究——私人部门参与提供公共服务分析》,中山大学出版社,2011年版,第138页。

③ 王廷惠:《美国监狱私有化研究——私人部门参与提供公共服务分析》,中山大学出版社,2011年版,第55页。

④ 王廷惠:《美国监狱私有化研究——私人部门参与提供公共服务分析》,中山大学出版社,2011年版,第169页。

⑤ 吴宗宪:《论西方国家的监狱私营化及其借鉴》,载《刑事法评论》第14卷,陈兴良主编,中国政法大学出版社,2004年版,第361-394页。

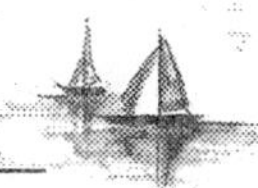

原则是:“①罪犯仍然是国家的罪犯;②私营监狱的责任、监禁标准与实践,不得比公立监狱差;③私营监狱必须遵守现行的规章制度。”“里查德·哈定(Richard W. Harding,1997)认为,在解决私营监狱的责任问题时,必须贯彻下列责任原则:①必须严格区分刑罚的分配与刑罚的管理,私营公司的责任仅仅局限于刑罚的管理。②决不能由那些通过刑罚政策获利的人影响刑罚政策。这意味着,要站在全社会的立场上制定和发展刑罚政策,而不能仅仅为了让一些人从中谋取经济利益而发展刑罚政策。”[①]

(5)政府在监狱私营化的角色,由单一的主导者转变为多元化,“监狱私有化过程中的政府,不仅是监狱运行质量的看守者和监督者,作为提供公共服务的竞争者,还是提高监狱管理效率的重要力量”[②]。看守者、监督者、监管考评者等都是政府在监狱私营化中所扮演的角色,每一种角色都是必不可少的,都与监狱私营化的成败与否密切相关。

---

① 吴宗宪:《论西方国家的监狱私营化及其借鉴》,载《刑事法评论》第 14 卷,陈兴良主编,中国政法大学出版社,2004 年版,第 361-394 页。

② 王廷惠:《美国监狱私有化研究——私人部门参与提供公共服务分析》,中山大学出版社,2011 年版,第 170 页。

后记

根据中央财政支持法律事务(社区矫正)专业建设的要求,不仅要开发具有针对性和应用性的专业教材和辅助教材,而且要建立“教、学、练、战”为一体的实习实训基地。目前,我们主要做了以下工作:

第一,成立了中央财政支持法律事务(社区矫正)专业课程/教材建设委员会,由河南司法警官职业学院党委书记贾书魁担任主任,河南司法警官职业学院院长袁理政、河南司法警官职业学院副院长张峰教授、河南司法警官职业学院副院长李玉成担任副主任;由河南司法警官职业学院教学科研部主任殷尧教授、河南司法警官职业学院司法行政管理系副主任连春亮教授、河南司法警官职业学院司法行政管理系副主任丁晓杰等作为专业建设的主导力量,学院骨干教师陈书成、张志强 、晁玉凤、田慧霞、王天瑞、师玮玮、尹一村、胡同春、杨颖、李昱姝、王艳艳、张丹、王翊、杨小伟、苏丽君、周菊霞等参与建设工作。

第二,建立了以河南省属监狱为主体的实习实训基地,在基地内特聘了具有丰富实践经验和一定理论水平的人员为本专业的实习实训教师。他们是河南省焦南监狱的宋茂松、河南省第一监狱的王群、河南省第三监狱的娄继召、河南省新郑监狱的李怀亭和韩述钦、河南省豫中监狱的胡学利、河南省郑州女子监狱的刘玲、河南省郑州未成年犯管教所的郭建刚和陶立坤。

第三,建立了以基层司法局(所)和社会教育机构为依托的实习实训基地,聘请了专业指导教师。主要有河南源浩教育咨询有限公司的张秋霞、漯河市司法局的赵华、漯河市源汇区司法局空冢郭司法所的刘勇、漯河市源汇区司法局顺河街司法所的郑娟、漯河市郾城区司法局孟庙司法所的高家斌、漯河市郾城区司法局黑龙潭司法所的徐国杰、漯河市召陵区司法局天桥司法所的赵改红、漯河市经济技术开发区后谢司法所的谢保华、漯河市舞阳县司法局文峰司法所的杨江南、漯河市舞阳县司法局舞泉司法所的谷贺卫、漯河市临颍县司法局城关司法所的谷继中、漯河市临颍县司法局巨陵司法所的刘继军等。

第四,共同开发了专业教材和辅助资料。尤其是特聘教师做出了极大贡献,在教材和辅助教材建设中增加了课程设置、大纲拟订、内容审查、实训项目设计等,提出了诸多宝贵意见,同时提供了在罪犯改造中的许多典型案例,增强了教材的针对性,丰富了教材的内容,提升了教材的品质。这些教材主要有《社区矫正学教程》《社区矫正工作规范》《社区矫正个案点评》《基层司法行政工作教程》《罪犯矫正形态论》《罪犯矫正模式论》《监狱学新视点》等。

另外,本书作为中央财政支持的法律事务(社区矫正)专业建设项目、学院2015年度社区矫正专业优秀教学团队建设和“社区矫正理论与实务”院级精品资源共享课程建设的科研成果,得到了学院领导和同志们的大力支持,特别是学院法律系主任王治荃副教授、副主任王勇副教授,学报编辑部主编殷尧教授、副主编宋艺秋副教授等,在此一并表示感谢!

连春亮

2017年1月18日